2018年广州市高校创新创业教育项目

创业金融

Entrepreneurial Finance

◎ 郑荣年 孙进军 汤洪波 徐 容 编著

中国金融出版社

责任编辑：王效端　张菊香
责任校对：孙　蕊
责任印制：丁淮宾

图书在版编目（CIP）数据

创业金融/郑荣年等编著 . —北京：中国金融出版社，2020.1
ISBN 978 - 7 - 5220 - 0348 - 1

Ⅰ . ①创…　Ⅱ . ①郑…　Ⅲ . ①企业融资—中国—教材　Ⅳ . ①F279.23

中国版本图书馆 CIP 数据核字（2019）第 250230 号

创业金融
Chuangye Jinrong
出版
发行　中国金融出版社

社址　北京市丰台区益泽路 2 号
市场开发部　（010）63266347，63805472，63439533（传真）
网 上 书 店　http：//www.chinafph.com
　　　　　　　（010）63286832，63365686（传真）
读者服务部　（010）66070833，62568380
邮编　100071
经销　新华书店
印刷　北京市松源印刷有限公司
尺寸　185 毫米 × 260 毫米
印张　14.5
字数　296 千
版次　2020 年 1 月第 1 版
印次　2020 年 1 月第 1 次印刷
定价　38.00 元
ISBN 978 - 7 - 5220 - 0348 - 1
如出现印装错误本社负责调换　联系电话（010）63263947
编辑部邮箱：jiaocaiyibu@126.com

前　　言

当前，面临复杂严峻的国内外形势，中国经济必须加快新旧动能转换。"大众创业、万众创新"，聚众智、汇众力，利用科技力量，促进新动能快速成长，是中国未来发展的重要支撑和巨大潜力所在。

面对"双创"发展的新环境和新要求，我们亟需通过产、学、研相结合，培养一批理解和掌握创业金融理论与方法的复合型人才，为建设创新型国家提供源源不断的人才智力支撑。历时一年半，在参考、借鉴国外有关创业金融相关资料的基础上，结合中国创业金融发展实践，我们终于完成了《创业金融》一书的写作。

在写作过程中，本书力求体现以下几方面特色：首先，根据创业金融理论与实践发展，基于创业企业的生命周期，构建了创业金融框架体系，使之能适应培养创业金融人才的需要。其次，在内容结构上，我们在每章开篇设置了"学习目标"和"开篇案例"，使读者能够对本章内容有一个感性认识；在每章中间，引入了"专栏"与"例题"，帮助读者进一步理解相关知识点；在每章结尾，通过"本章要点""关键术语""复习思考题""进阶阅读"和"案例分析"等内容，引导读者巩固、运用相关知识。最后，为了帮助读者更好地了解和分析当代中国创业金融的发展与演化，本书尽可能多地使用具有中国特色的创业金融案例。

本书共分十三章：第一章导论介绍了创业金融的基础知识。第二章财务报表与分析回顾了财务报表的构成、编制基础与分析方法。第三章货币的时间价值介绍了货币的时间价值这一金融学的核心概念与相关计算。第四章财务预测与盈亏平衡分析引入了财务预测的基本理论，并具体讲解了收入预测、成本预测和盈亏平衡分析的方法。第五章资金需求预测介绍了资金需求预测的几种典型方法。第六章早期阶段融资与资本成本阐述了早期阶段融资的主要渠道，并对资本成本的问题进行了讨论。第七章营运资本管理重点关注了营运资本管理的策略与方法。第八章投资项目分析讲解了投资项目分析的常用方法。第九章创业企业价值评估介绍了企业价值评估的原理与方法。

第十章风险投资与其他融资方式着重阐述了创业企业发展中后期的融资模式。第十一章创业退出对实现创业价值的途径进行了讨论。第十二章创业企业风险管理重点关注了创业企业金融风险的管理。第十三章财务困境、重组与破产是本书的最后一章，探讨了企业陷入财务困境的原因、预警和重组的方法，以及破产的程序。

本书为读者提供了创业金融的理论、方法，适合金融、财务管理、创业管理相关专业创业金融课程讲授与自学，也适合从事相关学科研究的学者或教师作为参考书使用。我们衷心希望本书能帮助创业者解决创业过程中所面临的投资、融资、管理与退出等方面的问题，引导和促进创业企业的发展。

本书是广东金融学院创业金融教学团队创业金融管理研究与实践的合作成果，感谢广东金融学院王醒男教授和项后军教授的支持与帮助。在本书的成书过程中，我们阅读了大量相关的著作、文献和教材，并从中获得了极大的启发；我的硕士研究生张舒、骆文晋、董伟涛、顾世瑞也做了大量的贡献，在此表示感谢。

本书得以顺利出版，我们还要感谢中国金融出版社的王效端主任、张菊香编辑，感谢2018年广州市高校创新创业教育项目（201709k06）的资助。

由于水平和时间所限，本书中仍有一些不足，错误也在所难免，恳请读者批评指正，以便本书能进一步修改和完善。我们的联系方式是：rnzheng@gduf.edu.cn。

作者
2019年秋于广州

目　　录

第一章　导　论

学习目标

1. 理解创业金融的基本概念、目标与内容；
2. 掌握创业企业的组织形式；
3. 掌握创业企业的生命周期；
4. 理解创业企业的融资方式与选择；
5. 了解中国的创业环境与金融体系。

开篇案例

强化金融服务，点亮创业梦想

近年来，党中央、国务院发布了多项金融服务政策支持中小微企业创新创业发展。经济日报社组织的中国创业企业调查（2018）数据显示，创业企业需要金融支持。缺少资金、合作伙伴和缺乏创意是创业最主要的制约因素。其中，将"资金约束"列为困难度前三位的比例为75.61%。关于创业者在银行业金融机构所使用的服务种类，中国创业企业调查（2018）数据显示，选择"理财"服务的最多，其次为"咨询""结算""融资"以及"全方位一站式服务"。

创业者面临较强资金约束，但创业者使用银行"理财"服务较多、"融资"服务较少。面对这种情况，专家认为，创业企业缺少金融支持是一个普遍问题，其中最重要的原因在于两点。第一，银行业服务体系不完善，不能适应创业企业发展。第二，创业企业发展风险和不确定性较高，信息不对称、缺乏有效抵押等，制约其获得银行融资支持。

当前，我国金融服务行业处于大变革时代，科技正在不断重塑金融服务业。中国创业企业调查（2018）数据显示，金融服务行业已经成为新兴行业创业中的一股新生力量。尤其值得一提的是，金融服务行业产品和服务创新步伐不断加快。调查显示，除了37.6%的金融服务公司的产品和服务在市场上很普遍，其余的金融服务公司的产品和服务都具有一定创新性，其中12.99%的产品和服务在3年前是完全不可获得的。同时，中国创业企业调查（2018）数据显示，39.76%的金融服务公司服务于民营企业，其余为国有企业、个人、事业单位、外资企业以及政府，其比例分别为 18.5%、16.73%、9.25%、8.86% 以及 6.9%。

中国创业企业调查（2018）显示，整体而言，创业者认为信用体系建设对企业融资发挥着重要作用。

资料来源：经济日报中国创业企业调查课题组．《创业企业调查报告》为打造"双创"升级版"支招"［EB/OL］．中国新闻网，［2019 - 05 - 20］．http：//finance. chinanews. com/cj/2019/05 - 20/8841483. shtml.

创业金融是创业过程中管理金钱的科学与艺术。在本章，我们将学习创业金融的基础知识。在第一节，我们要讨论创业金融的目标、内容，创业金融与公司金融的差别。在第二节，我们要分析创业企业的组织形式与生命周期。在第三节，我们介绍创业融资的方式与选择。第四节，我们介绍中国创业环境与金融体系。

第一节　创业金融概述

一、创业与创业金融

创新（Innovation）是引领发展的第一动力。党的十九大报告指出，要激发和保护企业家精神，鼓励更多社会主体投身创新创业。近年来，各地区各部门全面贯彻党的十九大精神，以习近平新时代中国特色社会主义思想为指导，按照高质量发展要求，深入实施创新驱动发展战略，推动大众创业万众创新不断向更高质量进发。我国新登记企业的活跃度和竞争力持续提升，群体创业更趋理性，创业投资持续活跃，创新创业支持政策的普惠性和实效性日益改善，有力促进了经济新旧动能转换，为建设现代化经济体系、推动高质量发展发挥了不可替代的重要作用。

创业（Entrepreneurship）是指创业者及其团队为孕育和发展新企业而采取的行为。创业者（Entrepreneur）一词来源于法语"entre"（意思是中间）与"perndre"（意思是承担），也可理解为承担创建新企业风险的人。发明家和创业者不同。发明家创造新事物，而创业者聚集并整合所有必需资源（资金、人员、商业模式、战略和风险忍耐力），以便将发明转化为可存活的企业。

创业过程（Entrepreneurship Process）包括四个步骤：第一步是决定成为创业者。人们成为创业者或是为了做自己的老板，或是为了追求创意，或是为了实现财务回报。通常，一个触发事件会促使某个人成为创业者。第二步是开发成功的商业创意。许多创业企业的失败，并非是因为创业者不够努力，而是在起步时就没有找到真正的创业机会。开发成功的商业创意，包括机会识别、行业分析、可行性分析和商业模式设计。第三步是将创意转化为新创企业。创业者要选择适当的企业组织形式，组建创业团队，作出财务预测和获得资金。第四步是管理并使新创企业成长。创业者要评估新创企业面临的挑战，对新创企业进行合理的管理并促进企业成长。

在创业过程中，几乎每一个创业者都会面临如下难题：创办企业的风险有多大？创办企业需要投入多少资本？创办企业从财务分析上看是否可行？从什么地方、在什么时间募集资金？如何进行财务管理？如何实现创业价值？等等。创业成功的前提是必须在财务上实现成功运转，创业金融（Entrepreneurial Finance）可以在一定程度上帮助创业者解决这些创业难题。创业金融可以被定义为创业过程中管理金钱的科学与艺术，涉及创业企业如何寻找最具价值的项目，如何寻找资本成本最低的资金来源，如何实现创业价值最大化等。

 专栏 1 – 1

双创：社会流动的一种路径

2019 年 6 月 13 日，李克强总理赶赴杭州出席了 2019 年全国大众创业万众创新活动周。在 2019 年杭州"双创周"的讲话中，李克强总理再次提到了"双创"可拓展社会纵向流动通道的内容。总理说，"双创"为更多人尤其是"草根"创业者提供了发展平台，使他们通过拼搏实现人生价值，创造社会财富，这有利于实现机会公平，推进市场繁荣。

2017 年 3 月，李克强总理在人民大会堂金色大厅十二届全国人大五次会议的中外记者会上，也曾明确指出，"双创"不仅带动了大量就业，促进了创新驱动发展战略深入实施，它也是一场改革，因为它抓住了"人"这个生产力当中最重要的因素，让人的聪明才智和活力充分展现出来，让大家有改变命运、获得纵向上升的平等机会。

不难发现，"纵向流动"已经成为总理在阐述"双创"意义时一个高频且重要的词汇。

资料来源：卢常乐. 总理再提"双创"纵向流动："草根"创业者成为人生赢家还需什么？［EB/OL］.［2019 – 06 – 18］. http：//www.21jingji.com/2019/6 – 18/5OMDEzNzlfMTQ5MjY5OA.html.

二、创业金融的目标与基本内容

（一）创业金融的目标

创业金融的目标是创业过程中通过"钱的管理"希望实现的结果。从创业金融的理论与实践来看，主要有利润最大化、价值最大化两种观点。

1. 利润最大化（Profit Maximization）。利润（Profit）是企业在一定期间营业收入和营业费用的差额，反映了一定期间内企业经营活动的结果，是企业经济效益的表现。利润最大化是指企业在经营过程中追求利润尽可能地好或最优化的行为。利润最大化是微观经济学的理论基础，西方经济学家通常以利润最大化这一概念来分析和评价企业行为和业绩。这种观点认为，利润代表了企业新创造的财富，利润越多则企业的财富增长得越多，越接近企业生存、发展和盈利的目标。

以利润最大化作为创业金融的目标，有其合理的一面。创业企业追求利润最大化，就必须讲求经济核算，加强管理，改进技术，提高劳动生产率，降低产品成本。这些措施都有利于资源的合理配置，有利于经济效益的提高。

但是，以利润最大化作为创业金融目标存在如下缺点：首先，利润最大化没有考虑利润实现的时间，没有考虑资金的时间价值，创业早期大多数创业企业是没有利润的。其次，利润最大化没有考虑获取的利润同其承担风险的关系。高利润往往伴随高风险，过高的风险承担会大大提高创业失败的概率。再次，利润最大化没有考虑利润和资本投入的关系。最后，利润最大化没有考虑企业的可持续发展。利润最大化目标只是一种短期性目标，只顾眼前利益，不顾企业的长远发展，这会导致企业短期虽然实现了利润最大化，长期发展能力却被削弱了。

可见，利润最大化存在一定的局限性。所以，创业金融理论认为，利润最大化并不是创业金融的最优目标。

2. 价值最大化（Value Maximization）。企业价值（Value）是指企业全部资产的市场价值，从理论上说，创业企业的价值等于企业在市场上出售的价格，或者是创业者退出而获得的现金回报。在对企业价值进行评估时，着重点不是企业已经获得的利润水平，而是企业潜在的获利能力。价值最大化的观点认为，增加创业企业价值是创业金融的基本目标。这也是本书采纳的观点。

与利润最大化目标相比，价值最大化目标体现出以下优点：首先，价值最大化目标考虑了现金流的时间价值和风险因素，因为现金流获得时间的早晚和风险的高低，会对企业价值产生重要影响。其次，价值最大化在一定程度上能够克服企业在追求利润方面的短期行为，因为价值在很大程度上取决于企业未来获取现金流的能力，这与创业企业的现实相吻合。最后，价值最大化目标反映了资本与报酬之间的关系。

（二）创业金融的基本内容

创业金融的主要内容可分为有关资金使用的投资决策、有关资金来源的融资决策、有关资金日常周转的营运资本管理决策以及有关价值实现决策。

1. 投资决策。投资决策，又称为资本预算，是实施企业战略、抓住成长机会、提高企业价值的最基本的金融决策之一，决定了资金运用的方向和未来可能获取的收益或现金流，结果体现于资产负债表左边各类资产的存在形态与规模。根据投资期限，企业投资可分为流动资产投资和非流动资产投资，前者主要涉及现金、应收账款、存货和短期有价证券等期限在一年之内的短期资产，后者主要指购买设备、建造厂房等期限在一年以上的长期资产。根据是否与企业主营业务直接相关，企业投资可分为内部投资和外部投资，前者的投资对象包括固定资产、无形资产和流动资产，后者则主要指有价证券和兼并收购。一般地，在创业金融的内容中，投资决策的对象特指长期性的资本支出，其位于资产负债表的固定资产与无形资产项目中。

既然假定创业金融的目标为企业价值最大化，那么企业资金必须使用于能带来最大收益的项目，这意味着项目价值的衡量方法就尤为重要。投资决策就是计划和管理固定资产与无形资产投资的过程。一般地，资本预算在考虑了现金流的规模、发生时间和风险的基础上对项目价值进行分析和判断，有助于企业选择收益大、风险小的投资项目。

2. 融资决策。融资决策主要解决创业企业投资决策所需资金的筹集问题，其结果体现于资产负债表右边的负债和所有者权益。各种融资来源之间的比例关系被称为资本结构，我们常常简单地使用负债—权益比来代表。

创业企业融资决策中需要考虑的三个问题是：企业应该筹集多少资金？成本最低的资金来源是什么？各种资金来源之间是否存在最优的比例关系？为此，融资决策常常会首先根据投资规模来预测公司的资金缺口，并进而确定融资的规模，以保证公司生产经营的需要。其次，在金融市场中，企业所需要的资金可以从不同来源（内源融资和外源融资），以不同的方式（大致可分为权益和债务）、不同期限（短期和长期）筹集。一般而言，权益融资成本会大于债务融资成本，长期负债成本会大于短期债务成本。外源融资的时机和规模会受到企业内部经营状况、外部金融市场的供求关系以及宏观经济景气程度的影响。因此，企业要根据不同资金来源的风险、成本、期限、筹资条件与难度等融资环境来规划公司的融资方式，选取不同的资金来源。最后，融资决策的基本目标是形成一个可使企业价值最大化的最优资本结构，这要求企业根据资本成本来决定各种资金来源的比例，并在此基础上获得最低成本融资。由于公司经常根据自身的经营和财务状态来调整其融资决策，所以最佳资本结构是不断变化的，即是动态的。

3. 营运资本管理决策。营运资本管理是对创业企业日常经营中的流动资产与流动负债进行管理。总营运资本是指占用在流动资产上的资金，净营运资本是指流动资产与流动负债之差。营运资本管理的核心是保证企业生产经营的连续性和提高周转效率。为了保证企业生产经营的连续性，企业需预留资金用于日常业务和偿付到期债务；在投入资本既定的条件下，基于企业价值最大化目标，企业需提高流动资产的营运效率。流动资产中的现金、应收账款、存货等资产项目与流动负债中的应付账款、预收账款的负债项目构成了营运资本管理的主要内容。

4. 价值实现决策。价值实现决策主要研究创业企业价值的实现问题。作为创业者和投资人，在创业和投资前都要考虑价值实现后的退出问题。创业企业价值实现有多种方式，价值实现决策是综合考虑了公司成长机会、股东当前利益和长远利益、公司资金需要之后的权衡结果。一般来说，价值决策主要受到公司未来的投资机会、股东对当期收入和未来收入的偏好、外部融资能力及其成本、股权结构、债务契约条款、法律等因素的影响。

三、"创业金融"与"公司金融"的区别

目前，国内高校普遍开设了"公司金融"课程作为金融、财务管理等本科专业的专业核心课程。作为一门新开设的课程，"创业金融"与"公司金融"有相通之处，又有所区别。作为金融学基本概念和理论在创业企业的应用，"创业金融"根据创业企业的需要，选择、调整和发展了金融学的基本概念和理论。"创业金融"与"公司金

融"存在的差异主要有：

第一，在研究对象上两者存在差异。"创业金融"研究的对象是初创的、规模较小的、非公开上市企业。"公司金融"主要关注成熟的、规模较大的、公开上市企业。

第二，在经营决策主体上两者存在差异。"创业金融"中的经营决策主体是创业者，创业者基于自身的利益和动机驱动，建立一家新企业并使其高效运作。"公司金融"中的经营决策主体通常为公司经营者，而不是所有者，由于经营者和所有者分开，存在委托—代理问题。

第三，在金融理论上存在差异。由于创业的预期回报和风险水平难以估计，创业金融中的创业者、投资者并不像公司金融理论所假设的那样理性，资本资产定价模型（CAPM）、有效市场假说和投资组合理论等公司金融中的一些重要金融理论并不适合在"创业金融"课程中讲授。

第四，在融资渠道上存在差异。创业金融的融资渠道主要是通过非公开市场，以权益融资为主。公司金融的融资渠道主要是通过公开市场，以权益与债务结合为主。

第五，在收益分配上存在差异。创业金融研究如何通过 IPO 等股权转让方式实现创业收益分配，公司金融中的收益分配主要是来源于利润分配。

第二节　创业企业组织形式与生命周期

一、创业企业组织形式

企业组织形式（Forms of Business Organization）有很多种，按照不同标准可以作不同的分类。这里主要介绍按照国际惯例和中国的法律制度划分的三种企业组织形式。

（一）个人独资企业

个人独资企业（Sole Proprietorship），是指依照《中华人民共和国个人独资企业法》在中国境内设立，由一个自然人投资，全部资产为投资人个人所有，投资人以其个人（或者家庭）财产对企业债务承担无限责任的经营实体，不具有法人资格。

个人独资企业的优点有：（1）企业创立、解散程序简便。（2）企业在经营管理上制约因素较少，经营方式灵活，决策效率高。（3）只需要缴纳个人所得税。（4）没有信息披露的限制，企业的技术诀窍与财务信息容易保密。

个人独资企业的不足之处在于：（1）不适宜风险大的行业。由于企业主对企业的债务承担无限责任，当企业资产不足以清偿其债务时，企业主应以其个人财产偿付企业债务，带来了企业主承担风险过大的问题。（2）资金筹集困难。个人独资企业资金主要来源于企业主个人，在借款时往往会因信用不足而遭到拒绝，限制了企业的发展和大规模经营。（3）企业的寿命有限。个人独资企业的存续年限受制于所有者的寿命。

（二）合伙企业

合伙企业（Partnership），是指自然人、法人和其他组织依照《中华人民共和国合伙企业法》在中国境内设立的，由两个或两个以上的合伙人通过订立合伙协议，共同出资经营、共负盈亏、共担风险的企业组织形式。

按照合伙人的责任不同，合伙企业可分为普通合伙企业和有限合伙企业。普通合伙企业由普通合伙人组成，合伙人对合伙企业债务承担无限连带责任。有限合伙企业由普通合伙人和有限合伙人组成，普通合伙人对合伙企业债务承担无限连带责任，有限合伙人以其认缴的出资额为限对合伙企业债务承担责任。

合伙企业的优点有：（1）风险分散。合伙制企业将经营风险分散到众多合伙人身上，抗风险能力较之个人独资企业大大提高。（2）扩大了资金来源。合伙企业可以从众多的合伙人处筹集资本，并使得企业从外部获得贷款的信用增强，扩大了资金的来源。（3）合伙人只需缴纳个人所得税。

合伙企业的不足之处在于：（1）法律形式的复杂性。合伙制企业是根据合伙人间的契约建立的，每当一位原有的合伙人离开或者接纳一位新的合伙人，都必须重新确立一种新的合伙关系，从而造成法律上的复杂性。（2）决策过程不灵活。由于所有合伙人都有权代表企业从事经营活动，重大决策都需得到所有合伙人同意，因而很容易造成决策上的延误与差错。（3）非经营合伙人承担风险较大。所有普通合伙人对于企业债务都负有连带无限清偿责任，这就使那些并不能控制企业的合伙人面临很大风险。

（三）公司制企业

公司制企业（Corporation）是指依照《中华人民共和国公司法》，由公司股东出资设立，实行自主经营、自负盈亏的企业法人。公司有独立的法人财产，享有法人财产权。公司以其全部财产对公司的债务承担责任。公司股东依法享有资产收益、参与重大决策和选择管理者等权利。有限责任公司股东以其认缴的出资额为限对公司承担责任。股东人数一般有2~50人。一人有限责任公司是特殊的有限责任公司，只有一个自然人股东或法人股东。股份有限公司股东以其认购的股份为限对公司承担责任。设立股份有限公司，应当有2~200人为发起人。

公司制企业的优点有：（1）具有无限的存续期。在公司制企业，股东投入的资本长期归公司支配，公司只要不解散、不破产，就能够独立于股东而持续、无限期地存在下去，这种情况有利于企业独立进行战略规划，与外界建立长期合作关系，减少公司的经营风险。（2）股东承担有限责任。股东仅以其出资额为限对公司债务承担有限责任，这就为股东分散了投资风险，从而有利于吸引社会资本，扩大企业规模。（3）所有权流动性强。在公司制企业，所有者对企业的所有权被划分成股份（股票），根据《公司法》的规定，可以通过股份（股票）的转让实现所有权的转让，而不影响公司经营，降低了股东所有权的流动性风险。（4）筹资渠道多元化。股份公司可以通过资本市场发行股票或发行债券募集资金，有利于企业的资本扩张和规模扩大。

公司制企业的不足之处在于：（1）组建与管理成本较高。为了保证公司制企业的合法经营，保护利益相关者的利益，法律上对公司的成立、日常管理、注销程序等都比非公司制企业复杂，具有较高的组建与管理成本。（2）双重征税。公司在盈利后须缴纳企业所得税，股东在取得分红时还会被征收个人所得税。因此，公司赚取的利润分给股东的时候，已经被征收了两道税。（3）存在委托—代理问题。在所有者和经营者分开的情况下，所有者成为委托人，经营者成为代理人，代理人可能为了自身利益而伤害委托人利益。

（四）创业企业组织形式的比较和选择

基于不同的法律依据，不同的组织形式在法律形式、责任承担、利益分配等方面存在差异。创业者设立什么组织形式的企业，需要综合考虑组织形式的特点、商业需要和个人因素。

在创业初期，囿于创业资源有限，一般会选择小本经营，比较适合个人独资企业或几个志同道合的朋友成立合伙企业的组织形式。如果企业经营范围广、业务量大，将来的成长空间很大，则适宜采用公司制的组织形式。

专栏 1-2
2018 年全国实有市场主体达 1.06 亿户

2018 年是商事制度改革全面实施的第五年，全国实有市场主体已达 1.06 亿户，其中新设立市场主体占比达到 73%。日均新设企业由改革前每天 0.69 万户提高到 2018 年的 1.84 万户。每千人企业数从改革前 2013 年的 11.4 户提高到 2018 年的 23.9 户，增加了 1 倍多。

改革促进了个体私营经济的发展，成为吸纳就业的重要渠道。国家市场监管总局统计，个体私营主体占全国市场主体总数超过 95%，从业人员达到了 3.6 亿人，提供了我国 80% 以上的城镇就业岗位和 90% 以上的新增就业岗位。

2018 年以来，市场监管部门在聚焦民生关切、回应企业诉求、优化营商环境方面推出一系列举措，大大降低了新企业、新产品进入市场的制度性交易成本，激发了市场活力，推动我国市场准入制度发生根本性变革。

围绕百姓经商创业的痛点和堵点，先后实施了注册资本登记制度改革、"多证合一"、"证照分离"等多项主体准入改革。在产品准入方面，全面推行工业产品生产许可"一企一证"改革，加快食品、药品、医疗器械注册登记制度改革。同时，深化知识产权注册便利化改革。

在放宽市场准入的同时，注重创新监管理念和方式，积极发挥竞争政策的基础性作用。实行年检改年报制度，推进"双随机、一公开"监管，全面开展公平竞争审查，积极查办行政垄断案件和排除、限制竞争行为等。

根据世界银行营商环境评估报告，我国营商环境总体评价在全球 190 个经济体中已经跃居第 46 位，比 2013 年累计上升 50 位。其中开办企业便利度大幅度跃升至第 28 位，五年累计上升 130 位。

资料来源：赵文君. 全国实有市场主体达 1.06 亿户，今年日均新设企业 1.84 万户，新华社，2018-12-23.

二、创业企业生命周期

创业企业生命周期理论（Venture Life Cycle）是关于企业成长问题的基本假设之一。该理论认为，创业企业的发展，如同人的成长须经历胚胎、幼儿、儿童、少年、青年等生命周期一样，必然要经历种子期、起步期、生存期、快速增长期和成熟初期五个阶段（见图1–1）。

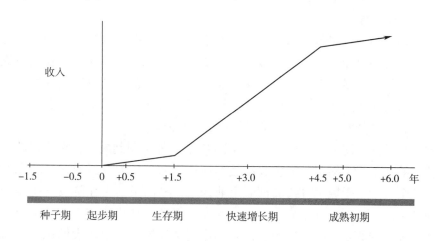

图1–1 创业企业生命周期

（一）种子期

种子期（Seed Stage）是创业企业生命周期的第一个阶段，我们将创业企业获得第一笔收入的时间点定义为"0点"，种子期通常发生在企业创造收入之前的 –1.5 ～ –0.5 年期间（此处为估计的时间，不同企业的时间长度会有差异，下同）。在这一阶段，企业尚未诞生，仅仅是创业想法的萌芽及验证，来自朋友、家人及专业人士的评论和反应构成了对这个想法是否值得进一步追求的初步检验。如果早期的设想获得了较好的反馈，创业者开始根据这一想法进行技术和产品的开发，形成产品原型。这时没有任何收入，支出主要用于产品和服务的开发。

（二）起步期

起步期（Startup Stage）是创业企业生命周期的第二个阶段，通常发生在 –0.5 ～ +0.5 年。在这一阶段，企业已经进行了注册，组成了研发团队和管理团队，产品和服务已基本成型，并进入市场化开发阶段，可以向数量有限的顾客提供产品试用或服务体验。企业有了初步的销售收入，但是企业的各项费用开支在不断增加，收入远不能满足费用支出。

（三）生存期

生存期（Survival Stage）是创业企业生命周期的第三个阶段，通常发生在 +0.5 ～ +1.5 年。在这一阶段，企业的产品得到市场验证并趋于成熟，客户数量稳定增加。企业形成了比较稳定且不断增长的现金流，能够覆盖部分费用，收支缺口缩小，创业企业须通过股权融资和债务融资来支持企业经营。

（四）快速增长期

快速增长期（Rapid – Growth Stage）是创业企业生命周期的第四个阶段，通常发生在 +1.5 ~ +4.5 年。在这一阶段，企业的产品获得市场的认可，客户数量迅速增加，市场份额持续增长。企业的收入和现金流入增长非常迅速，经营活动产生的现金流入比现金流出要快得多，企业的价值大幅升值。

（五）成熟初期

成熟初期（Early – Maturity Stage）是创业企业生命周期的第五个阶段，通常发生在 +4.5 ~ +6 年。在这一阶段，企业的客户数量、收入和现金流的增长仍在继续，但速度比快速增长阶段慢得多。企业实现了稳定的利润，企业价值继续适度增加，但大多数风险价值已在快速增长阶段创造并得到兑现。成熟初期通常是创业者、参与创业投资的风险资本家开始考虑退出、实现创业价值的阶段。

值得注意的是，图 1 – 1 只是显示了创业企业从种子期到成熟初期所需的假设时间长度。快速的技术变革缩短了大多数产品的使用寿命，从创意到形成产品原型的时间通常只有几个月。对于数字时代的创业企业来说，最困难的生存阶段可能是企业正式运营的前几个月，许多企业在成立的第一年内可能会出现快速增长，其增长速度为传统企业所不及。创业企业的迅速增长，对创业团队来说是一个巨大的挑战，这要求创业团队在创业伊始就必须具备创业金融的各种技能。

第三节　创业融资

在创业过程中，由于产品开发、资本投资等原因，创业企业会不断地产生对资金的需求，需要及时、足额筹集所需资金。相对于既有企业，创业企业经营风险大，缺少可以抵押的资产，没有可参考的经营记录，融资规模相对较小，面临创业融资难的现象。

一、权益融资与债务融资

权益融资（Equity Financing）是指创业企业以出让股权的方式向投资者筹集资金。资金提供者成为公司的股东，按照出资额比例拥有相应的公司股份，享有公司控制权和决策权，并且承担公司的经营风险，股东不能从公司抽回资金，其获得的报酬依据公司经营活动的状况而定。权益融资形成的所有权结构的分布特点及股本额的大小和股东分散程度，决定一个公司控制权、监督权和剩余价值索取权的分配结构，反映的是一种产权关系。

创业企业权益融资的投资者主要有天使投资人、风险资本等。权益融资的优点主要有：投资者或资金提供者不要求债务融资中常见的担保、抵押等方式，而是要求按一定比例持有公司股权，并分享利润和资产处置收益，帮助公司分担经营可能存在的风险。公司通过权益融资不仅能获得资金，还能获得公司发展需要的各种资源，如社会关系、管理经验、技术诀窍等。权益融资的缺点主要体现在可能的控制权转移，由于股份被稀释，创业者对企业的控制程度降低，有可能影响公司战略等方面的决策，因此创业企业通常会使用双重股权结构来解决这一问题。

债务融资（Debt Financing）是指创业企业以银行信贷、债券发行等方式向债权人筹集资金。创业企业对通过债务融资所获得的资金具有使用权和支配权，可以用于企业的生产经营活动。债务融资是有偿使用企业外部资金的一种融资方式。这部分资金无论盈利还是亏损，都要先承担债务融资带来的利息，另外在借款到期后要向债权人偿还资金的本金。这种融资方式要求企业具备一定的资信，通常还要求有足够的担保。

创业企业债务融资的提供者有家庭、朋友、银行、政府和其他机构等。对于创业企业而言，债务融资的优点有：债务融资不影响公司的所有权，公司可以保持对企业的重大决策和有效控制，并且独享未来由企业成长带来的可能收益。债务融资能够提高企业所有权资金的回报率，具有财务杠杆作用。债务融资的缺点主要体现在债务融资提高了企业的负债率，从而增加了创业企业的风险。

二、融资方式选择的影响因素

（一）创业企业特征

创业企业所处行业、初始资源禀赋、面临的风险、预期收益都有较大的差异。不同的行业意味着不同的竞争环境、行业集中度，不同的初始资源禀赋意味着不同的经营战略和不同的资本结构，产生了不同的融资要求。对于从事高科技产业或有独特商业创意的企业，经营风险较大，预期收益也较高，创业者一般具有良好的相关背景，更受权益投资者的青睐；对于从事传统产业类的企业，经营风险较小，预期收益较易预测，债务融资更可行。

（二）融资阶段

从产生创意、开发产品、创建企业，到生存发展、快速扩张和稳定增长，创业企业经历了从萌芽到走向成熟的过程。在企业生命周期的不同阶段，企业的资金需求与风险程度存在差异，不同的融资渠道所能提供的资金数量和要求的风险程度也不相同，创业者在融资时必须将不同阶段的融资需求与资金供应进行匹配，才能高效地开展融资工作，获得创业活动所需的资金，化解融资难题。

根据创业企业的生命周期，可将创业企业的融资阶段划分为种子融资、起步融资、第一轮融资、第二轮融资和再融资五个阶段。

当创业企业处于种子期时，创业者为企业寻找种子融资。种子融资（Seed Financing）可帮助创业者将商业创意转化为可行的商业机会。种子融资的主要来源是创业者的自有资金。作为对这一有限资源的补充，大多数创业企业还会采用自力更生的方法，即通过创造性的方法，例如在自有场地办公等，以最大限度地减少企业运营所需的资金。创业者的家庭成员和朋友也是种子融资的一个重要来源，他们可以向创业者提供借贷、投资创业企业的股权（人们常说，家人和朋友投资于创业者，而不是投资于产品或服务）；这种融资与更正规的风险投资相比，具有较低的融资成本。还有一些天使投资者会进入种子期投资，但在这一阶段，他们并不是主要的资金来源。

当创业企业进入起步期时，创业者为企业寻找起步融资。起步融资（Startup Financing）有时也被称为天使轮，它帮助创业企业从一个可行的商业机会推进到初始产品生产和销售。起步融资更关注那些已经组建了坚实的管理团队、制定了业务模式和计划，并开始产生收入的创业企业。创业者的自有资金（如果有的话）仍然可以作为起步融资的资金来源。创业者的家人和朋友可能会继续提供起步融资。此时，创业者还应考虑与其他融资渠道进行接触。起步期企业虽然已有销售收入，但销售收入较少，资金的需求通常比现金流入大得多。因此，大多数起步期企业都需要进行外部股权融资。外部权益资本通常来自天使投资和风险投资。

当创业企业进入生存期时，创业者为企业寻找第一轮融资。第一轮融资（First-Round Financing）有时也被称为 A 轮融资，它对于创业企业能否成功至关重要。第一轮融资是外部股权融资，通常由风险投资提供，用于弥补创业企业投资支出和经营支出超过营业收入的缺口。处于生存期的企业通常会尽可能地寻求各种资金来源。例如，供应商和客户可通过提供商业信用成为重要的融资来源，通过获得商业信用，创业企业可以减少资金需求，但这也有可能加大创业企业的流动性风险，所以创业企业需要细致的财务规划。政府引导基金，或政府性融资担保机构等也会给生存期企业提供一些融资帮助。商业银行也是可能的资金来源，但是快速增长期和成熟初期的企业更易获得银行贷款。

当创业企业进入快速增长期时，创业者为企业寻找第二轮融资。第二轮融资（Second-Round Financing）有时也被称为 B 轮融资，主要是通过外部股权融资解决营运资金需求迅速增加的问题。处于快速增长期的企业收入开始快速增长，与此同时其存货和应收账款也在快速增长，由于现金支出通常先于现金收入，因此需要大量的外部资金满足现金缺口。第二轮融资主要由风险投资提供，通常采用外部股权融资的方式支持企业快速扩张的资金需求。快速增长期的企业同样会寻求供应商和客户、商业银行以及投资银行提供的资金。在此阶段，夹层融资（Mezzanine Financing）还提供了一种介于股权融资和债权融资之间的融资方式。夹层融资是一种无担保的中长期债务性融资，同时这种债务附带有风险投资对创业者股权的认购权。对于创业者，夹层融资可提供形式灵活、期限较长的资金，夹层融资对控制权的稀释程度要小于股权融资，并可根据特殊需求作出灵活安排；对于风险投资，夹层融资风险较小，通常可获得利息收入和股权收益的双重收益，退出模式较为确定，具有一定的吸引力。

当创业企业进入成熟初期，创业者出于资本结构调整、业务扩张或并购等需求，会为企业寻找再融资（Seasoned Financing）。由于风险投资通常在企业进入成熟初期前就完成了对该企业的投资，不再是企业再融资的主要渠道。此时，企业的留存收益成为企业的主要资金来源。企业还可以通过商业银行贷款，或发行债券和股票形式等获得资金来源。

表 1 –1   创业企业阶段融资

1. 早期融资		
生命周期阶段	融资方式	主要来源/参与者
种子期	种子融资	创业者资产 家庭和朋友
起步期	起步融资	创业者资产 家庭和朋友 天使投资者 风险资本家
生存期	第一轮融资	风险资本家 供应商和客户 政府扶持 商业银行
2. 中后期融资		
生命周期阶段	融资方式	主要来源/参与者
快速增长期	第二轮融资、夹层融资	风险投资 供应商和客户 商业银行 投资银行
成熟初期	再融资	商业银行 投资银行 发行债券 发行股票

风险投资在对创业企业进行投资时，一般不会一次性投入企业所要求的或完成其商业计划所需的全部资金，而是会根据企业实际情况采取渐进式、多轮次的投资过程，这称为分阶段投资（Staged Investment）。通常而言，在投资的初期阶段，风险投资家会提供企业所需全部资金的一部分，其余部分则要视企业的发展情况而定。投资人会定期评估企业的市场前景、管理层业绩、阶段目标的实现情况等因素，再决定是否继续投资以及投资的额度、交易价格、投资协议等。通过这种形式，风险投资家保留了放弃前景不好的投资项目的权利，同时对企业家的行为起到激励和约束作用。因为创业企业的进一步融资是以创业者对企业进行有效管理和运营为前提的，如不能达到预期目标，创业企业将失去风险资金的进一步支持。

（三）资本成本

资本成本（Capital Cost），也称为融资成本，是企业为筹集和使用资金而支付的费用。根据企业融资渠道的不同，可将企业的资本分为债务资本成本和权益资本成本。债务资本成本是为使用债务资金所需要支付的利息，一般来说，债务资本成本与借款人特征、期限、金额等有关。权益资本成本是投资者以股权形式投资创业企业所要求的回报，它不需要像利息一样无条件定期支付，未来的收益具有不确定性，权益资本成本也具有不确定性。一般而言，权益资本成本要高于债务资本成本。

过高的资本成本对创业企业来说是一个巨大的负担，而且会降低创业企业的成长性。因此，创业者要综合考虑债务融资与权益融资的资本成本，尽可能降低企业的综合资本成本。

（四）融资合约

创业者与投资者之间存在严重的信息不对称，因此在融资合约设计上要考虑解决信息不对称、风险分担、收益分配等问题，使得双方受益。创业企业的融资合约嵌入了大量的定制条款，如约定和承诺、清偿与控制权转移、优先权设定、棘轮[①]和反稀释条款[②]等，创业者和投资者对这些条款的态度会影响到融资方式的选择。

第四节　中国创业环境与金融体系

一、中国创业环境

创业环境（Entrepreneurship Environment）是指创业企业成长过程中，足以影响或制约企业发展的一切外部条件的总称。创业环境可以从经济发展环境、相关政策环境、社会文化环境、基础设施环境和技术环境等维度衡量。理想的创业环境有利于激发创业热情，帮助创业者最有效地获得创业所必需的人才、技术、资金等各种资源，并整合这些生产要素，降低创业企业成本，提高创业成功率。本节主要讨论创业环境中的经济发展环境、相关政策环境和社会文化环境。

（一）经济发展环境

从经济发展环境来看，经济发展环境会影响产品和服务的需求，产品与服务需求的变化会对创业企业发展产生重大影响。经济增长速度快的地区往往也是创业活跃的地区，因为经济增长速度快会增加产品与服务的需求，从而提供了更多的创业机会。而经济增长速度较慢的地区创业活动也较不活跃。

当前，经济全球化遭遇波折，多边主义受到冲击，国际金融市场震荡，特别是中美经贸摩擦给一些企业生产经营、市场预期带来不利影响。中国面临着经济转型的严峻挑战，新老矛盾交织，周期性、结构性问题叠加，经济运行稳中有变、变中有忧。

面对复杂的内外部环境，中国经济运行保持在合理区间。经济增速与用电、货运

---

① 棘轮是指风险投资者和创业者之间通过协商，在风险投资合同中约定的，如果创业者在未来未能达到某些事先承诺的财务目标，该机制就要求创业者向投资者补偿一部分股权；相反，如果创业者在未来实现了这些财务目标，该机制则强制投资者向创业者奖励一部分股权。

② 反稀释条款是指风险投资者和创业者之间通过协商，在风险投资合同中约定的，避免风险投资者在被投资企业中所享有的股权在特定事件发生时被贬值或份额被过分稀释的条款，该条款是为保护风险投资者而设置的。

等实物量指标相匹配。居民消费价格涨幅平稳，国际收支基本平衡。城镇新增就业人数稳定，调查失业率稳定在较低水平，经济结构不断优化。消费拉动经济增长作用进一步增强。稳定的经济发展环境、不断优化的经济结构为创业企业构建了良好的经济基础。

（二）相关政策环境

创业的政策环境为一国政府机构在特定经济、政治和文化环境下，为促进创业活动和提高创业成功率，联合其他社会机构或组织所采取的，直接或间接作用于潜在创业者或早期创业活动阶段企业的公共政策总和。Lundstrom 和 Stevenson（2005）将政府支持创业的公共政策分为以下六方面的内容：

1. 创业促进，即通过对创业项目进行奖励、塑造创业模范、对创业成功进行宣传等促进活动，增加人们对创业的认识，培养创业文化和氛围，激发人们创业的兴趣和动机。

2. 创业教育，主要是将创业的内容纳入学校课程大纲，将创业相关科目整合到正式教育体系之内，尤其是在高等教育中要加强创业意识和创业技能的培养。同时要加强培训创业科目的专业教师，并在学校内支持学生创业投资活动。成功的创业教育能激发学生的创业动机，增加创业机会，提供必要的创业技术。

3. 减少进入和退出障碍，包括行政上的、法律上的以及管制措施等的障碍。政府通过简化企业注册过程、放宽新企业的税收和行政负担等，从时间和金钱上减少了创业活动的成本，这有利于发掘潜在创业者、增加创业的成功率，从而为初创企业的生存和发展减少壁垒、增加机会。

4. 对初创企业的商业支持，不同层次的政府可以建立专门的新创企业服务中心，对创业者提供一站式服务，如相关的顾问指导和培训项目等，为有关创业专业知识的转移提供便利。政府还可以在不同区域建立创业企业孵化器，以减少创业成本、增加创业机会。

5. 初创或种子融资，通过为新企业家提供微型贷款、贷款担保等，为技术创业者提供种子资本基金，以应对市场失灵，为新企业和早期企业提供急需的融资。同时政府可向创业者提供融资渠道等信息，减少创业融资方面的信息不对称。

6. 目标群体政策，这里的目标群体是指女性、年轻人、失业者等未被充分代表的群体。通过建立瞄准特定群体的创业中心、树立行为模范、进行商业咨询和培训、提供贷款项目以及税收等优惠措施，消除对这些群体的系统性壁垒，提高其创业率。

近年来中国各级政府进一步加大创业政策支持力度，重点围绕创新体制机制、完善扶持政策、优化创新创业生态、发展新动能提供新机遇、营造创新创业文化氛围五方面出台了一系列政策举措，取得了一定的效果。

（三）社会文化环境

社会文化环境包括教育、科学、文学、艺术，以及同社会制度相适应的权利义务观念、道德观念、组织纪律观念、劳动态度等。创业不可避免地受到社会文化环境的影响。在一系列支持创新创业政策的激励下，创业文化逐渐被全社会各类群体所接受，创业群体队伍不断发展壮大，新设市场主体持续快速增长，创业内容不断丰富，行业结构不断优化，创业企业质量不断提升。

二、中国金融体系

（一）金融体系的概念与功能

金融体系（Financial System）是现代经济体系的重要组成部分，是有关资金的流动、集中和分配的一个体系，起到了储蓄向投资的转化作用。它是由连接资金盈余者（通常是家庭）和资金短缺者（通常是企业和政府）的一系列金融机构和金融市场共同组成。在金融体系中，金融机构和金融市场利用金融工具实现资金在个人、家庭、企业和政府部门之间的融通。金融工具实质是一种规定资金供求双方权利义务关系的合约。

根据莫顿的概括，金融体系具有如下六项基本功能：（1）清算和支付功能，即提供便利商品、劳务和资产交易的支付清算手段；（2）融通资金和分散所有权功能，即通过提供各种机制，汇聚资金并导向大规模的物理上无法分割的投资项目；（3）为在时空上实现经济资源转移提供渠道，即金融体系提供了促使经济资源跨时间、地域和产业转移的方法和机制；（4）风险管理功能，即提供应付不测和控制风险的手段及途径；（5）信息提供功能，即通过提供价格（利率、收益率和汇率等）信号，帮助协调不同经济部门的非集中化决策；（6）解决激励问题，即帮助解决在金融交易双方拥有不对称信息及委托代理行为中的激励问题。

（二）中国金融体系的结构

金融体系是创业金融环境的重要因素。完善的金融体系有助于创业企业便利清算支付、获得资金融通、降低融资成本、提高风险管理的能力、提高信息决策能力、解决创业团队的激励问题。金融体系是创业企业决策难以改变的外部约束条件，创业企业更多的是适应金融体系的发展和变化。

经过40多年的改革和发展，中国已形成多元化的金融机构体系、多功能的金融市场体系以及比较完善的金融调控和监管体系。目前，我国金融体系的结构如图1-2所示。

1. 货币发行与金融监管体系稳定，各项金融法规日益健全。中国人民银行为国务院组成部门，是中华人民共和国的中央银行，是在国务院领导下制定和执行货币政策、维护金融稳定、提供金融服务的宏观调控部门。国家外汇管理局是副部级国家局，主要负责外汇收支、买卖、借贷、转移以及国际间的结算、外汇汇率和外汇市场等实行的管理。

中国银行保险监督管理委员会成立于2018年，是国务院直属事业单位，其主要职责是依照法律法规统一监督管理银行业和保险业，维护银行业和保险业合法、稳健运行，防范和化解金融风险，保护金融消费者合法权益，维护金融稳定。

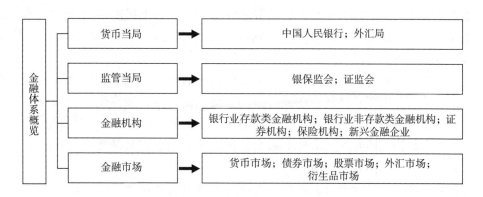

图1-2 中国金融体系概览

中国证券监督管理委员会成立于1994年，是国务院直属事业单位，依照法律、法规和国务院授权，统一监督管理全国证券期货市场，维护证券期货市场秩序，保障其合法运行。

目前，我国金融法律框架基本上由三个不同效力层次的规范性文件组成：第一个层次是金融法律，第二个层次是金融行政法规，第三个层次是金融行政规章。此外，金融法律体系还包括一些行业自律性规范和内部规范。

2. 以银行业存款类金融机构为主体，多种机构并存的金融机构体系已经形成。银行业存款类金融机构是以吸收存款、发放贷款和从事中间业务为主的营利性机构。主要包括国有商业银行、股份制商业银行、城市商业银行、农村商业银行以及住房储蓄银行、外资银行和中外合资银行。职责是通过存款、贷款、汇兑、储蓄等业务，承担信用中介。

银行业非存款类金融机构主要包括金融资产管理公司、信托投资公司、财务公司、租赁公司等。其特征为不能吸收存款来源，接受银保监会监管开展相关金融业务。

保险公司是指专门经营保险业务的机构。包括国有保险公司、股份制保险公司和在华从事保险业务的外资保险分公司及中外合资保险公司。主要业务为承保业务和投资业务。

证券机构是为证券市场参与者（如融资者、投资者）提供中介服务的机构，包括证券公司、证券交易所、证券登记结算公司、证券投资咨询公司、基金管理公司等。

新兴金融机构主要包括小贷公司、互联网金融、私募基金管理机构等，致力于提升金融服务实体经济的能力和水平，解决企业投融资问题。

3. 金融市场规模和活跃度持续提升。货币市场是指期限在一年以内的金融资产交易的市场。该市场的主要功能是保持金融资产的流动性，以便随时转换成可以流通的货币。它的存在，一方面满足了借款者的短期资金需求，另一方面为暂时闲置的资金找到了出路。货币市场一般指国库券、商业票据、银行承兑汇票、可转让定期存单、回购协议等短期信用工具买卖的市场。

债券市场是发行和买卖债券的场所，是我国金融体系中不可或缺的部分。一个统

一、成熟的债券市场可以为全社会的投资者和筹资者提供低风险的投融资工具，债券市场也是传导中央银行货币政策的重要载体。可以说，统一、成熟的债券市场构成了一个国家金融市场的基础。

股票市场是已经发行的股票转让、买卖和流通的场所，包括交易所市场和场外交易市场两大类别。由于它是建立在发行市场基础上的，因此又称作二级市场。股票市场的结构和交易活动比发行市场（一级市场）更为复杂，其作用和影响力也更大。

外汇市场是指在国际间从事外汇买卖，调剂外汇供求的交易场所。它的职能是经营货币商品，即不同国家的货币。

衍生品市场是交易金融衍生产品的场所。金融衍生品是指以杠杆或信用交易为特征，在传统的金融产品如货币、债券、股票等的基础上派生出来的具有新的价值的金融工具，如期货合同、期权合同、互换及远期协议合同等。

本章要点

1. 创业金融可以被定义为创业过程中管理金钱的科学与艺术，涉及创业企业如何寻找最具价值的项目，如何寻找成本最低的资金来源，如何实现创业价值最大化等。

2. 价值最大化的观点认为，增加创业企业价值是创业金融的基本目标。这也是本书采纳的观点。

3. 创业金融的主要内容可分为有关资金使用的投资决策、有关资金来源的融资决策、有关资金日常周转的营运资本管理决策以及有关价值实现决策。

4. 个人独资企业是指依照《中华人民共和国个人独资企业法》在中国境内设立，由一个自然人投资，全部资产为投资人个人所有，投资人以其个人（或者家庭）财产对企业债务承担无限责任的经营实体，不具有法人资格。

5. 合伙企业是指自然人、法人和其他组织依照《中华人民共和国合伙企业法》在中国境内设立的，由两个或两个以上的合伙人通过订立合伙协议，共同出资经营、共负盈亏、共担风险的企业组织形式。

6. 公司制企业是指依照《中华人民共和国公司法》，由公司股东出资设立，实行自主经营、自负盈亏的企业法人。

7. 创业企业的发展，要经历种子期、起步期、生存期、快速增长期和成熟初期五个阶段。

8. 权益融资是指创业企业以出让股权的方式向投资者筹集资金。债务融资是指创业企业以银行信贷、债券发行等方式向债权人筹集资金。

9. 创业环境是指创业企业成长过程中，足以影响或制约企业发展的一切外部条件的总称。创业环境可以从经济发展环境、相关政策环境、社会文化环境、基础设施环境和技术环境等维度衡量。

10. 金融体系是现代经济体系的重要组成部分，是有关资金的流动、集中和分配的一个体系，起到了储蓄向投资的转化作用。它是由连接资金盈余者（通常是家庭）

和资金短缺者（通常是企业和政府）的一系列金融机构和金融市场共同组成。

关键术语

创业金融　个人独资企业　合伙企业　公司制企业　种子期　起步期　生存期
快速增长期　成熟初期　权益融资　债务融资　夹层融资　资本成本
分阶段融资　创业环境　金融体系

进阶阅读

1. 张玉利，薛红志，陈寒松，李华晶. 创业管理（第4版）［M］. 北京：机械工业出版社，2018.

2. 李健. 金融学（第三版）［M］. 北京：高等教育出版社，2018.

3. J. Chris Leach, Ronald W. Melicher. Entrepreneurial Finance. Cengage Learning, 2016.

复习思考题

1. 试述创业者在创业过程中会面临金融方面的哪些问题？
2. 如何理解创业金融的基本内容。
3. 个人独资企业、合伙制企业和公司制企业各自的主要特征是什么？
4. 说明利润最大化、企业价值最大化之间的区别与联系。
5. 试述创业企业的生命周期及各阶段的特征。
6. 为什么创业企业面临融资难？创业企业有哪些融资方式，创业者应如何选择？

案例分析

多抓鱼：开在微信里的二手书电商平台

多抓鱼是一家开在微信里的二手书电商平台。据多抓鱼的联合创始人陈拓介绍，之所以选择书作为二手电商的切入口，是因为书籍是标准品，每本书都有一个唯一的 ISBN 编码，附带封面、出版社、价格、评价等信息，并且书是高频消费。

2017 年初，多抓鱼在一个 20 人的微信群里完成"冷启动"。群主将收上来的书籍列在 Excel 表格，再将表格丢到群中供大家挑选书籍。那时，多抓鱼没有什么钱，也没有办法进行很大量的推广。

2017 年 5 月，多抓鱼小程序在微信上线，从交易模式来看，其采用 C2B2C 买断式切入二手书交易，提供了一套二手书定价、回收、清洁翻新以及再次循环（交易）的服务。平台从用户手中收书，再统一处理、定价、销售。相较于闲鱼的 C2C 模式（用户自行交易）以及孔夫子的 B2C 模式（用户选择书店交易），多抓鱼的平台干预作用更强。

魏颖认为，二手经济要解决两个问题——效率与信用，"我们用定价系统解决了交易效率的问题，卖家可以卖得很快；又以翻新技术解决了交易信用的问题，买家可以非常放心地购买。"

团队公开的数据显示，运营不到一年时间，"多抓鱼"公众号已经有超过30万用户，累计卖出超过20万本书。自2017年12月开通全国所有城市后，平台每天稳定售出2000本书，卖出一本书的时间中位数是19小时。同时，用户黏性和单个用户产生价值也较高，平台客单价是74.68元，复购率32.91%。

背后支持这个平台运转的，是一个十几人的小团队。2017年12月，团队完成来自经纬中国、险峰长青、嘉程资本的3000万元A轮融资。

讨论题

1. 描述多抓鱼的商业模式。

2. 如果多抓鱼在创业之初，向你咨询企业组织形式的选择，你会向它推荐哪种组织形式？为什么？

3. 试分析多抓鱼所经历的企业生命周期阶段。

4. 基于案例提供的材料，如果多抓鱼寻求外部融资，你在作出投资决策前会问该公司的创始人什么问题？你会投资这家公司吗？为什么？

5. 你是否有创业的想法，将你的想法与多抓鱼进行比较。

第二章 财务报表与分析

学习目标

1. 掌握财务报表的概念及构成；
2. 理解资产负债表、利润表和现金流量表的编制基础；
3. 能正确运用比率分析法对企业的偿债能力、成长能力、周转能力和获利能力进行分析；
4. 掌握企业财务趋势分析方法；
5. 了解企业财务综合分析方法。

开篇案例

欣泰电气：创业板欺诈发行退市第一单

　　地处鸭绿江畔、位于辽宁省丹东市的欣泰电气是 2007 年 7 月 25 日由丹东整流器有限公司整体变更设立，主营节能型变压器等输变电设备和无功补偿装置，是辽宁省首批重新认定的高新技术企业和国家火炬计划重点高新技术企业。早在 2009 年 9 月，欣泰电气就提交过 IPO 申报材料，但因"持续盈利能力不足"等原因 IPO 失败。2011 年 6 月，欣泰电气更换保荐机构为兴业证券，2011 年 11 月，再次冲击 IPO，2012 年 7 月顺利通过了创业板发审会的审核。2014 年 1 月 27 日，欣泰电气在深交所创业板正式上市，首次公开发行 2335 万股，发行价为 16.31 元/股，募资 3.5 亿元。欣泰电气在 2015 年的牛市行情中一度达到 63.67 元/股的历史高位，还获得"国家队"中央汇金在 2015 年第三季度的大幅买入。

　　2015 年 5 月，辽宁证监局对其辖区内上市公司展开现场检查，欣泰电气被重点关注。随后，深圳证监局、辽宁证监局两地近 30 人组成联合调查组，历时 4 个月进行调查，坐实了欣泰电气欺诈发行和重大信息披露遗漏的问题。

　　2016 年 7 月，证监会对欣泰电气欺诈发行正式作出行政处罚，认定其在报送证监会的 IPO 申请文件中相关财务数据造假；此外，公司上市后披露的定期财报中也存在虚假记载和重大遗漏。中国证监会指出，为了解决应收账款余额过大问题，欣泰电气在 2011 年 12 月至 2013 年 6 月，通过外部借款，使用自有资金或伪造银行单据的方式虚构应收账款的收回。除了用在 IPO 财务数据上，这样的"做手脚"在 2013 年年报、2014 年半年报、2014 年年报中三番五次上演。欣泰电气财务魔术的核心思路是：虚构应收账款收回→少计提应收账款坏账准备→虚增利润。应收账款造假，是最常见也是最容易的一招财务魔术，但很容易暴露。

依照《证券法》和证监会相关规定，欣泰电气在被作出行政处罚的同时启动强制退市程序。2016 年 8 月 22 日，欣泰电气被深交所暂停上市。2017 年 8 月 26 日，欣泰电气正式退出 A 股市场，这也是 A 股市场上第一家因欺诈发行退市的公司。欣泰电气的退市，表明了监管层严格落实退市制度、对重大违法行为"零容忍"的态度，体现出坚决维护退市制度严肃性和权威性的决心，也是从根本上保护投资者合法权益。

创业者在创业企业发展的初始阶段既是管理者又是投资人，常常要根据企业的经营发展情况作出分析和判断，应该具备阅读和分析财务报表的能力。

资料来源：作者整理。

财务报表分析是创业者必备的基本能力。在本章，我们将学习财务报表与分析的基础知识。在第一节，我们要分析财务报表的构成与编制基础。在第二节，我们要掌握财务报表的比率分析、趋势分析和综合分析。

第一节　企业财务报表基础

一、财务报表的概念及构成

财务报表（Financial Report）又称会计报表，是企业在一定时期内的经营成果、财务状况以及现金流量情况的数据反映，是企业财务信息的核心载体。

企业的经济活动纷繁复杂，从资金的流向来看，企业经济活动包括筹资活动、投资活动和经营活动等；从价值变化过程来看，企业经济活动涉及产、供、销三大环节；从生产要素来看，企业经济活动涉及人、财、物等各个方面。企业每天都在不断地发生各种各样的活动，这些活动的目的是为企业带来经营成果，而这些活动又会不断地改变企业的财务状况。如果没有一个精练、简化的信息系统，任何一个决策者，即使是企业内部的管理人员，也很难对企业的各项活动有清晰全面的了解，很难对企业的经营成果和财务状况作出正确的评判，因而也就很难作出正确的经济决策，会计系统由此应运而生。

纷繁复杂的企业活动在会计系统中被转换为会计数据，并最终以财务报表的形式对外呈报，向企业股东、债权人、管理人员等信息使用者提供简洁明了的财务信息。因此，财务报表是信息使用者赖以作出决策的重要信息来源。

财务报表包括对外提供的财务报表和企业内部财务报表。对外提供的财务报表包括资产负债表、利润表、现金流量表与所有者权益变动表、报表附注及外部审计意见。由于创业企业在业务性质或适用的会计准则上与一般企业有一定的差异，因此，为了便于分析，本书仅对资产负债表、利润表和现金流量表的内容进行介绍和分析。

企业内部财务报表包括成本报表（如固定资产情况表、成本费用情况表）、重构的财务报表、各类分析报告等，主要用于满足企业内部管理的需要。与公开披露的财务报表不同的是，内部财务报表没有既定的内容、格式和披露时限要求，具有针对性强、时效性强、灵活性大的特点，往往能揭示出更具体、更详细的信息。

二、资产负债表

（一）资产负债表编制基础

资产负债表（Balance Sheet）反映了企业的资产、负债、所有者权益之间的内在关系，是企业某个时点的"快照"。资产负债表的编制基础可以表述如下：

$$资产 = 负债 + 所有者权益 \tag{2-1}$$

资产是指企业过去的交易或事项形成的、由企业拥有或控制的、预期能为企业带来经济利益的资源。例如，某创业企业在 2019 年 3 月 1 日购入一台机器设备，价值 30 万元，此机器设备为企业拥有或控制，预期能为企业带来经济利益，是由过去的交易或事项形成的。因此，该机器设备计入企业资产。

负债是指企业过去的交易或事项形成的，预期会导致经济利益流出企业的现时义务。例如，某创业企业在 2019 年 2 月 1 日向银行借入一笔 10 万元的借款，该借款导致企业承担还本付息的义务；还本付息行为将导致经济利益流出企业；该借款是由过去的交易或事项形成的。因此，该笔借款应计入企业负债。

所有者权益又称股东权益，是指企业资产扣除负债后由所有者（股东）享有的剩余权益。例如，某创业企业在 2019 年 1 月 1 日成立，所有者投入资金 20 万元，2 月 1 日向银行借入一笔 10 万元的借款，3 月 1 日购买了一台 30 万元的设备，那么，该企业的所有者权益为 20 万元。其会计恒等式为：30 万元 = 10 万元 + 20 万元。

（二）资产负债表示例

某创业公司 JY 由创始人投入 40 万元创办，这是 JY 公司的初始资本。创始人的一位朋友以每年 10% 的利率借款给 JY 公司 10 万元，期限为 3 年。JY 公司在一栋工业建筑中租用厂房，购买原材料，组装和销售产品。JY 公司最近购买了一些设备，价值 20 万元。JY 公司有 10 万元的原材料库存，但由于创始人良好的信用记录和个人担保，供应商对原材料进行了贸易融资，形成了 10 万元的应付账款。有了这些信息，我们就可以构建创业企业 JY 的初始资产负债表，如表 2 - 1 所示。

表 2 - 1 　　　　　　　　　**JY 公司的资产负债表（简表）**　　　　　　　　单位：万元

资产	期末数	负债及所有者权益	期末数
流动资产：		流动负债：	
货币资金（现金）	30	应付账款	10
存货	10		
流动资产合计	40	流动负债合计	10
非流动资产：		非流动负债：	

续表

资产	期末数	负债及所有者权益	期末数
固定资产	20	长期借款	10
非流动资产合计	20	非流动负债合计	10
		实收资本	40
资产总计	60	负债及所有者权益合计	60

由表 2-1 所示，资产应当按照流动资产和非流动资产两大类别在资产负债表中列示，在流动资产和非流动资产类别下进一步按性质分项列示。

流动资产是预计在一个正常营业周期中变现、出售或耗用，或者主要为交易目的而持有，或者预计在资产负债表日起一年内（含一年）变现的资产，或者自资产负债表日起一年内交换其他资产或清偿负债的能力不受限制的现金或现金等价物。资产负债表中列示的流动资产项目通常包括货币资金、交易性金融资产、应收票据、应收账款、预付款项、应收利息、应收股利、其他应收款、存货和一年内到期的非流动资产等。JY 公司的非流动资产由货币资金 30 万元和存货 10 万元构成，合计 40 万元。

非流动资产是流动资产以外的资产。资产负债表中列示的非流动资产项目通常包括：长期股权投资、固定资产、在建工程、工程物资、固定资产清理、无形资产、开发支出、长期待摊费用以及其他非流动资产等。JY 公司的非流动资产由固定资产 20 万元构成，合计 20 万元。

如表 2-1 所示，负债应当按照流动负债和非流动负债在资产负债表中进行列示，在流动负债和非流动负债类别下再进一步按性质分项列示。

流动负债是预计在一个正常营业周期中清偿，或者主要为交易目的而持有，或者自资产负债表日起一年内（含一年）到期应予以清偿，或者企业无权自主地将清偿推迟至资产负债表日后一年以上的负债。资产负债表中列示的流动负债项目通常包括：短期借款、应付票据、应付账款、预收款项、应付职工薪酬、应交税费、应付利息、应付股利、其他应付款、一年内到期的非流动负债等。JY 公司的流动负债由应付账款 10 万元构成，合计 10 万元。

非流动负债是流动负债以外的负债。非流动负债项目通常包括长期借款、应付债券和其他非流动负债等。JY 公司的非流动负债由长期借款 10 万元构成，合计 10 万元。

所有者权益反映在某一特定日期所有者拥有的企业的净资产总额，主要包括实收资本、资本公积、盈余公积和未分配利润等项目。JY 公司的所有者权益由实收资本 40 万元构成，合计 40 万元。

（三）资产负债表的作用

资产负债表可以反映企业资产、负债、所有者权益的全貌，因而对企业具有极其重要的作用。资产负债表的作用体现在以下几个方面：

1. 资产负债表反映了企业的资产总额及其结构。资产代表企业的经济资源，是企业经营的基础，资产总量的高低在一定程度上可以说明企业的经营规模和盈利基础大小。企业的资产结构反映其生产经营过程的特点，有利于报表使用者分析企业生产经营的稳定性。

2. 资产负债表反映了企业的负债总额及其结构。负债总额表示企业承担的债务的多少，负债和所有者权益的比重反映了企业的财务安全程度。负债结构反映了企业偿还负债的紧迫性和偿债压力。

3. 资产负债表反映了企业所有者权益的情况。实收资本和留存收益是所有者权益的重要内容，反映了企业投资者对企业的初始投入和资本累计的多少，也反映了企业的资本结构和财务实力，有助于报表使用者分析、预测企业生产经营安全程度和抗风险的能力。

资产负债表中提供的信息对企业家、投资者进行正确的决策都非常重要。但必须注意的是，资产负债表上大多是账面价值，而非资产的实际经济价值。比如应收账款的数字暗示所有的应收账款将被收回，但事实也并非如此，因此我们需要了解数字背后所隐含的更多信息。

三、利润表

（一）利润表编制基础

利润表（Income Statement）是衡量企业在一定会计期间经营业绩的报表，它全面揭示了企业在某一特定时期实现的各种收入，发生的各种费用、成本或支出，以及企业实现的利润或发生的亏损情况。从反映企业经营资金运动的角度看，它是一种反映企业经营资金动态表现的报表，主要提供有关企业经营成果方面的信息，属于动态会计报表。利润表的编制基础可以表述如下：

$$收入 - 费用 = 利润 \tag{2-2}$$

收入是指企业在日常活动中形成的、会导致所有者权益增加的、与所有者投入资本无关的经济利益的总流入，收入的取得通常表现为资产的增加或负债的减少。例如，某创业企业于 2019 年 4 月 1 日向其客户销售了价值 10 万元的 A 产品，客户支付了货款，该笔收入是企业在日常活动中形成的，导致了所有者权益的增加，是与所有者投入资本无关的经济利益的总流入。因此确认为企业收入。

费用是指企业在日常活动中发生的、会导致所有者权益减少的、与向所有者分配利润无关的经济利益的总流出。例如，某创业企业于 2019 年 5 月 1 日支付了厂房租金 3 万元，该租金是企业在日常活动中形成的，会导致所有者权益的减少，租金流出与向所有者分配利润无关。因此确认为企业费用。

利润是企业在一定期间内的经营成果，即企业在生产经营过程中产生的净经济利益流入，也就是经济利益流入减去经济利益流出后的差额。利润不能单独确认，而要依赖于收入、费用、利得和损失的确认，其金额也取决于对收入、费用、利得和损失金额的计量。例如，某创业企业于 2019 年 4 月 1 日获得收入 10 万元，5 月 1 日支付费用 3 万元，假定没有其他收入或费用的发生，那么，该企业在 2019 年上半年的利润总额为 7 万元。其会计恒等式为：10 万元 – 3 万元 = 7 万元。

（二）利润表示例

创业公司 JY 于 2019 年 1 月 1 日起正式营业，至 2019 年 6 月 30 日经营半年。在半年期间，JY 公司共生产、销售产品 1200 台，每台产品销售价格为 1000 元，销售额为 120 万元；公司共支付原材料、工人工资、厂房租金等生产成本 84 万元。同时，公司支付用于营销等销售费用 12.5 万元，支付创始人半年工资 18 万元。公司借有 10 万元 3 年期 10% 利率的借款，半年支付利息 0.5 万元。按公司规定，其价值 20 万元的机器设备每年须计提 10% 的折旧费用，半年资产减值准备为 1 万元。此外，JY 公司没有其他的营业费用和税费。有了这些信息，我们就可以构建 JY 公司的利润表，如表 2 – 2 所示。

表 2 – 2　　　　　　　　　　JY 公司利润表（简表）　　　　　　　　单位：万元

项目	本期累计金额
一、营业收入	120
减：营业成本	84
营业税金及附加	0
销售费用	12.5
管理费用	18
财务费用	0.5
资产减值准备	1
二、营业利润	4
加：营业外收入	0
减：营业外支出	0
三、利润总额	4
减：所得税费用	0
四、净利润	4

由表 2 – 2 可见，利润表以营业收入为起点，分三个步骤计算不同的利润：

第一步，营业利润 = 营业收入 – 营业成本 – 营业税金及附加 – 销售费用 – 管理费用 – 财务费用 – 资产减值准备，营业利润主要反映企业的经营所得。

第二步，利润总额 = 营业利润 + 营业外收入 – 营业外支出，利润总额是计算企业所得税的基础。

第三步，净利润 = 利润总额 – 所得税费用，净利润是企业所有者可以得到的收益。

营业收入包括主营业务收入和其他业务收入。主营业务收入是指企业经常性的、主要业务所产生的收入。如制造业的销售产品、半成品和提供工业性劳务作业的收入；商品流通企业的销售商品收入；旅游服务业的门票收入、客户收入、餐饮收入等。其他业务收入，是指除上述各项主营业务收入之外的其他业务收入。JY 公司的营业收入为 120 万元。

营业成本是指企业对外销售商品、提供劳务等主营业务活动和销售材料的成本、出租固定资产的折旧额、出租无形资产的摊销额、出租包装物的成本或摊销额等其他经营活动所发生的实际成本。JY公司的营业成本为84万元。

销售费用是指企业销售商品和材料、提供劳务的过程中发生的各种费用。管理费用是指企业为组织和管理生产经营活动而发生的各种费用。财务费用是指企业为筹集生产经营所需资金等而发生的费用。资产减值准备是指由于固定资产市价持续下跌，或技术陈旧、损坏、长期闲置等原因导致其可收回金额低于账面价值的，应当将可收回金额低于其账面价值的差额作为减值准备金额。JY公司各项费用分别为12.5万元、18万元、0.5万元和1万元。

营业外收入是指与生产经营过程无直接关系，应列入当期利润的收入。营业外成本是指与生产经营过程无直接关系，应列入当期利润的成本。JY公司均为0。经过半年的经营，JY公司获得净利润4万元。

（三）利润表的作用

通过利润表可以分析企业的经济效益与盈利能力，评价企业的经营效率。所有者可以考核管理人员的工作绩效，以更好地激励管理人员，引导企业的正确发展；债权人和投资人可以分析企业盈利的变化趋势，正确决策信贷和投资；而管理人员可以根据利润表提供的明细资料，发现经营中的问题，进一步改善经营和决策。

四、现金流量表

（一）现金流量表编制基础

现金流量表（Cash Flow Statement）是反映一家公司在一定时期现金及现金等价物流入和流出情况的报表，它解释了企业在一段时期内的现金流量变化情况，属于动态财务报表。现金流量表的编制基础可以表述如下：

$$现金流入 - 现金流出 = 现金流量净额 \qquad (2-3)$$

在现金流量表中，"现金"实质是"现金及现金等价物"的简称。通常所说的现金是指企业的库存现金、银行存款和其他货币资金。但是，银行存款和其他货币资金中不能随时用于支付的存款不属于现金，如不能随时支取的定期存款等。现金等价物是指企业持有的期限短、流动性强、易于转换为已知金额的现金，及价值变动风险很小的投资。现金等价物虽然不是现金，但其支付能力与现金的差别不大，可以视为现金。

例如，某创业企业于2019年4月获得销售商品现金收入10万元，当月购买原材料支付现金20万元，假定没有其他现金流入或现金流出的发生，那么，该企业在2019年4月现金流量净额为−10万元。其会计恒等式为：10万元−20万元=−10万元。

（二）现金流量表示例

创业公司ZH在于2019年1月1日至6月30日经营期间，销售产品收到现金100万元，支付用于购买原材料、支付职工薪酬和支付其他与经营活动有关的现金共计120

万元。在此期间，ZH 公司购买固定资产支付现金 80 万元，出售短期投资获得现金 30 万元；公司从 A 银行获得贷款收到现金 90 万元，偿还 B 银行贷款本金及利息支付现金 50 万元。有了这些信息，我们就可以构建 ZH 公司的现金流量表，如表2-3所示。

表 2-3　　　　　　　　　ZH 公司的现金流量表（简表）　　　　　　　　单位：万元

项目	本期金额
一、经营活动产生的现金流量：	
经营活动现金流入	100
经营活动现金流出	120
经营活动现金流量净额	-20
二、投资活动产生的现金流量：	
投资活动现金流入	30
投资活动现金流出	80
投资活动现金流量净额	-50
三、筹资活动产生的现金流量：	
筹资活动现金流入	90
筹资活动现金流出	50
筹资活动现金流量净额	40
四、现金及现金等价物净增加额	-30

由表 2-3 可见，现金流量表反映了企业在一定会计期间的现金流量状况，它将企业的现金流量划分为经营活动产生的现金流量、投资活动产生的现金流量和筹资活动产生的现金流量三类，按照收付实现制原则编制而成，将权责发生制下的盈利信息调整为收付实现制下的现金流量信息。

三部分现金流量加总则得到现金及现金等价物净增加额，其公式为

$$现金及现金等价物净增加额 = 经营活动产生的现金流量 + 投资活动产生的现金流量 + 筹资活动产生的现金流量$$

$$(2-4)$$

经营活动是指企业投资活动和筹资活动以外的所有交易和事项，如销售商品、提供劳务、购买商品、接受劳务、支付税款等。ZH 公司经营活动现金流入 100 万元，现金流出 120 万元，经营活动产生的现金流量为 -20 万元。投资活动是指企业长期资产的购建和不包括现金等价物范围内的投资及其处置活动，如购买或处置固定资产、对外长期投资或收回投资等。ZH 公司投资活动现金流入 30 万元，现金流出 80 万元，投资活动产生的现金流量为 -50 万元。筹资活动是指导致企业资本及债务规模和结构发生变化的活动，如向银行借款或还款、发行债券、发行股票、支付利息或股利等。ZH 公司筹资活动现金流入 90 万元，现金流出 50 万元，筹资活动产生的现金流量为 40 万元。ZH 公司期末现金及现金等价物净增加额为 -30 万元，说明本期的现金总流入少于现金总流出。

此外，对于经营活动产生的现金流量还可以用间接列示法进行计算。间接列示法是以期末净利润为基础，通过对所有的非现金费用和有关资产、负债等项目进行调整来计算，投资活动与融资活动的计算方法不变。间接列示法形成的现金流量表如表2－4所示。关于间接列示法的编制方法请读者参阅相关书籍。

表2－4　　　　　　　　　　　现金流量表（间接列示法）

项目	本期金额
一、经营活动产生的现金流量：	
净利润	
＋折旧	
－应收账款的增加	
－存货的增加	
＋应付账款的增加	
经营活动现金流量净额	
二、投资活动产生的现金流量：	
投资活动现金流入	
投资活动现金流出	
投资活动现金流量净额	
三、筹资活动产生的现金流量：	
筹资活动现金流入	
筹资活动现金流出	
筹资活动现金流量净额	
四、现金及现金等价物净增加额	

（三）现金流量表的作用

在权责发生制的记账规则下，企业的销售净额并不等于企业经营中的净现金流量。为了充分利用企业的资金，企业的管理人员必须准确知道企业的现金流量；投资人和债权人也需要根据企业的现金流量来判断这个企业经营是否稳健，是否有足够的偿债和支付能力。这对于创业企业尤其重要。现金流量表作为企业的三大财务报表之一，可以概括反映经营活动、投资活动和筹资活动对企业现金流入流出的影响。对于评价企业的利润实现、财务状况及财务管理水平，现金流量分析比传统的损益表能提供更好的基础。它弥补了资产负债表和损益表不能详细反映企业现金流动能力的不足。

现金流量表的作用体现在以下方面：

（1）反映企业的现金流量，评价企业未来产生现金净流量的能力；

（2）评价企业偿还债务、支付投资利润的能力，谨慎判断企业财务状况；

（3）分析净收益与现金流量间的差异，并解释差异产生的原因；

（4）通过对现金投资与融资、非现金投资与融资的分析，全面了解企业财务状况。

专栏 2 - 1

有做假账等行为的会计人员将被列入"黑名单"

2018 年 4 月，财政部印发《关于加强会计人员诚信建设的指导意见》（以下简称意见），就加强会计人员诚信建设作出部署。

意见从增强会计人员诚信意识、加强会计人员信用档案建设、健全会计人员守信联合激励和失信联合惩戒机制三个方面提出了八项具体措施。要求强化会计职业道德约束，加强会计诚信教育，大力弘扬会计诚信理念，提升会计人员诚信素养。

意见明确将建立严重失信会计人员"黑名单"制度。将有提供虚假财务会计报告，做假账，隐匿或者故意销毁会计凭证、会计账簿、财务会计报告，贪污，挪用公款，职务侵占等与会计职务有关违法行为的会计人员，作为严重失信会计人员列入"黑名单"，纳入全国信用信息共享平台，依法通过"信用中国"网站等途径，向社会公开披露相关信息。

资料来源：易永英. 财政部：有做假账等行为会计人员将被列入"黑名单"［EB/OL］.［2018 - 04 - 24］. http：//www. stcn. com/2018/0424/14158269. shtml.

第二节　财务报表分析

一、财务报表分析基础

财务报表分析（Financial Report Analysis）是指通过收集和整理企业财务会计报告中的有关数据，对企业的财务状况、经营状况和现金流状况进行综合分析，从而为财务会计报告使用者提供管理决策信息的一项工作。

财务报表分析的主体可分为股东、经营管理者、债权人、政府职能部门、社会中介机构及其他利益相关者。股东是以股权形式向企业投入资金的自然人或法人，获取投资报酬是股权投资的重要目的，股权投资者在财务报表分析中关心的是偿债能力、收益能力以及投资风险等。经营管理者通过财务报表分析对企业运营中的各项活动以及企业的经营成果和财务状况进行有效的管理与控制。债权人主要关心企业是否具有按期足额偿还债务的能力。政府机构职能部门包括税务部门、国有企业的管理部门、证券管理机构、会计监管机构和社会保障部门等，它们使用财务报表分析是为了履行自己的监督管理职责。社会中介机构包括会计师事务所、律师事务所、资产评估机构以及各类咨询公司等，它们需要借助于财务报表分析，了解企业相关的经营成果和财务状况。此外，企业的供应商、客户、员工、竞争对手甚至社会公众等，都可能需要通过财务报表分析了解企业的相关情况。

财务报表分析的信息来源，主要包括公开披露的财务报表、企业内部管理报告和其他信息。财务报表分析的内容，包括财务能力分析、财务趋势分析和财务综合分析。其中，财务能力分析侧重于单项财务指标分析，包括偿债能力分析、成长能力分析、周转能力分析与获利能力分析；财务趋势分析重点分析企业财务状况变化的趋势，并以此预测企业未来的财务状况和发展前景；财务综合分析分为对单项财务指标的多重分解与多指标综合分析，具体包括杜邦分析体系、改进的杜邦分析体系、沃尔评分法等。财务报表分析的应用，包括企业外部应用与企业内部应用。其中，企业外部应用主要包括会计政策选择分析、财务预测、公司股票估值、公司信用评估等；企业内部应用主要包括成本性态分析、本—量—利分析、管理者经营业绩评价、基于战略的企业业绩评价、内部管理报告与分析等。

 专栏 2 - 2

上市公司财务数据"打架"

在 A 股市场，财务数据异常企业有不少。例如，2017 年营收 5.36 亿元、同比增长 10.64%，净利润为 -1.26 亿元、同比下降 2469.27% 的三变科技；2017 年营收 5 亿元、同比增长 4.44%，净利润为 -3968 万元、同比下降 376.1% 的远望谷等。

据不完全统计，深交所 2018 年以来针对年报情况，给 300 余家上市公司发过问询函；上交所 2018 年以来针对定期报告的问询函件达 130 余件。问询函内容基本都涉及营收、利润等财务数据，其中不乏"打架"的数据。

不少上市公司在回复交易所问询时，列出了自己的理由。大体分两类，一类归因于外部的竞争环境及不可控因素，另一类归因于自身发展的特殊性。归因于外部环境的相对多一些。比如，三变科技在回复深交所时称，2017 年公司所处变压器行业竞争激烈、产能过剩态势持续、价格战、恶性竞争状况未明显改善，普遍存在低价中标情况；同时，运费、销售费用、研发费用、财务费用增长，压低了净利润。

但业内也认为，不排除部分企业为保住企业市值，或配合定增、减持等行为，在会计上作出安排，甚至财务造假。因此，遇有上市公司财务数据"打架"现象，监管层应精准甄别，投资者也应更完整、准确地了解上市公司财务数据，警惕风险。

资料来源：许晟. 透视上市公司财务数据"打架"：营收为负毛利率却高达 412.43% [EB/OL]. 新华社，2018 - 06 - 14.

二、财务比率分析

财务比率分析（Financial Ratio Analysis）是最基本的分析工具。它是以同一期财务报表上若干重要项目的相关数据相互比较，求出比率，用以分析和评价公司的经营活动以及公司目前和历史状况的一种方法。财务比率基本上可以分为四个类型：

（1）偿债能力比率：反映企业偿还短期债务和长期债务的能力；

（2）成长能力比率：反映企业扩展经营的能力；

（3）周转能力比率：反映企业经营效率的能力；

（4）获利能力比率：反映企业获取利润的能力。

（一）偿债能力比率

公司的偿债能力（Debt Service Coverage Solvency）包括短期偿债能力和长期偿债

能力。短期偿债能力是指企业偿还流动负债的能力，短期偿债能力是企业任何利益关系人都应重视的问题。对债权人来说，企业要有充分的偿还能力才能保证其债权的安全，按期取得利息，到期取回本金；对投资者来说，如果企业的短期偿债能力发生问题，就会牵制企业的经营管理人员耗费大量精力去筹集资金，以应付还债，还会增加企业筹资的难度，或加大临时紧急筹资的成本，影响企业的盈利能力。长期偿债能力是指企业对债务的承担能力和偿还债务的保障能力，企业拥有足够的长期偿债能力是企业正常发展的需要。

反映短期偿债能力的比率主要有流动比率、速动比率以及现金比率等。反映长期偿债能力的比率主要有资产负债率、产权比率、利息保障倍数等。对于创业企业，还有现金消耗率、现金积累率和净现金消耗率等指标。

1. 流动比率。流动比率是流动资产与流动负债的比值，用于衡量一个企业动用其流动资产偿还其流动负债的能力。它不仅表示短期债权人债权的安全程度，同时又反映了企业营运资本的能力。其计算公式为

$$流动比率 = \frac{流动资产}{流动负债} \tag{2-5}$$

从绝对数量上，净营运资本 = 流动资产 - 流动负债，净营运资本越多，说明不能偿还的风险越小。因此净营运资本的多少可以反映偿还短期债务的能力。但是，净营运资本是个绝对数，如果企业之间规模相差很大，绝对数相比的意义很有限。流动比率作为一个比值，能更好地反映一个企业的短期偿债能力，便于与企业的历史期间或者不同企业之间的比较。

一般认为，生产企业合理的最低流动比率是2。当然这一比率越高，债权人的安全性也越高。但是从公司所有者（股东）的角度看，过高的流动比率表明企业资产利用率低，资金闲置严重。因此企业应保持一个较为合理的流动比率。必须注意的是，不同公司由于所属行业不同，适合的流动比率也不同。所以计算出来的流动比率，只有和同行业平均流动比率、本企业历史的流动比率进行比较，才能知道这个比率是高还是低。而要找出流动比率过高或过低的原因，必须分析背后隐藏的多方面因素。

【例2-1】根据JY公司的资产负债表（见表2-1），计算JY公司的流动比率。

根据表2-1，JY公司流动资产为40万元，流动负债为10万元，有

$$流动比率 = 40 \div 10 = 4$$

2. 速动比率。流动比率假设全部流动资产都可用于偿还短期债务。但是我们应该看到，有些流动资产（比如企业的存货）具有非常差的流动性，它无法在必要的时候按照合适的价格出售；而日常周转的流动资产是维持企业持续经营所必需的，不能用于偿还负债。因此，流动比率只是粗略地衡量企业的变现能力，没有考虑流动资产中个别项目的特殊性。因此我们引入一个能够更加准确反映企业流动性的指标——速动比率。

速动比率是速动资产对流动负债的比值。速动资产包括货币资金、短期投资、应收票据、应收账款、其他应收款项等，可以在较短时间内变现。但是流动资产中的存

货、1 年内到期的非流动资产及其他流动资产等则不应计入。其计算公式为

$$速动比率 = \frac{流动资产 - 存货资产}{流动负债} \qquad (2-6)$$

一般认为，速动比率维持在 1 较为正常，它表明企业的每 1 元流动负债就有 1 元易于变现的流动资产来抵偿，短期偿债能力有可靠的保证。速动比率过低，企业的短期偿债风险较大；速动比率过高，企业在速动资产上占用资金过多，会增加企业投资的机会成本。但以上评判标准并不是绝对的。实际工作中，应考虑到企业的行业性质。例如商品零售行业，由于采用大量现金销售，几乎没有应收账款，速动比率大大低于 1 也是合理的。相反，有些企业虽然速动比率大于 1，但速动资产中大部分是应收账款，并不代表企业的偿债能力强，因为应收账款能否收回具有很大的不确定性。所以，此时在评价速动比率时，还应该分析应收账款的质量。

【例 2 - 2】根据 JY 公司的资产负债表（见表 2 - 1），计算 JY 公司的速动比率。

根据表 2 - 1，JY 公司流动资产为 40 万元，流动负债为 10 万元，存货为 10 万元，有

$$速动比率 = （40 - 10）÷ 10 = 3$$

3. 现金比率。现金比率是现金资产与流动负债的比值。现金资产是资产负债表中流动性最强的可直接用于偿债的资产，主要包括货币现金和交易性金融资产，不再包括存货和应收账款。它比流动比率及速动比率都更保守。其计算公式为

$$现金比率 = \frac{现金资产}{流动负债} \qquad (2-7)$$

现金比率一般认为在 20% 以上为好。但现金类资产获利能力低，如果这一比率过高，就意味着企业机会成本的增加。

【例 2 - 3】根据 JY 公司的资产负债表（见表 2 - 1），计算 JY 公司的现金比率。

根据表 2 - 1，JY 公司现金为 30 万元，流动负债为 10 万元，有

$$现金比率 = 30 ÷ 10 = 3$$

4. 资产负债率。资产负债率就是负债在总资产中所占的比重，资产负债率反映在总资产中有多大比例是通过借债来筹资的。该指标是衡量企业负债水平的综合指标，同时也是一项衡量公司利用债权人资金进行经营活动能力的指标，也反映债权人发放贷款的安全程度。其计算公式为

$$资产负债率 = \frac{负债总额}{资产总额} \times 100\% \qquad (2-8)$$

资产负债率是衡量企业负债水平及风险程度的重要指标。对这一比率的分析，不同的立场会得出不同的结论。从股东角度看，资产负债率较高能带来财务杠杆的好处；从债权人角度看，资产负债率当然越低越好；从经营者的角度看，希望资产负债率稍高些，以通过举债经营扩大生产规模，获取更高的利润。一般认为，资产负债率的适宜水平是 40% ~ 60%。

【例 2 - 4】根据 JY 公司的资产负债表（见表 2 - 1），计算 JY 公司的资产负债率。

根据表 2-1，JY 公司负债总额为 20 万元，资产总额为 60 万元，有

$$资产负债率 = 20 \div 60 \times 100\% = 33\%$$

5. 产权比率。产权比率等于负债总额与所有者权益总额的比值。该指标表明由债权人提供的和由投资者提供的资金来源的相对关系，反映企业基本财务结构是否稳定。其计算公式为

$$产权比率 = \frac{负债总额}{所有者权益总额} \qquad (2-9)$$

产权比率同样可以反映企业的信用能力和财务风险程度。产权比率越高，说明企业偿还长期债务的能力越弱；产权比率越低，企业偿还长期债务就越有保障。一般认为较为合理的比率为 1，但还应该结合企业的具体情况加以分析。当企业的资产收益率大于负债成本率时，负债经营有利于提高资产收益率，获得额外的利润，这时的产权比率可适当高些。

【例 2-5】根据 JY 公司的资产负债表（见表 2-1），计算 JY 公司的产权比率。

根据表 2-1，JY 公司负债总额为 20 万元，所有者权益总额为 40 万元，有

$$产权比率 = 20 \div 40 = 0.5$$

6. 利息保障倍数。利息保障倍数（又称已获利息倍数），是指企业生产经营所获得的息税前利润（EBIT）与利息费用的比率，它是衡量企业支付负债利息能力的指标。利息保障倍数越大，说明企业支付利息费用的能力越强。因此，债权人要分析利息保障倍数指标，以此来衡量债权的安全程度。其计算公式为

$$利息保障倍数 = \frac{息税前利润（EBIT）}{利息费用} \qquad (2-10)$$

一般来说，要维持正常偿债能力，利息保障倍数至少应大于 1。该比值越高，表明企业长期偿债能力就越强。如果利息保障倍数过低，企业将面临偿债的安全性与稳定性下降的风险。

【例 2-6】根据 JY 公司的利润表（见表 2-2），计算 JY 公司的利息保障倍数。

根据表 2-2，JY 公司净利润为 4 万元，利息费用（财务费用）为 0.5 万元，所得税费用为 0，有

$$息税前利润 = 净利润 + 利息费用 + 所得税费用 = 4 + 0.5 + 0 = 4.5（万元）$$
$$利息保障倍数 = 4.5 \div 0.5 = 9$$

7. 现金消耗率。现金消耗率，是指企业在单位时间内的现金消耗，为企业现金消耗的数量与消耗时间的比率，时间通常为月。现金消耗数量为企业在经营活动、投资活动和筹资活动中的现金流出。现金消耗率越大，说明企业在单位时间内的现金支出越大。其计算公式为

$$现金消耗率 = \frac{企业现金消耗数量}{现金消耗的时间} \qquad (2-11)$$

【例 2-7】根据某企业的利润表，可知其 2018 年的营业成本为 38 万元，管理费用为 6.5 万元，销售费用为 3.9 万元，财务费用为 2.7 万元，税金为 0.8 万元。由其

2017 年和 2018 年的资产负债表，可知其存货增加了 5 万元，应付款增加了 2.5 万元，2018 年新增固定资产投资为 20 万元。计算该企业的现金消耗率。

企业现金消耗数量为营业成本、管理费用、销售费用、财务费用和税金之和，再加上存货的增长，减去应付款的增加，加上新增固定资产投资。有

$$现金消耗数量 = 38 + 6.5 + 3.9 + 2.7 + 0.8 + 5 - 2.5 + 20 = 74.4（万元）$$
$$现金消耗率 = 74.4 \div 12 = 6.2（万元）$$

该企业每月平均消耗现金 6.2 万元。

8. 现金积累率。现金积累率，是指企业在单位时间内从销售收入中积累现金的比率，为企业现金积累的数量与积累时间的比率，时间通常为月。企业现金积累数量为企业净销售额减去应收账款的增加。现金积累率越大，说明企业积累现金的能力越强。其计算公式为

$$现金积累率 = \frac{企业现金积累数量}{现金积累的时间} \qquad (2-12)$$

【例 2－8】根据某企业的利润表，可知其 2018 年的营业收入为 57 万元。由其 2017 年和 2018 年的资产负债表，可知其应收款增加了 10 万元。计算该企业的现金积累率。

企业现金积累数量为营业收入减去新增的应收款。有

$$现金积累数量 = 57 - 10 = 47（万元）$$
$$现金积累率 = 47 \div 12 = 3.92（万元）$$

该企业每月平均积累现金 3.92 万元。

9. 净现金消耗率。净现金消耗率是指单位时间内的净现金消耗数量。净现金消耗数量是企业现金消耗数量与企业现金积累数量之差。净现金消耗率越大，说明企业单位时间内的现金支出越大。其计算公式为

$$净现金消耗率 = \frac{净现金消耗数量}{现金消耗的时间} = \frac{企业现金消耗数量 - 企业现金积累数量}{现金消耗（积累）时间}$$
$$(2-13)$$

【例 2－9】根据【例 2－7】和【例 2－8】，计算该企业的净现金消耗率。

$$净现金消耗率 = 6.2 - 3.92 = 2.28（万元）$$

该企业每月的净现金消耗率为 2.28 万元。

（二）成长能力比率

企业成长能力是指企业发展速度和未来发展趋势，包括企业规模的扩大、利润和所有者权益的增加。企业成长能力比率（Growth Ratios）分析的目的是说明企业的长远扩展能力，以及企业未来生产经营实力。评价企业成长能力的主要指标有主营业务收入增长率、主营业务利润增长率和净利润增长率。

1. 主营业务收入增长率。主营业务收入增长率反映公司主营产品销售额的增长幅度，可以借以判断企业主营业务的发展状况。其计算公式为

$$主营业务收入增长率 = \frac{本期主营业务收入 - 上期主营业务收入}{上期主营业务收入} \times 100\%$$
$$(2-14)$$

一般来说，如果主营业务收入增长率超过 10%，说明公司产品处于成长期，将继续保持较好的增长势头，尚未面临产品更新的风险，属于成长型公司。如果主营业务收入增长率在 5%～10% 之间，说明公司产品已进入稳定期，不久将进入衰退期，需要着手开发新产品。如果该比率低于 5%，说明公司产品已进入衰退期，主营业务利润将开始滑坡。当主营业务收入增长率低于 −30% 时，说明公司主营业务大幅滑坡，预警信号产生。

【例 2 − 10】根据某企业的利润表，可知其 2017 年营业收入为 30 万元，2018 年的营业收入为 57 万元。计算该企业的主营业务收入增长率。

根据主营业务收入增长率计算公式，有

$$主营业务收入增长率 = \frac{57 - 30}{30} \times 100\% = 90\%$$

2. 主营业务利润增长率。主营业务利润增长率体现公司主营业务利润的增长速度。其计算公式为

$$主营业务利润增长率 = \frac{本期主营业务利润 - 上期主营业务利润}{上期主营业务利润} \times 100\%$$

$$(2 - 15)$$

一般来说，主营业务利润稳定增长且占利润总额的比例呈增长趋势的公司正处在成长期。一些公司尽管年度利润总额有较大幅度的增加，但主营业务利润却未相应增加，甚至大幅下降。这样的公司质量不高，投资这样的公司，尤其需要警惕。这里可能蕴藏着巨大的风险，也可能存在资产管理费用居高不下等问题。

【例 2 − 11】根据某企业的利润表，可知其 2017 年营业利润为 10 万元，2018 年的营业利润为 15 万元。计算该企业的主营业务利润增长率。

根据主营业务利润增长率计算公式，有

$$主营业务利润增长率 = \frac{15 - 10}{10} \times 100\% = 50\%$$

3. 净利润增长率。净利润增长率反映公司利润的增长速度。其计算公式为

$$净利润增长率 = \frac{本期净利润 - 上期净利润}{上期净利润} \times 100\% \qquad (2 - 16)$$

净利润（也称为税后利润）是指利润总额扣减所得税后的余额，是当年实现的可供出资人（股东）分配的净收益，反映了企业经营的最终成果。净利润增长率是衡量公司成长能力的基本指标，净利润增幅较大，表明公司经营业绩突出，市场竞争能力强。反之，净利润增幅小甚至出现负增长，表明公司不具有较好的成长性。

【例 2 − 12】根据某企业的利润表，可知其 2017 年净利润为 60 万元，2018 年的净利润为 45 万元。计算该企业的净利润增长率。

根据净利润增长率计算公式，有

$$净利润增长率 = \frac{45 - 60}{60} \times 100\% = -25\%$$

（三）周转能力比率

企业的资产管理运营效率对一个企业取得收入、赚取利润有着非常重要的作用。我们一般用各种资产的周转速度来评价企业使用这种资产的效率。常用的周转能力比率（Turnover Ratios）有存货周转率、应收账款周转率、总资产周转率。

1. 存货周转率。存货周转率是企业一定时期营业收入与存货的比率。用于反映存货的周转速度，即存货的流动性及存货资金占用量是否合理。其计算公式为

$$存货周转率 = \frac{营业收入}{存货} \qquad (2-17)$$

企业为了保证采购、生产、销售的正常进行，都需要维持一定的存货。存货周转率反映企业存货管理水平的高低，它影响到企业的短期偿债能力，是整个企业管理的一项重要内容。一般来讲，存货周转率越高，表明存货转换为现金或应收账款的速度越快，占用的资金就越少，企业经营就越有效率。

【例 2 – 13】根据 JY 公司的资产负债表与利润表（见表 2 – 1 和表 2 – 2），计算 JY 公司的存货周转率。

根据表 2 – 1，JY 公司的存货为 10 万元，根据表 2 – 2，JY 公司的营业收入为 120 万元，有

$$存货周转率 = 120 \div 10 = 12$$

此外，存货的周转速度也可以用存货的周转天数来计量，该比率反映企业的存货周转一次需要的天数。其计算公式为

$$存货周转天数 = \frac{365}{存货周转率} \qquad (2-18)$$

企业可以用存货周转率指标与历史时期进行比较，来评价使用存货资产的变化。如果企业发现存货周转率不正常地下降，就应该调查存货周转不灵的原因。存货周转不灵的原因可能是企业原材料储备的加大、企业生产周期变长、企业的销售疲软等。此外，与行业内的其他企业进行横向比较，更容易反映出自身的存货管理水平，帮助企业不断提高存货资产的运营效率。

【例 2 – 14】根据 JY 公司的资产负债表与利润表（见表 2 – 1、表 2 – 2），计算 JY 公司的存货周转天数。

$$存货周转天数 = \frac{365}{120 \div 10} = 30.42（天）$$

2. 应收账款周转率。应收账款周转率是用来衡量企业应收账款的周转速度，反映企业应收账款的质量和企业收账业绩的财务指标。其计算公式为

$$应收账款周转率 = \frac{营业收入}{应收账款} \qquad (2-19)$$

应收账款周转率是一年内企业的应收账款转化为现金的次数。应收账款周转率越大，表明企业应收账款变现的速度就越快，资金使用的效率就越高。

此外，应收账款周转天数也可以衡量企业应收账款的变现速度。其计算公式为

$$应收账款周转天数 = \frac{365}{应收账款周转率} \qquad (2-20)$$

企业可以与历史时期进行比较，也可以与其他企业进行横向比较，如果应收账款周转率太慢，就应该找出问题的症结所在，加强应收账款的管理。

【例2-15】某创业企业2018年应收账款为30万元，营业收入为360万元，计算该企业的应收账款周转率和应收账款周转天数。

$$应收账款周转率 = \frac{360}{30} = 12（次）$$

$$应收账款周转天数 = \frac{365}{12} = 30.42（天）$$

3. 总资产周转率。总资产周转率是指企业在一定时期内的营业收入与资产总额的比率，它是综合评价企业全部资产的经营质量和利用效率的重要指标。其计算公式为

$$总资产周转率 = \frac{营业收入}{资产总额} \qquad (2-21)$$

总资产周转率是考察企业资产运营效率的一项重要指标，体现了企业经营期间全部资产从投入到产出的流转速度，反映了企业全部资产的管理质量和利用效率。总资产周转率越高，说明企业利用总资产的效率就越高，企业总资产的盈利性也越好。

同样，总资产周转速度也可以用周转天数来表示。其计算公式为

$$总资产周转天数 = \frac{365}{总资产周转率} \qquad (2-22)$$

【例2-16】根据JY公司的资产负债表与利润表（见表2-1、表2-2），计算JY公司的总资产周转率和总资产周转天数。

根据表2-1、表2-2，JY公司的总资产为60万元，营业收入为120万元，有

$$总资产周转率 = \frac{120}{60} = 2（次）$$

$$总资产周转天数 = \frac{365}{2} = 182.5（天）$$

此外，企业还可以使用流动资产周转率、固定资产周转率等指标来衡量企业使用流动资产、固定资产的效率。它们的计算公式分别为

$$流动资产周转率 = \frac{营业收入}{平均流动资产总额} \qquad (2-23)$$

$$固定资产周转率 = \frac{营业收入}{平均固定资产总额} \qquad (2-24)$$

实际上，企业可以根据自身的特点和需要，设计出不同的周转率来计量各种资产的运营效率，评价企业运营各种资产的能力。

（四）盈利能力比率

企业存在的意义就是要创造利润，因此企业的利益相关者都很关心企业的盈利能力。盈利能力比率（Profitability Ratios）包括两种类型，一种与销售额有关，一种与投

资额有关，它们共同反映了公司的综合经营效果。以下主要介绍营业毛利率、营业净利率、资产收益率、权益报酬率等。

1. 营业毛利率。营业毛利率是营业毛利与营业收入的比值，衡量一个企业从营业收入中扣除生产成本后剩余利润的多少，它是企业获得净利润的基础和保障。其计算公式为

$$营业毛利率 = \frac{营业收入 - 营业成本}{营业收入} \times 100\% \qquad (2-25)$$

【例2-17】根据 JY 公司的利润表（见表 2-2），计算 JY 公司的营业毛利率。

根据表 2-2，JY 公司的营业收入为 120 万元，营业成本为 84 万元，有

$$营业毛利率 = （120 - 84）\div 120 \times 100\% = 30\%$$

2. 营业净利率。营业净利率是税后净利润与营业收入的比值，它度量了一个企业从营业收入中获得净利润的能力，是企业经营的最终成果。营业净利率与营业毛利率结合起来使用，有利于发现企业损益表结构中不合理的费用部分，降低不合理的费用，可以提高企业的盈利能力。其计算公式为

$$营业净利率 = \frac{税后净利润}{营业收入} \times 100\% \qquad (2-26)$$

【例2-18】根据 JY 公司的利润表（见表 2-2），计算 JY 公司的营业净利率。

根据表 2-2，JY 公司的税后净利润为 4 万元，营业收入为 120 万元，有

$$营业净利率 = 4 \div 120 \times 100\% = 3.33\%$$

3. 资产收益率。资产收益率是企业的税后净利润与资产总额的比值，又叫投资回报率。其计算公式为

$$资产收益率 = \frac{税后净利润}{资产总额} \times 100\% \qquad (2-27)$$

资产收益率的含义是每单位资产总额带来了多少税后净利润，它是衡量企业总资产创造利润的能力的指标。资产收益率越高，说明企业资产创造利润的效率越高，企业的获利能力也就越强。

【例2-19】根据 JY 公司的资产负债表与利润表（见表 2-1、表 2-2），计算 JY 公司的资产收益率。

根据表 2-1，JY 公司资产总额为 60 万元，根据表 2-2，税后净利润为 4 万元，有

$$资产收益率 = 4 \div 60 \times 100\% = 6.67\%$$

4. 权益报酬率。权益报酬率等于税后净利润与所有者权益的比值，也被称为净资产报酬率。权益报酬率不仅可以衡量股东在公司内所获得的投资回报，也可以反映公司管理层的盈利能力、资产管理能力以及财务控制能力。其计算公式为

$$权益报酬率 = \frac{税后净利润}{所有者权益} \times 100\% \qquad (2-28)$$

权益报酬率表示每单位所有者权益能够创造的利润，是企业所有者最关心的一个

指标，经常用于同行业企业之间的比较。一般来说，该指标值越高，说明企业盈利能力越强，普通股东可获得收益也越多，或者用于扩大再生产的潜力也越大。

【例 2-20】 根据 JY 公司的资产负债表与利润表（见表 2-1、表 2-2），计算 JY 公司的权益报酬率。

根据表 2-1，JY 公司实收资本为 40 万元，根据表 2-2，税后净利润为 4 万元，有

$$权益报酬率 = 4 \div 40 \times 100\% = 10\%$$

三、财务趋势分析与财务综合分析

（一）财务趋势分析

趋势分析（Trend Analysis）是指将特定企业连续几个期间的财务数据进行比较，以查看相关项目的变动情况，得出企业财务状况和经营成果变化趋势的一种分析方法。财务趋势分析有助于预测企业未来的财务状况和经营成果。在财务趋势分析中，常使用以下分析方法。

1. 绝对数额分析。绝对数额分析就是将有关财务报表项目连续几期的绝对数额进行对比。这种分析可以看出相关项目是呈上升、下降、波动的趋势还是保持相对稳定。

2. 环比分析。环比分析即计算有关项目相邻两期的变化率，即分析期某项目的数值相对于前期该项目数值的变动百分比。这种分析不仅可以看出相关项目变动的方向，还可以看出其变动的幅度。环比变动百分比的计算公式为

$$环比变动百分比 = \frac{分析期某项目数值 - 前期某项目数值}{前期某项目数值} \times 100\% \quad (2-29)$$

需要注意的是，如果前期某项目的数值为零或者负数，则无法计算出有意义的变动百分比。

3. 定基分析。定基分析就是选择一个固定的期间作为基期，计算财务报表中相关项目在各分析期的水平相对于基期水平的百分比。这种分析不仅能看出不同期间的财务数据变动方向和幅度，还可以看出一个较长期间内的总体变动趋势，便于进行较长时期的趋势分析。定基百分比的计算公式为

$$定基百分比 = \frac{分析期某项目数值}{基期某项目数值} \times 100\% \quad (2-30)$$

在定基分析中，基期的选择非常重要，因为基期是所有期间的参照。选择基期时，不要选择项目数值为零或者负数的期间，否则无法计算出有意义的定基百分比。最好选择一个企业状况比较正常的年份作为基期，否则得出的定基百分比就不具有典型意义。另外，通常选择时间序列中较早的年份作为基期，这样便于分析整个时间序列中各项目的变化趋势。

（二）财务综合分析

综合分析（Comprehensive Analysis），就是将企业获利能力、偿债能力、成长能力和周转能力等方面都纳入一个有机的分析系统之中，对企业的财务状况、经营状况进

行全面分析，从而对企业经济效益作出较为准确的评价与判断。本书主要介绍财务综合分析的杜邦分析法。

杜邦分析法是杜邦公司的财务管理人员在 20 世纪 20 年代首创的一种要素分析体系，在全球范围内得到广泛的认可和应用。杜邦分析法的基本原理是，根据财务比率之间的内部联系，以最重要的净资产收益率为核心，对其层层分解至最基本的财务比率，以达到全面分析企业财务状况和经营绩效的目的。图 2 - 1 描述了杜邦分析法各指标之间的内在联系。

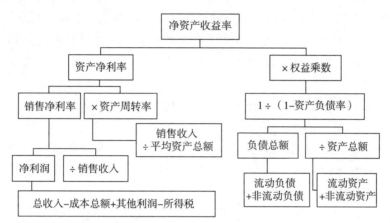

图 2 - 1　杜邦分析法

在杜邦分析法中，净资产收益率是一个综合性最强的财务分析指标，也是杜邦分析系统的核心。资产净利率是影响权益净利率最重要的指标，具有很强的综合性，而资产净利率又取决于销售净利率和总资产周转率的高低。其中销售净利率反映销售收入的收益水平，总资产周转率则反映了总资产的周转速度。权益乘数表示企业的负债程度，反映了公司利用财务杠杆进行经营活动的程度。资产负债率高，权益乘数就大，这说明公司负债程度高，公司会有较多的杠杆利益，但风险也高；反之，资产负债率低，权益乘数就小，这说明公司负债程度低，公司会有较少的杠杆利益，但相应所承担的风险也低。

按照杜邦分析法中各财务比率之间的内部联系，企业可以根据自身需要建立适合的杜邦分析分析体系。利用杜邦分析体系，财务管理人员可以分析影响企业权益报酬率的各种因素，找出问题的症结，帮助企业实现股东财富最大化的经营目标。

本章要点

1. 财务报表又称会计报表，是企业在一定时期内的经营成果、财务状况以及现金流量情况的数据反映，是企业财务信息的核心载体。

2. 财务报表包括对外提供的财务报表和企业内部财务报表。对外提供的财务报表包括资产负债表、利润表、现金流量表与所有者权益变动表、报表附注及外部审计意见。内部财务报表包括成本报表（如固定资产情况表、成本费用情况表）、重构的财务报表、各类分析报告等，主要用于满足企业内部管理的需要。

3. 资产负债表反映了企业的资产、负债、所有者权益之间的内在关系，是企业某个时点的"快照"。

4. 利润表是衡量企业在一定会计期间经营业绩的报表，它全面揭示了企业在某一特定时期实现的各种收入、发生的各种费用、成本或支出，以及企业实现的利润或发生的亏损情况。

5. 现金流量表是反映一家公司在一定时期现金及现金等价物流入和流出情况的报表，它解释了企业在一段时期内的现金流量变化情况，属于动态财务报表。

6. 财务报表分析是指通过收集和整理企业财务会计报告中的有关数据，对企业的财务状况、经营状况和现金流状况进行综合分析，以为财务会计报告使用者提供管理决策的一项工作。

7. 财务比率指标可以分为四个类型：偿债能力比率、成长能力比率、周转能力比率、盈利能力比率。

8. 偿债能力包括短期偿债能力和长期偿债能力，反映短期偿债能力的比率主要有流动比率、速动比率以及现金比率；反映长期偿债能力的比率主要有资产负债率、产权比率、利息保障倍数。

9. 反映企业成长能力的指标主要有主营业务收入增长率、主营业务利润增长率和净利润增长率。

10. 反映企业周转能力的比率主要有存货周转率、应收账款周转率和总资产周转率。

11. 反映企业盈利能力的比率主要包括营业毛利率、营业净利率、资产收益率和权益报酬率等。

12. 可使用杜邦分析法进行财务综合分析，其核心是净资产收益率。

关键术语

财务报表　资产负债表　利润表　现金流量表　财务报表分析　财务比率分析
财务趋势分析　财务综合分析　偿债能力比率　成长能力比率　周转能力比率
盈利能力比率　流动比率　速动比率　现金比率　资产负债率　产权比率
利息保障倍数　现金消耗率　现金积累率　净现金消耗率　主营业务收入增长率
主营业务利润增长率　净利润增长率　存货周转率　应收账款周转率
总资产周转率　营业毛利率　营业净利率　资产收益率　权益报酬率
绝对数额分析　环比分析　定基分析　杜邦分析法

进阶阅读

1. 王化成，支晓强，王建英. 财务报表分析（第2版）[M]. 北京：中国人民大学出版社，2018.

2. 荆新，王化成，刘俊彦. 财务管理学（第 8 版）［M］. 北京：中国人民大学出版社，2018.

3. 马丁·弗里德森，费尔南多·阿尔瓦雷斯. 财务报表分析（第四版）［M］. 刘婷，译. 北京：中国人民大学出版社，2016.

4. J. Chris Leach，Ronald W. Melicher. Entrepreneurial Finance，Cengage Learning，2016.

复习思考题

1. 什么是企业的三大财务报表？各主要反映哪些方面？

2. 财务报表分析有什么作用？创业者、债权人关心的重点有何差异？

3. 如何分析企业的盈利能力、偿债能力、成长能力和周转能力？

4. 什么是财务报表的综合分析？杜邦分析体系可以揭示企业哪些方面的财务信息？

5. 某公司年销售总额（全部为赊销）40 万美元，销售毛利率为 20%。该公司的流动资产为 8 万美元，流动负债为 6 万美元，存货为 3 万美元，现金为 1 万美元。

（1）计算该公司的流动比率和速动比率。

（2）如果公司希望存货周转率为 4，那么平均存货应是多少？

（3）如果公司希望平均应收账款占用资金为 5 万美元，那么应收账款多少天内必须收回（假设 1 年 360 天）？

6. 某公司 2012 年初存货为 15 万元，年初资产总额为 140 万元。2012 年年末有关财务指标为：流动比率 2.1，速动比率 1.1，现金类资产与流动负债的比率为 0.6，存货周转率 6 次，资产负债率 35%，长期负债 42 万元，资产总额 160 万元，流动资产由现金类资产、应收账款、存货组成。该年销售收入 120 万元，发生管理费用 9 万元，利息费用 10 万元，所得税税率为 33%。根据以上资料，计算：

（1）公司 2012 年末的权益乘数、产权比率和总资产周转率。

（2）该公司的利息保障倍数和权益净利率。

案例分析

科创板拟上市企业财务分析

2019 年 6 月 13 日，科创板正式开板。从 2018 年 11 月中国宣布将设立科创板并试点注册制，到科创板正式开板，仅仅过去 7 个多月。

设立科创板并试点注册制，是全面深化资本市场改革的重要突破口。科创板主要承担着两项重要使命：一是支持有发展潜力、市场认可度高的科创企业发展壮大。二是发挥改革试验田的作用，在发行上市等方面进行制度改革的先试先行，形成可复制可推广的经验。

相较于中国资本市场的存量板块，科创板的上市标准凸显对科技创新企业的包容性。《上海证券交易所科创板股票上市规则》显示,科创板将允许未盈利公司上市,允许不同投票权架构的公司上市,允许红筹和 VIE 架构公司上市等。

拟在科创板上市的企业会在上海证券交易所的网站上公布该企业的《首次公开发行股票并在科创板上市招股意向书》,请你选择一个你感兴趣的科创板拟上市企业,对其进行财务分析。

讨论题

1. 该公司的招股意向书中提供了哪些财务信息?
2. 试分析该公司的偿债能力比率及变化趋势。
3. 试分析该公司的成长能力比率及变化趋势。
4. 试分析该公司的周转能力比率及变化趋势。
5. 试分析该公司的盈利能力比率及变化趋势。
6. 试对该公司的财务状况进行综合分析。

第三章　货币的时间价值

学习目标

1. 掌握货币时间价值的概念与现金流量图；
2. 掌握单利计息与复利计息的概念；
3. 掌握复利终值与复利现值的计算；
4. 掌握普通年金、期初年金、递延年金、永续年金、永续增长年金、增长年金的概念及计算；
5. 掌握贷款摊销的概念及计算；
6. 了解财务的计算器操作。

开篇案例

选择高工资，还是回乡自主创业？

　　25年前，11岁的江西兴国男孩吴永柏，懵懵懂懂中成了家乡第一代留守儿童。父母外出务工，让吴永柏和弟弟、妹妹的生活和学习有了坚实的物质保障，却也成为他人生中无法弥补的缺憾和烙印。成年后的吴永柏也离开故乡，就职于深圳的一家IT公司。经过多年打拼，吴永柏成为了一名项目经理，拿到了稳定的高工资。该IT公司主要为餐饮企业开发菜品管理软件，哪些菜品利润率高，哪些菜品带来了最多回头客，通过大数据分析一目了然。作为公司的项目经理，吴永柏为客户提供精准答案的同时，也发现了返乡创业的机会——深圳、香港等地鹅肉持续畅销，对高品质原材料需求旺盛，而他的家乡兴国，正是国家地理标志产品灰鹅的原产地。灰鹅肉质鲜美，自20世纪90年代起就源源不断地销到广东。兴国农村长大的吴永柏自幼与灰鹅亲近，对儿时把灰鹅当作玩伴的情景记忆犹新。他想到，通过灰鹅规模化养殖，激发出这个本地优质禽类的市场潜力，这不正是自己苦苦寻觅的最佳返乡创业项目吗？但是父亲并不看好他的创业前景，认为继续留在深圳才是更好的选择。那么，面对种种压力，吴永柏应该如何选择呢？

　　吴永柏的返乡之路，有源自乡土和亲人的情感诱发、引导，也有理性的计划在一步步支撑。创业者所做的决策往往会涉及存在一定时间跨度的成本和收益回报，因而不可避免地要对不同时间的货币时间价值进行比较。要作出明智的选择，创业者必须有货币时间价值的知识。

资料来源：李刚. 80 后留守儿童变身记：不当"码农"当"鹅农"［EB/OL］. 第一财经，［2019－04－03］. https://www.yicai.com/news/100155015.html.

货币时间价值是创业金融管理的基础理论。在本章，我们将学习货币时间价值的概念及计算模式。在第一节，我们要分析现值与终值的概念与计算。在第二节，我们要掌握年金的概念、计算与应用。

第一节　现值与终值

一、货币时间价值的概念与现金流量图

货币时间价值（Time Value of Money，TVM）是指货币随着时间的推移而发生的增值。例如，现在将 100 元以 5% 的年存款利率存入银行，在一年后获得 105 元。在此交易中，初始存入银行的 100 元称为本金；利率 5% 为银行承诺的回报率；一年后所得的增值部分 5 元为利息，是 100 元本金货币时间价值的体现；一年后获得的 105 元为本利和，为本金与利息之和。

货币之所以具有时间价值，至少有三个方面的原因：（1）货币可投资于扩大再生产，获得新增的回报，从而在将来拥有更多的货币量；（2）货币的购买力会因通货膨胀的影响而随时间改变；（3）一般来说，未来的预测收入具有不确定性。

由于货币具有时间价值，两笔金额相同的资金，如果发生在不同的时期，其实际价值也是不相等的。今天收到的 1 元现金与 1 年后收到的 1 元现金的价值不同。具体而言，当前所持有的一定量货币比未来获得的等量货币具有更高的价值。因此，一定金额的资金必须注明其发生的时间，才能确切地表达其准确的价值。

为了方便分析货币时间价值，我们通常使用现金流量图，帮助可视化特定问题。观察图 3－1，其中现值（Present Value，PV）表示今天你存入银行账户本金 100 元，终值（Future Value，FV）表示未来某个时间（在本例中从现在起 3 年后）你可以从银行账户中取出多少钱。

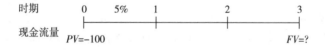

图 3－1　现金流量图

从 0 到 1、从 1 到 2、从 2 到 3 的间隔是时间段，如年或月。时间点 0 是今天，它是周期 1 的开始；时间点 1 既是时期 1 的结束也是时期 2 的开始，等等。周期是年，但也可以是季度、月甚至是天，每个标记都对应一个周期的结束和下一个周期的开始。因此，如果周期是年，那么时间 2 的刻度表示第 2 年的结束和第 3 年的开始。

现金流量直接显示在刻度线下方，现金流量前面的符号如果是负数，则表示你投入资金（资金从你那里流出）；如果现金流量前面没有符号，则说明你取出一定量的资金（资金流入你手中），你要寻找的未知现金流量可用问号表示。这里是你在时间 0 进行投资，将 100 元存入银行，时间 3 能获得多少回报。

二、单利计息与复利计息

货币时间价值的计算有单利计息（Simple Interest）和复利计息（Compound Interest）两种模式。所谓单利计息，是指仅对期初的本金计算利息，当期利息不会在当期期末加入本金作为下一期计算利息的基础，即每个时期计算利息的基础都是期初的本金。

单利计息的计算公式为

$$I = PV \times n \times i \tag{3-1}$$

式中，I 代表获得的利息，PV 代表现值（初始投入的本金），i 为利率，n 为期数。

【例 3 - 1】如果你将 100 元存入银行，年利率为 5%，单利计息，3 年后你将得到的利息是 $100 \times 3 \times 5\% = 15$（元）。

所谓复利计息，是指当期利息会在当期期末加入本金后作为下一期计算利息的基础，即上个时期的利息在以后每个时期都会产生利息，这也就是所谓的"利滚利"。显而易见的是：单利模式下，每期获得的利息都一样；复利模式下，每期获得的利息都不一样，有增加的趋势。基于创业企业财务的基本原则，企业会将前期获得的资金重新投入企业的生产经营过程进行资金循环，因此，创业金融中的投资决策和融资决策都是建立在复利的基础之上的。

三、复利终值

终值（Future Value，FV）是当前一定数量货币的未来价值。已知当前一定数量的货币，计算其未来价值通常使用复利计息的方法。为了说明这一点，参考图 3 - 1，假设你将 100 元存入银行，年利率为 5%，3 年后你将得到的金额就是 100 元的终值。我们首先定义这些术语：

PV = 现值，即你账户中的起始金额。这里是 100 元。

i = 利息率，通常以每年的百分比为单位表示。这里是 5%。

n = 计算利息的期数。这里是 3 年。

FV_n = n 年年末的终值。

现在一步一步地计算该例中的终值。首先，1 年后你拥有多少钱？你将得到初始的 100 元加上利息 5 元。因此，第一年年末的终值为 105 元：

$$FV_1 = 100 \times (1 + 5\%) = 105（元）$$

如果你将 105 元再存一年，第二年年末你将拥有多少钱呢？在第二年，你所得到的利息是 105 元的 5%，即 $105 \times (1 + 5\%) = 5.25$（元）。因此，在第二年年末，你将获得 110.25 元。

由此发现，计算第二年年末终值最直接的方法，是初始本金乘以 1.05，接着再乘以 1.05：

$$FV_2 = 100 \times (1 + 5\%) \times (1 + 5\%) = 100 \times (1 + 5\%)^2 = 110.25(\text{元})$$

按照这一方法，3 年后的终值为：

$$FV_3 = 100 \times (1 + 5\%) \times (1 + 5\%) \times (1 + 5\%) = 100 \times (1 + 5\%)^3 = 115.76(\text{元})$$

3 年后你将得到 115.76 元。

概括地讲，我们可以得到复利终值的计算公式为

$$FV_n = PV(1 + i)^n \qquad (3-2)$$

式中，$(1 + i)^n$ 称为复利终值系数，可用符号 $(F/P, i, n)$ 表示，其数值可以通过查"复利终值系数表"获得。复利终值系数的经济含义是，当利率为 i 时，现在的 1 元钱在 n 期后值多少钱，即现在 1 元钱的未来价值。

专业的财务计算器能使复利终值计算变得更简单。图 3-2 所示的是典型的财务计算器的键盘。只要按下相应的财务计算器的按键，输入（你可以选择任一种你习惯的顺序）已知的期限 (n)、利率 (I/Y) 和投资额 (PV) 的数值，并要求它计算终值 (FV)，它就可以将结果显示在屏幕上。

表 3-1 为上述计算在财务计算器中的实现过程。此外，你还可以用个人电脑中的 Excel 软件进行计算。

图 3-2　财务计算器

表 3-1　　　　　　　　　复利终值的财务计算器示例

n	I/Y	PV	FV	结果
3	5%	100	?	115.76

如前所述，如果利息只来自初始本金，我们称之为单利计算。使用单利计息计算终值的公式为

$$FV_n = PV(1 + n \times i) \qquad (3-3)$$

【例 3-2】如果你将 100 元存入银行，年利率为 5%，单利计息，3 年后你将得到的金额就是 $100 \times (1 + 3 \times 5\%) = 115$（元）。

四、复利现值与折现

当我们计算终值时，其实我们是在问这样一个问题："如果我们现在有 1 万元，以每年 10% 的利率计算，10 年后我们将得到多少钱？"

但是，如果我们想知道的是，为了在将来的某一天获得一定量的货币，现在需要投资多少。例如，如果我们在 5 年后需要 10 万元用于孩子的大学教育费用，现在必须投资多少钱？回答此类问题，实际是计算将来一定金额的现值。

现值（Present Value，PV）即现在的价值，是指未来一定数量货币的当前价值。现值计算是终值计算的逆运算，能告诉我们为了将来获得你所想要的货币量，现在应该投资多少钱。假定1年后我们需要105元。如果我们现在进行投资，第1年能获得5%的利息。那么，现在我们必须投资的货币量就是105元的现值。我们可以得到：现值×（1+5%）=105（元），现值=105/（1+5%）=100（元），即我们现在必须投资100元。

由终值计算公式（3-2），可得复利现值计算公式为

$$PV = FV_n / (1 + i)^n = FV(1 + i)^{-n} \qquad\qquad (3-4)$$

式中，$(1 + i)^{-n}$ 称为复利现值系数，用符号（P/F，i，n）表示，其数值可以通过查"复利现值系数表"获得。复利现值系数的经济含义是，当利率为 i 时，未来 n 期的1元钱在现在值多少钱，即未来1元的现在价值。不难发现，给定复利利率后，时间越长，复利现值越小。

【例3-3】20年后你需要1000万元用于创业，已知可获得的投资收益率为10%，那么现在需要投资多少钱？

我们有终值为1000万元，期限为20年，利率为10%，要计算未来现金流的现值，代入公式（3-4），得

$$PV = \frac{1000}{(1 + 10\%)^{20}} = 149(\text{万元})$$

可得现在需要投资149万元。

我们称现值的计算为折现（Discount），用于计算的利率通常称为折现率（Discount Rate）。因此，现值的计算又称为现金流折现分析。

使用财务计算器或Excel计算更为简单。在财务计算器中输入（你可以选择任一种你习惯的顺序）已知的期限（n）、利率（I/Y）和终值（FV）的数值，并要求它计算现值（PV），它就可以将结果显示在屏幕上。表3-2为复利现值计算在财务计算器中的实现过程。

表3-2　　　　　　　　　　复利现值计算的财务计算器示例

n	I/Y	PV	FV	结果
20	10%	?	1000	PV = 149

根据现值公式和终值公式可知，对于现值（PV）、期限（n）、利率（I/Y）和终值（FV）四个变量，只要知道其中三个变量的数值，就可以计算出剩余的未知变量的值。财务计算器和Excel可以便捷地完成计算。

第二节　年　金

上节终值与现值的计算都仅仅涉及了未来单个时期的现金流。如果现金流不止一个，情况又将如何呢？在许多情况下，如债券、投资或贷款偿还所产生的每期现金流

呈现一定特征，这种情形往往被称为年金（Annuity）。年金指在一定时期内，每期时间间隔相同且不间断、每期金额相等且方向相同的系列现金流。根据现金流发生时点的不同，年金可以分为普通年金、期初年金和递延年金；根据每期现金流数额的不同，年金可以分为等额年金和增长年金；根据现金流的支付期限，年金可以分为有限年金和永续年金。

一、普通年金

普通年金（Ordinary Annuity）又称为期末年金，其现金流的首次支付发生在第1期期末，是指在一定期限内、每期期末发生的等额现金流。普通年金是年金种类中最常见、最基本的形式。假设每期现金流为A，计息期数为n，则n期普通年金的现金流量如图3-3所示。

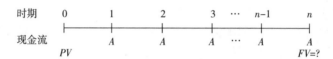

图3-3 普通年金现金流量图

（一）普通年金终值

普通年金终值是计算一定期限内、每期期末发生的等额现金流的复利终值之和。从图3-2可知，普通年金终值就是各期现金流的复利终值之和。n期年金的复利终值为

$$FV = A(1+i)^{n-1} + A(1+i)^{n-2} + \cdots + A(1+i)^{1} + A \qquad (1)$$

（1）式两边同时乘以$(1+i)$，可得

$$(1+i)FV = A(1+i)^{n} + A(1+i)^{n-1} + \cdots + A(1+i)^{2} + A(1+i) \qquad (2)$$

（2）式与（1）式相减，得

$$(1+i)FV - FV = A(1+i)^{n} - A \qquad (3)$$

由（3）式，不难得出年金终值的计算公式：

$$FV = \frac{A(1+i)^{n} - A}{i} = A\frac{(1+i)^{n} - 1}{i} \qquad (3-5)$$

公式（3-5）中，$\frac{(1+i)^{n} - 1}{i}$是当$A=1$时的年金终值，即每期现金流为1元、利率为i、持续n期的年金终值，又称为年金终值系数，通常用符号$(F/A, i, n)$或$FVIFA_{i,n}$表示，其数值可以通过查"年金终值系数表"获得。

【例3-4】假如你打算在未来3年每年储蓄1000元。如果年利率为6%，3年后你能积蓄多少钱？

我们已知期限为3年，每期现金流为1000元，年利率为6%，代入公式（3-5），有

$$FV = 1000 \times \frac{(1+6\%)^{3} - 1}{6\%} = 3184(元)$$

可得年金终值为 3184 元。

财务计算器使普通年金终值计算变得简单。你只要按下相应的财务计算器的按键，输入（你可以选择任一种你习惯的顺序）已知的期限（n）、利率（i）、每期现金流（A，财务计算器通常使用"PMT"键），初始投资额（PV）输入为 0，就可计算普通年金终值（FV）。表 3 – 3 为普通年金终值计算在财务计算器中的实现过程。

表 3 – 3   普通年金终值计算的财务计算器示例

n	I/Y	PV	FV	PMT	结果
3	6	0	?	1000	$FV = 3184$

（二）普通年金现值

普通年金现值是计算一定期限内、每期期末发生的等额现金流的复利现值之和。从图 3 – 2 可知，普通年金现值就是各期现金流的复利现值之和。n 期年金的复利现值为

$$PV = \frac{A}{(1+i)^1} + \frac{A}{(1+i)^2} + \frac{A}{(1+i)^3} + \cdots + \frac{A}{(1+i)^{n-1}} + \frac{A}{(1+i)^n} \qquad (1)$$

（1）式两边同时乘以（$1+i$），可得

$$(1+i)PV = A + A(1+i)^{-1} + \cdots + A(1+i)^{-(n-2)} + A(1+i)^{-(n-1)} \qquad (2)$$

（2）式与（1）式相减，得

$$(1+i)PV - PV = A - A(1+i)^{-n} = A[1 - (1+i)^{-n}] \qquad (3)$$

由（3）式，不难得出年金现值的计算公式：

$$PV = \frac{A[1-(1+i)^{-n}]}{i} = A\frac{1-(1+i)^{-n}}{i} = A\frac{(1+i)^n - 1}{i(1+i)^n} \qquad (3-6)$$

公式（3 – 6）中，$\dfrac{(1+i)^n - 1}{i(1+i)^n}$ 是当 $A = 1$ 时的年金现值，即每期现金流为 1 元、利率为 i、持续 n 期的年金现值，又称为年金现值系数，通常用符号（$P/A, i, n$）或 $PVIFA_{i,n}$ 表示，其数值可以通过查"年金现值系数表"获得。

【例 3 – 5】假如你打算在未来 5 年每年年底收到 1000 元，如果年利率为 6%，现在你要投资多少？

我们已知期限为 5 年，每期现金流为 1000 元，年利率为 6%，代入公式（3 – 6），有

$$PV = 1000 \times \frac{(1+6\%)^5 - 1}{6\%(1+6\%)^5} = 4212(元)$$

可得年金现值为 4212 元。

财务计算器使普通年金现值计算变得简单。你只要按下相应的财务计算器的按键，输入（你可以选择任一种你习惯的顺序）已知的期限（n）、利率（i）、每期现金流（A，财务计算器通常使用"PMT"键），终值（FV）输入为 0，就可计算普通年金现值（PV）。表 3 – 4 为普通年金现值计算在财务计算器中的实现过程。

表 3 - 4 　　　　　　　普通年金现值计算的财务计算器示例

n	I/Y	PV	FV	PMT	结果
5	6	?	0	1000	PV = 4212

（三）普通年金的变化

1. 期初年金。如果现金流发生在每期的期初，那我们将其称为期初年金（Annuity Due）。一个 n 期期初年金的现金流量如图 3 - 4 所示。不难发现，与图 3 - 3 之间的主要区别就在于每期现金流的发生时间产生了变化。普通年金的现金流发生在每期期末，而期初年金的现金流发生在每期期初。也正是因为如此，第 1 期的现金流发生在第 1 期期初（也就是第 0 期，即现在），第 n 期的现金流发生在第 n 期期初（也就是第 $n-1$ 期期末）。

图 3 - 4　期初年金现金流量图

第一，期初年金终值。期初年金终值依然是每期现金流的复利终值之和。计算 n 期期初年金终值常使用的一种方法为

$$FV = A(1 + i)^n + A(1 + i)^{n-1} + A(1 + i)^{n-2} + \cdots + A(1 + i)^2 + A(1 + i)^1$$
$$= (1 + i)\left[A(1 + i)^{n-1} + A(1 + i)^{n-2} + \cdots + A(1 + i) + A\right] \quad (1)$$

不难发现，中括号中显然是普通年金终值的计算公式。所以，由于 n 期期初年金与 n 期期末年金的付款期数相同，但付款时间不同，所以期初年金终值要比期末年金多计算一期利息。故而期初年金终值的计算公式为

$$FV = A \times (1 + i) \times \frac{(1 + i)^n - 1}{i} = A \times (F/A,i,n) \times (1 + i) \quad (3 - 7)$$

财务计算器提供了期初年金与期末年金的转换功能，只需将年金计算设定为期初年金计算模式，就可以输入（你可以选择任一种你习惯的顺序）已知的期限（n）、利率（i）、每期现金流（A，财务计算器通常使用"PMT"键），初始投资额（PV）输入为 0，就可计算普通年金终值（FV）。

第二，期初付年金现值。期初年金现值依然是每期现金流的复利现值之和。比较普通年金和期初年金的现金流量图，我们可以把一个 n 期期初年金拆分成一个 $n-1$ 期的普通年金和一个发生在现在（即第 0 期）的现金流，自然地，n 期期初年金现值就是二者的现值之和。n 期期初年金现值的计算公式为

$$PV = A + A \times (P/A,i,n - 1) = A[1 + (P/A,i,n - 1)] \quad (3 - 8)$$

同上，将年金计算设定为期初年金计算模式，输入（你可以选择任一种你习惯的顺序）已知的期限（n）、利率（i）、每期现金流（A，财务计算器通常使用"PMT"键），终值（FV）输入为 0，就可计算普通年金现值（PV）。

2. 递延年金。递延年金（Deferred Annuity）是指最初若干时期没有发生现金流的收付，在后面 n 期每一期都会产生等额现金流的情形。由图 3 – 5 可知，递延年金与普通年金的区别就在于，递延年金的首次现金流发生时间不是在第 1 期而是在第 $m+1$ 期；如果我们将 m 取值为 0，那么此时递延年金就变成了我们所常见的普通年金。

图 3 – 5　递延年金现金流量图

递延年金终值比较容易计算，只需简单地将各期现金流的复利终值进行加总就行了。递延年金现值的计算有多种方法，一种常常被使用的方法是将折现过程分为两步。

第一步，假定现在是第 m 期（即令 $m=0$），利用普通年金现值公式求出 $n-m$ 期年金在第 m 期的现值，也可用财务计算器的普通年金现值计算完成。

第二步，将递延年金在第 m 期的现值进一步地折现到第 0 期，从而得到递延年金的现值。此步骤是非常简单的求未来单笔现金流复利现值的过程，也可用财务计算器的相应功能完成。

二、永续年金

没有到期时间、能够永远持续的年金就是永续年金（Perpetual Annuity）。与普通年金相比，其区别在于没有到期日。英国政府曾在 1751 年发行一种没有到期日、永不还本、对持有人承诺无限期支付固定年利息的政府公债，这种政府公债就是永续年金。优先股有固定股利，没有到期日，所以优先股股利可以看作是永续年金。永续年金现金流量如图 3 – 6 所示。

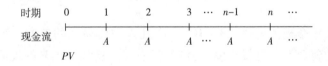

图 3 – 6　永续年金现金流量图

由普通年金的现值公式可以得出永续年金现值的计算公式：

$$PV = \lim_{n \to \infty} \frac{A\left[1 - (1+i)^{-n}\right]}{i} = \frac{A}{i} \qquad (3-9)$$

公式（3 – 9）可以写为 $PV \times i = A$，此时的经济含义是，将数额为 PV 的现金存入银行，利率为 i，则每期可以获得利息 A。也就是说，一个每年获得现金流支付 A、永远持续的年金的价值就等于 PV。

三、永续增长年金

永续增长年金是指一系列无止境的、每期按固定比率增长的现金流。假如增长速度为 g，那么永续增长年金的现金流量如图 3-7 所示。和普通年金的现金流量图进行比较，我们发现其特征是：没有到期时间、每期现金流以固定速度 g 增长。

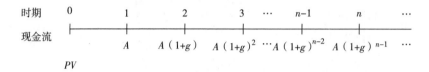

图 3-7 永续增长年金现金流量图

永续增长年金的复利现值为

$$PV = \frac{A}{(1+i)^1} + \frac{A(1+g)}{(1+i)^2} + \frac{A(1+g)^2}{(1+i)^3} + \cdots + \frac{A(1+g)^{n-2}}{(1+i)^{n-1}} + \frac{A(1+g)^{n-1}}{(1+i)^n} + \cdots$$

$$(1)$$

为方便，我们令 $a = \dfrac{A}{(1+i)^1}$，$x = \dfrac{1+g}{1+i}$，于是（1）式可写为

$$PV = a(1 + x + x^2 + x^3 + \cdots) \qquad (2)$$

（2）式两边同时乘以 x，得到

$$PV \times x = a(x + x^2 + x^3 + \cdots) \qquad (3)$$

（2）式减去（3）式，得到

$$PV - PV \times x = a$$

即

$$PV = \frac{a}{1-x} = \frac{\dfrac{A}{1+i}}{1 - \dfrac{1+g}{1+i}} = \frac{A}{i-g} \qquad (3-10)$$

关于永续增长年金现值公式（3-10），有几点需要注意的地方。第一，分子是现在起 1 期后那期的现金流。也就是说，公式（3-10）所计算出来的现值时点是分子中现金流发生时间的前一个时点。第二，为保证公式有经济意义，分母中 i 要大于 g。第三，现实世界中，现金的流入流出是随机的，并几乎是连续不断的。而在公式中，我们假定现金流的发生是有规律的，这样可以节约很多计算时间，因而是合理的，应用中只要不忘这是一个"假定"即可。

四、增长年金

增长年金（Growing Annuity）是指有限时期内按固定比率增长的现金流。增长年金与永续增长年金的唯一区别是有到期时间。增长年金的现金流量如图 3-8 所示。

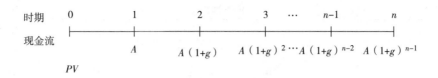

图 3 - 8 增长年金现金流量图

增长年金的复利现值为

$$PV = \frac{A}{(1+i)^1} + \frac{A(1+g)}{(1+i)^2} + \frac{A(1+g)^2}{(1+i)^3} + \cdots + \frac{A(1+g)^{n-2}}{(1+i)^{n-1}} + \frac{A(1+g)^{n-1}}{(1+i)^n} \quad (1)$$

为方便，我们令 $a = \dfrac{A}{(1+i)^1}$，$x = \dfrac{1+g}{(1+i)}$，于是（1）式可写为

$$PV = a(1 + x + x^2 + x^3 + \cdots + x^{n-1}) \quad (2)$$

（2）式两边同时乘以 x，得到

$$PV \times x = a(x + x^2 + \cdots + x^n) \quad (3)$$

（2）式减去（3）式，得到

$$PV - PV \times x = a(1 - x^n)$$

即

$$PV = \frac{a(1-x^n)}{1-x} = \frac{\dfrac{A}{1+i}\left[1 - \left(\dfrac{1+g}{1+i}\right)^n\right]}{1 - \dfrac{1+g}{1+i}} = \frac{A}{i-g}\left[1 - \left(\frac{1+g}{1+i}\right)^n\right] \quad (3-11)$$

值得说明的是，在永续增长年金现值公式（3-10）中需要注意的地方依然适用于增长年金现值公式（3-11）。

财务计算器使增长年金现值计算变得简单。你只要按下相应的财务计算器的按键，输入（你可以选择任一种你习惯的顺序）已知的期限（n）、利率（i^*，此处的 i^* 为考虑的增长率的实际报酬率，$i^* = (1+r)/(1+g) - 1$）、每期现金流（A，财务计算器通常使用"PMT"键）、终值（FV）输入为 0，就可计算增长年金现值（PV）。

五、贷款摊销

年金的一个重要应用是贷款摊销。许多贷款如住房抵押贷款、汽车贷款、助学贷款，都可以以等额的分期付款方式偿还，这种等额还款的方式称为摊销（Amortization）。第一次偿付中有一部分是支付未还贷款的利息，还有一部分是偿还本金。每一次偿付后，一部分本金将从未偿还的贷款中扣除。因此，后续每期支付利息占总付款额的比例将比前期支付利息所占比例低，而用于偿还本金的部分高于前期。

【例 3-6】 假设你以 9% 的年利率贷入 10 万元的创业贷款，并将在今后 3 年内连本带息分期偿还。10 万元可视为年金现值，年金由 3 笔等额现金流组成，每期现金流为 A，计息期数为 3，利率为 9%。根据普通年金现值公式（3-4），已知 PV、i、n，可以算出 $A = 39504.48$ 元。贷款摊销见表 3-5。

表 3-5 贷款摊销 单位：元

年度	初始余额	每年支付	利息支付	本金	剩余本金
1	100000	39505	9000	30505	69495
2	69495	39505	6255	33251	36244
3	36244	39505	3262	36244	0
合计	—	118515	18515	100000	—

财务计算器使贷款摊销计算变得简单。你只要按下相应的财务计算器的按键，输入（你可以选择任一种你习惯的顺序）已知的期限（$n = 3$）、利率（$i = I/Y = 9\%$）、现值（$PV = 100000$）、终值（$FV = 0$），就可以计算每期现金流（A，财务计算器通常使用"PMT"键）。表 3-6 为贷款摊销计算在财务计算器中的实现过程。

表 3-6 贷款摊销计算的财务计算器示例

n	I/Y	PV	FV	PMT	结果
3	9	100000	0	?	PMT = 39504. 48

本章要点

1. 货币时间价值是指货币随着时间的推移而发生的增值。由于货币具有时间价值，两笔金额相同的资金，如果发生在不同的时期，其实际价值也是不相等的。

2. 货币时间价值的计量有单利和复利两种模式。单利是指仅对期初的本金计算利息。复利是指当期利息会在当期末加入本金后作为下一期计算利息的基础。

3. 终值和现值是计量资金时间价值的两种主要方法。其中，终值是确定当前资金在未来某个时刻的价值，而现值则是确定未来某个时刻的资金在现在时点的价值。

4. 复利终值是确定当前现金之未来价值的过程。复利现值是复利终值的逆运算，是确定未来现金之当前价值的过程。

5. 普通年金又称为后付年金，其现金流的首次支付发生在第 1 期期末，是指在一定期限内、每期期末发生的等额现金流。普通年金是年金种类中最常见、最基本的形式。

6. 如果现金流发生在每期的期初，那我们将其称为期初年金。

7. 递延年金是指最初若干时期没有发生现金流的收付，在后面 n 期每一期都会产生等额现金流的情形。

8. 没有到期时间、能够永远持续的年金就是永续年金。

9. 永续增长年金是指一系列无止境的、每期按固定比率增长的现金流。

10. 增长年金是指有限时期内按固定比率增长的现金流。

11. 贷款摊销是指以等额的分期付款方式偿还贷款。

关键术语

货币时间价值 现金流量图 单利 复利 终值 现值 折现 年金 普通年金

期初年金　递延年金　永续年金　永续增长年金　增长年金　贷款摊销

进阶阅读

1. 陈伟森，谢耀权. 金融与保险精算数学［M］. 庄新田，苑莹，译. 北京：机械工业出版社，2009.

2. Timothy R. Mayes. Financial Analysis with Microsoft Excel，Eighth Edition，Cengage Learning，2016.

复习思考题

1. 什么是货币时间价值？为什么货币具有时间价值？

2. 复利和单利之间的区别是什么？

3. 什么是复利现值？什么是复利终值？它们有什么关系？

4. 什么是年金？如何计算年金的终值与现值？

5. 普通年金存在几种特殊的变化，分别是哪些？

6. 某人计划在 4 年后创业，预计需支付 100000 元的投资，如果银行存款年利率为 5%，问现在他应该一次性存入银行多少钱？

7. 某人计划在 4 年后创业，预计需支付 100000 元的投资，他在每年年初存入等额款项。如果银行存款年利率为 5%，求款项的数额？

8. 在利率为 5% 的条件下，某人每年年末存入 5 万元，连续存入 5 年。在第 6 年年初取出款项用于创业，问他能筹集多少创业资金？

9. 某创业企业向银行借入一笔款项，期限 5 年，贷款利率为 10%，银行规定前 2 年不用还款付息，第 3 年至第 5 年每年偿还 20000 元，问这笔款项的现值是多少？

案例分析

李雷面临的入职测试

李雷大学毕业后计划进入一家服务创业企业的金融机构工作，该金融机构对申请者采取了线上评估的方式。线上评估中有一部分内容是关于创业金融的相关知识。李雷将如何回答下面的问题。

1. 画出现金流量图：

（1）第 3 年年末投资 10 万元进行创业；

（2）为期 5 年的普通年金，每年获得 1 万元现金流入；

（3）一创业企业在第 1、2、3、4 年年末分别获得 −1 万、−10 万、5 万和 8 万元的现金。

2. 金融机构借给某创业企业 10 万元，借期 12 个月，每月的利率为 1.5%，到期后一次还本付息，请问创业企业到期后要还多少钱？

3. 如果一个创业企业的用户数以每月 20% 的速度增长，该创业企业的用户数需要多长时间可以翻倍？

4. 如果你希望一个创业企业的用户数在 3 年内翻倍，则每年用户数就必须增长多少？

5. 如果利率是 10%，5 年期每年 1 万元的普通年金的终值是多少？现值是多少？

6. 你今年 30 岁，有一份固定的工作，年薪为 20 万元，预计你还可以继续工作 30 年，年薪会以每年 5% 的比例增长。你的朋友邀请你辞职加入一个创业项目，该项目预计在创业初期的 0~5 年只能支付你 5 万元的年薪，从第 6 年起，你可以得到每年 30 万元年薪，并在随后的 25 年会以每年 10% 的比例增长，所有的年薪都在期末支付。请问你应如何选择？

第四章　财务预测与盈亏平衡分析

学习目标

1. 理解财务预测的概念、内容和流程；
2. 掌握财务预测的基本方法；
3. 理解收入预测的内容；
4. 理解成本的概念、种类与成本预测的内容；
5. 理解盈亏平衡分析的内容。

开篇案例

瑞幸咖啡陆正耀：狂奔是真的，但并不蒙眼

瑞幸咖啡是一家总部位于厦门的咖啡连锁企业，于 2019 年 5 月 17 日在美国纳斯达克交易所成功上市，创造了全球最快 IPO 纪录。瑞幸咖啡从 2018 年 5 月 8 日正式营业到上市，用了不到 12 个月；从 2018 年 1 月 1 日北京上海试营业到上市，用了不到 17 个月；从 2017 年 6 月公司注册到上市，用了不到 24 个月。

早在 2016 年初，瑞幸创始团队就开始细化商业模式和搭建财务模型，包括单店模型和单杯模型，沙盘推演了各种竞争情况下的应对策略，系统计算了业务发展所需的资金需求和融资节奏。2016 年中，瑞幸咖啡组织团队，开始开发全套的信息系统，在此基础上，2017 年 10 月，北京联想桥店和银河 SOHO 店开始进行系统"内测"和"外测"。

瑞幸咖啡董事长陆正耀透露：星巴克在中国发展了 20 多年，现在每天销售量 100 多万杯，瑞幸咖啡通过一年多的发展，现在每天的杯量，正在快速接近这个数字。另外，瑞幸咖啡单杯成本已经从 2018 年第一季度的 28.0 元人民币降至 2019 年第一季度的 13.3 元人民币，销售均价为 24 元，虽然最终依然录得亏损，但在理论上拥有充足的利润空间。后续，随着数据不断积累，采购量逐步增大，这一成本也还有非常大的下降空间。

创业者在创业之初必须进行财务预测。在本章，我们将学习财务预测的基础知识

及相关应用。在第一节，我们要学习财务预测的概念、内容、流程与预测方法。在第二节，我们要分析收入预测与成本预测的内容。在第三节，我们要学习盈亏平衡分析的内容。

第一节　财务预测基础

一、财务预测的概念与内容

（一）财务预测的概念与作用

古语云，"预则立，不预则废。""预"，狭义的理解就是预测。财务预测（Financial Forecast）是指运用科学的理论和方法，依据已有的相关资料，对企业未来各项财务活动的发展变化趋势及其结果进行预先推测和判断。

财务预测对于创业企业和成熟企业的有效管理都是至关重要的。

1. 有助于创业企业获得资金、资源支持。财务预测可以明确企业创业的愿景，并就创业项目的优点、可行性及预期盈利，向潜在的投资人及金融机构提供证据支持。这对于创业企业获得必要的资金、资源支持是十分重要的，也有助于创业企业的价值评估。

2. 有助于创业企业实施财务控制。企业财务控制是对企业的投资及收益过程进行衡量与校正。企业的投资行为不是事先创造的，也不是凭空臆断的，而是通过分析评价权衡利弊得出的。财务预测通过测算企业投资、筹资各项方案的经济效益，为财务控制提供依据。

3. 有助于创业企业评估经营绩效。经营绩效是企业营运管理的最终成果。财务预测是企业经营绩效得以充分体现的有效机制。财务预测将市场与企业内部资源有机结合，划定了企业内部的责任主体，设定了预测目标，为企业经营绩效评价提供基准。

4. 有助于创业企业应对变化。财务预测与其他预测一样都不可能很准确，但这并不意味着预测没有意义。预测企业未来各种可能的前景，便于企业制订出相应的备选方案，提高企业对不确定事件的反应能力，从而减少不利事件带来的损失，增加有利机会带来的收益。

（二）财务预测的内容

具体而言，财务预测主要包括销售预测、成本预测、利润预测和资金需求预测。

1. 销售预测。销售预测（Sale Forecast）是以调查研究、数理统计等预测方法为基础，通过对已有信息的分析，预测未来一定期间内有关产品的销售量或销售额。销售预测是企业开展生产经营活动的起点。通过销售预测，可以使决策者预见市场需求的变化趋势，据此确定未来时期的生产经营活动。销售预测是财务预测分析的起点，成本预测、利润预测与资金预测，都直接或间接与销售预测相关联。

2. 成本预测。成本预测（Cost Forecast）就是根据成本特征及有关历史成本资料和企业现有的经济技术条件，结合今后的发展前景，采用科学的预测方法，对未来一定时间内有关成本水平及其变动趋势进行预计和测算。通过成本预测，能够了解企业各种产品的成本构成，提示企业经营与产品成本之间的内在联系，为生产决策和固定资产投资决策提供科学的依据。

3. 利润预测。利润预测（Profit Forecast）是按照企业生产经营目标的要求，在销售预测、成本预测的基础上，对影响利润变动的各项因素进行综合分析，对企业未来一定期间内的利润水平和变化趋势进行预计和推测。通过利润预测，可以科学合理地确定企业的目标利润。

4. 资金需求预测。资金需求预测（Fund Forecast）是根据企业的历史资料，运用科学的预测方法，结合企业的生产经营和投资决策，预测并分析企业未来一定时间内所需要的资金总量。企业进行资金需求预测的目的，就是要以最少的资金占用量、最低的资金成本来获取最佳的经济效益。

二、财务预测的流程

虽然预测在实际上可以是主观和直观的，在很大程度上依赖于个人经验，但它也可以是一个系统和科学的过程，可以应用标准的科学研究方法和程序去完成。一般来说，预测过程的基本步骤可以总结如图 4 - 1 所示。

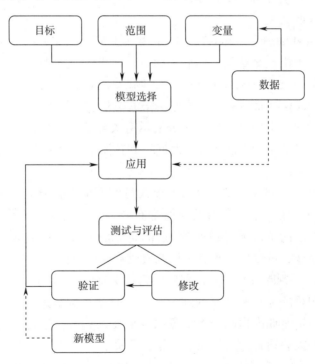

图 4 - 1　财务预测的流程

1. 决定预测的主要依据和目标。那就是回答以下问题：我们为什么要预测，我们想要预测什么。

2. 确定预测基期和预测期。预测的基期通常是预测工作的上一年度。基期的各项数据称为基数，不仅包括各项财务数据的金额，还包括它们的增长率以及各项财务比率。预测期是当前时间与预测的未来时间之间的时间跨度。预测期越长，预测精度越低。因此，选择一个确定的预测期是实现预测目标和尽可能保持准确可靠之间的平衡。

3. 收集相关数据。选择与预测变量相关的目标变量，进行数据收集，数据的收集方式可以是多样的。

4. 选择合适的预测模型。企业将根据预测目标、预测期和数据等多方面的考虑来决定哪种模型更合适。

5. 将选定的预测模型用于实际预测。在这一步，通过计算和估计得到预测值。

6. 对预测结果进行评估。通过测试和评估模型，确保预测结果尽可能接近实际数值。

7. 确认或修改模型。如果模型通过测试和评估，则可以交付预测使用，否则对模型进行修改。

三、财务预测的基本方法

财务预测主要是估计财务变量在未来某个目标时点的值，其预测方法分为定性分析法和定量分析法两大类。

定性分析（Qualitative Analysis）主要是由熟悉情况和业务的专家根据过去的经验进行分析、判断，提出预测意见，然后再通过一定的形式进行综合，作为预测的主要依据。定性分析的主要方法有市场调查法、判断分析法、集合意见法、德尔菲法等。定量分析（Quantitative Analysis）主要是根据过去的比较完备的统计资料，运用一定的数学方法进行科学的加工处理，借以充分揭示有关经济变量之间的规律性的联系，作为预测的依据。定量分析的方法主要有时间序列预测法和因果预测法两类。

（一）定性预测法

1. 市场调查法。市场调查法是通过专业人员的实地调查研究分析得出结论的一种定性预测法。这种方法几乎对所有的企业都有效，特别是对拥有少数大客户的公司，因为客户通常有自己的销售预测或知道自己的需求是什么，可以提供相当准确的需求。对于费用有限的企业，可以使用重点市场调查或抽样调查。

2. 判断分析法。判断分析法是由那些负责相关业务领域的管理人员，根据他们在多年的工作中所积累的经验和丰富的理论知识，通过对所掌握的历史资料进行分析评价，来推断未来一定时期内预测分析对象的发展变动趋势。这种方法适用于制造业和贸易批发企业。如果公司管理人员稳定可靠、经验丰富，则是一种较为可行的方法。

3. 德尔菲法。德尔菲法又称专家意见法，通常用于没有历史数据的新产品或服务。首先是选择专家组，要求专家组成员分布广泛，专家组成员之间不得互相讨论，不发生横向联系。其次，根据预测分析对象和预测目标，提供相关背景材料，拟定调查表。再次，专家组成员对所收到的材料提供预测意见，并说明自己是怎样利用这些材料并得出预测值的。最后，将专家组成员的预测意见汇总、分析，列出调查表再次分发，进行第二轮调查，要求专家比较各种不同意见，修改自己的判断。经过多次反复征询、归纳、修改，最后汇总成专家基本一致的看法。

（二）时间序列预测法

时间序列就是把某一经济变量在不同时点上的数值，按照时间先后顺序排列所形成的数列。在企业的预测分析活动中，需要许多具有时间序列变化特征的统计数据。例如，某项产品的年度销售数据、现有产品的成本数据等。

时间序列预测法可以认为是把未来当作"过去历史的延伸"。它以一个经济变量过去的、按时间顺序排列的历史资料和数据作为预测分析根据，采用一定的数学方法，找出历史变化规律，依据惯性原理，运用目前和未来仍然起作用的变动趋势来预测经济变量的未来值。时间序列预测法具体包括：简单递推法、算术平均法、加权平均法、移动平均法、指数平滑法和修正的时间序列法等。时间序列预测法一般适用于客观规律比较显著、趋势变动不大的中短期预测分析，经常被用于销售预测分析和成本预测分析。

此处设定预测中使用的变量符号如下：A，变量的实际值；F，变量的预测值；t，当前的时间，时间周期可以是任何时间长度。

1. 简单递推法。简单递推法是一种最简单的预测分析法，这种预测分析方法假设第 $t+1$ 期的经济变量值相对于第 t 期的经济变量值没有改变，即

$$F_{t+1} = A_t \qquad\qquad (4-1)$$

【例 4-1】某企业甲产品 3 月的销售量为 1800 件，根据简单递推法，则可以预计 4 月的销售量也是 1800 件。

简单递推法的优点是简单易行，需要的数据很少，只要提供最近一期的实际值即可，经济高效，便于理解。但是，由于只考虑最近一期的变量实际值对下期预测值的影响，并且对其赋予 100% 的权重，过于依赖这个数值必将会影响预测分析结果的准确性程度。只有当时间序列很平稳、跨期波动很小，并且没有任何明显的上升或下降趋势时，才可以采用这种方法。

2. 算术平均法。算术平均法又叫简单平均法，也是一种简便易行的预测分析方法。这种方法就是将过去各期的实际变量指标的时间序列数据之和除以期数，求得算术平均数作为下一期的预测值。其计算公式为

$$F_{t+1} = \frac{A_1 + A_2 + \cdots + A_t}{t} \qquad\qquad (4-2)$$

这种方法计算公式比较简单，只适用于企业生产经营比较稳定的状况。它把不同时期的时间差异平均化，没有考虑到各期的变量值对下期预测值的影响程度是不同的。采用这种方法会使实际值与预测值产生较大误差，特别是那些季节性明显的企业。

【例 4-2】创业企业 JD 于 2019 年 1 月开始运营，1—3 月某产品各销售了 600 件、690 件、660 件，要求用算术平均法预测 4 月该产品的销售量。

根据公式（4-2），4 月的预计产品销量为

$$F_4 = \frac{600 + 690 + 660}{3} = 650（件）$$

3. 加权平均法。加权平均法是根据过去各期实际数据的重要程度不同，分别赋予不同的权数，然后据以计算加权平均值的方法。在一般情况下，应该遵循近大远小的原则，即离预测期越近，权数应该越大。其计算公式为

$$F_{t+1} = c_1 A_1 + c_2 A_2 + \cdots + c_t A_t \qquad (4-3)$$

式中，c_i 代表第 i 期实际观察值的权重，且有 $\sum_{i=1}^{t} c_i = 1$。

【例 4-3】创业企业 JD 于 2019 年 1 月开始运营，1—3 月某产品各销售了 600 件、690 件、660 件，要求用加权平均法预测 4 月该产品的销售量。

分别为 1、2、3 月销售量设定权重为 0.2、0.3 和 0.5。

根据公式（4-3），4 月的预计产品销量为

$$F_4 = 600 \times 0.2 + 690 \times 0.3 + 660 \times 0.5 = 657（件）$$

4. 移动平均法。移动平均法是根据经济变量过去发生的实际数量值，计算出这组数量观察值的平均数，把这一平均数作为下期预测值的基础，这个平均数会随着观测值的移动而移动。其计算公式为：

$$F_{t+1} = \frac{A_t + A_{t-1} + \cdots + A_{t-n+1}}{n} \qquad (4-4)$$

移动平均法与算术平均法都是以算术平均数作为预测的依据，但二者又有明显区别。算术平均法是对时间序列的全部观察数据求一个平均值，该平均值只能反映现象在观察期内的平均水平，不能反映出趋势的变化。而移动平均法是按一定的平均项数滑动着对时间序列求一系列平均值（也叫平滑值），这些平均值不仅能消除或减弱时间序列中的不规则变动，而且能揭示现象的变化趋势，所以移动平均法在财务预测中有着广泛的应用。

【例 4-4】某创业公司 JD 2019 年 1—6 月的实际产品销售量如表 4-1 所示，请计算基数为 3 的移动平均值。

表 4-1　　　　　　　　　　JD 公司产品实际销售数量

月份	1	2	3	4	5	6
实际销售量（件）	1000	1100	1050	1150	1400	1350

第 4 期销售预测值：

$$F_4 = \frac{1000 + 1100 + 1050}{3} = 1050（件）$$

第 5 期销售预测值：

$$F_5 = \frac{1100 + 1050 + 1150}{3} = 1100（件）$$

第 6 期销售预测值：

$$F_6 = \frac{1050 + 1150 + 1400}{3} = 1200 \text{（件）}$$

第 7 期销售预测值：

$$F_7 = \frac{1150 + 1400 + 1350}{3} = 1300 \text{（件）}$$

5. 指数平滑法。指数平滑法是一种以经济变量过去的变动情况作为未来变化趋势预测依据的方法。具体来说，是在前期经济变量的实际观察值和预测值的基础上，加上使用事先确定的平滑指数 α 调整后的上期实际数与上期预测数的差额，来作为未来的预测值。其计算公式为

$$F_{t+1} = \alpha A_t + (1 - \alpha) F_t \qquad\qquad (4-5)$$

式中，α 表示平滑指数。

α 的选择直接影响着平滑效果，一般取 0.1、0.2 或 0.3。α 取值越大，上期的实际观察值对预测结果的影响也就越大；反之亦然。

（三）因果预测法

因果预测法是利用变量之间的因果关系来推测事物发展趋势的预测分析法。因果预测法主要分析经济中外生变量变化对公司经营的影响。因果模型可以很简单，也可能很复杂，大多数需要使用多元回归分析，这超出了大多数创业者的能力。但是创业者应该知道某些外生变量对公司经营的影响。例如，创业企业是提供家用电器销售安装服务的，那么当地商品房的开发情况可用来预测创业企业的业务量。

 专栏 4-1

ZXSK 公司财务预测

ZXSK 公司于 2005 年、2006 年进入宽带网可视化、网络内容安全市场，目前公司的主要业务为网络可视化业务、网络内容安全业务和大数据运营业务，2018 年三大业务营业收入分别为 59.59 亿元、5.44 亿元和 1.74 亿元。

网络可视化业务包含宽带网产品与移动网产品，宽带网业务的主要客户为运营商、政府部门以及部分集成商，单个订单体量较大且一般在最终验收后方可确认收入，因此业绩释放有一定波动。考虑在手订单与新增订单量，未来收入将逐年加速，预测宽带网业务 2019—2021 年增速分别为 44%、45%、46%。移动网产品的主要客户为基层政府部门，考虑 4G 扩容叠加 5G 建设周期，2019 年增速将延续 2018 年水平，预计增长随 5G 商用进度与投资节奏而提速，假设移动网业务 2019—2021 年增速分别为 20%、25%、30%。公司网络内容安全业务主要面向亚洲、非洲等地区海外客户，目前营收占比不足 10%。预计 2019 年增速较 2018 年的高增长将有所下降，但亚非新兴市场的信息安全市场广阔，整体订单情况乐观，假设网络内容安全业务 2019—2021 年增速分别为 100%、80%、65%。公司大数据运营业务占营收比例较低，但具有一定技术优势，预测大数据运营业务 2019—2021 年增速分别为 100%、80%、70%。

公司过去 5 年整体毛利率均在 75% 以上，费用率是影响净利润的重要参数。考虑

产品收入增长，预测 2019—2021 年销售费用增速分别为 25%、30%、35%。管理费用增速分别为 20%、20%、20%。公司过去三年研发人员占员工数比例在 60% 左右，预计研发人员占比将不会发生显著变化，但人均薪酬将随人力市场竞争而有所提升，预测 2019—2021 年研发费用增速分别为 0%、15%、15%。

根据收入分拆与费用预测情况，预测公司 2019—2021 年营收分别为 9.75 亿元、14.02 亿元、20.37 亿元，同比增长 41.03%、43.85%、45.29%；2019—2021 年归母净利润分别为 2.92 亿元、4.15 亿元、5.86 亿元，同比增长 42.78%、41.95%、41.21%。

资料来源：作者整理。

第二节　收入预测与成本预测

一、收入预测

（一）营销计划与销售收入预测

营销计划（Marketing Plan）是商业计划的一部分，着眼于通过一组可控的营销组合变量，用来在目标市场上产生企业预期的效果。多数营销计划分为四种类型：产品（Product）、价格（Price）、促销（Promotion）及渠道（Place），一般统称为"4P"。在营销计划中，企业的产品是指提供给目标市场的产品和服务，其最重要的特性是为目标顾客增加价值。价格是消费者购买产品所支付的货币数量，它最终决定了企业的收入。促销是指企业向目标市场传达其产品价值所采取的行为，最终目标在于说服顾客购买产品。渠道涵盖企业产品从生产转移到顾客手中的所有活动。

销售收入是企业通过产品销售或提供劳务所获得的货币收入，销售收入等式为

$$销售收入 = 销售量 \times 单价 \tag{4-6}$$

营销计划的营销组合变量直接对应于销售收入等式：营销计划的产品价格决定了销售产品的价格；营销计划中的其他部分（产品、促销、地点）决定了产品的销售量。销售收入预测对于其他预测（成本预测、利润预测以及资金需要量预测等）起着决定性的引导作用，是制定企业经营决策的最重要依据，基于合理营销计划的销售收入预测将有效地降低预测的偏差。

（二）创业企业销售收入预测

销售收入预测是企业对特定时段（如 1 年）销售额的预测，多数企业会预测它们未来 2~5 年的销售收入。销售收入预测是其他大多数预测的基础。对于已有销售收入历史数据的创业企业，可根据产品价格和销售量的历史趋势、当前的生产能力和产品需求，采用时间序列分析等方法推断企业未来销售收入。对于历史数据缺乏的创业企业，可以凭借创业者丰富的实践经验和知识，以及主观的分析决断能力，采用定性预测法对销售收入进行预测。此外，创业企业还可以采用基于市场需求的预测法和可比

企业法进行销售收入预测。

1. 市场需求预测法。基于市场需求的销售收入预测主要由三个步骤组成：

第一步是市场需求预测，主要是对创业企业产品的潜在需求进行预测，首先是分析消费者的购买心理和消费习惯，然后分析国民收入水平影响消费需求的宏观因素变化，进而预测产品的潜在需求。

第二步是创业企业产品市场占有率预测，市场占有率即本企业产品在同类产品中的比重，企业应对同类产品、替代产品的市场占有状况及其变化趋势进行分析，从而预测本企业产品的市场占有率。

第三步是销售收入预测，在市场需求预测和市场占有率预测的基础上，计算本企业的销售收入。

2. 可比企业法。可比企业是一个与拟预测企业具有类似产品、类似规模、类似成长潜力和风险的企业。可比企业法是指企业的销售收入预测可以综合参考可比企业的销售收入水平。这一方法的使用主要由三个步骤组成：

第一步是挑选可比公司，其关键点在于可比公司提供了较多的公开信息，该公司与拟预测公司在一些预测的重要维度上具有可比性。上市公司提供了较多的公开信息，创业企业可以尝试从上市公司中挑选可比公司。

第二步是分析可比公司的历史信息，包括可比公司的销售数量和价格的变化信息。

第三步是将可比公司的历史信息用于拟预测企业的销售收入预测。

二、成本预测

（一）成本的概念与种类

成本（Cost）是生产和销售一定种类与数量的产品所消耗的资源，它可用货币单位加以计量。成本可按经济用途分为制造成本和非制造成本两类；也可按成本形态，即成本总额与业务总量（产量或销售量）的依存关系，分为固定成本、变动成本以及兼具固定成本和变化成本特征的混合成本。

1. 制造成本和非制造成本。制造成本也称为生产成本或生产经营成本，是指为制造产品或提供劳务而发生的支出。就制造业企业而言，制造成本可根据其具体的经济用途分为直接人工、直接材料和制造费用三类。非制造成本也称为期间成本或期间费用，通常可分为销售成本、管理成本和财务成本。销售成本指为销售产品而发生的各项成本，如专职销售人员的工资、津贴和差旅费，专门销售机构固定资产的折旧费、保险费、广告费、运输费等；管理成本指制造成本和销售成本以外的所有办公和管理费用，如董事会经费，行政管理人员的工资、差旅费、办公费，行政管理部门固定资产的折旧费及相应的保险费和财产税等；财务成本则指企业理财过程中发生的各种成本，如借款的利息支出。

2. 固定成本、变动成本和混合成本。固定成本是指其总额在一定期间和一定业务量范围内，不受业务量变动的影响而保持固定不变的成本。行政管理人员的工资、办公费、财产保险费、不动产税、按直线法计提的固定资产折旧费、职工教育培训费等，均属于固定成本。如图 4 - 3 所示，固定成本总额不受业务总量变动的影响，但单位业务量所负担的固定成本直接受业务总量变动的影响。

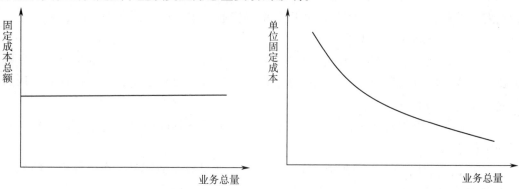

图 4 - 2　固定成本总额与业务总量　　　　图 4 - 3　单位固定成本与业务总量

变动成本是指在一定期间和一定业务量范围内，其总额随着业务量的变动而呈正比例变动的成本。例如，直接材料费、产品包装费、按件计酬的工人薪金、推销佣金以及按加工量计算的固定资产折旧费等，均属于变动成本。与固定成本形成鲜明对照的是，变动成本的总量随业务量的变化呈正比例变动关系，而单位业务量中的变动成本则保持不变。

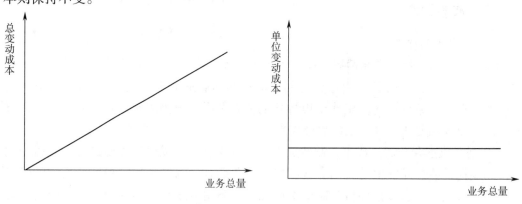

图 4 - 4　总变动成本与业务总量　　　　图 4 - 5　单位变动成本与业务总量

混合成本顾名思义是指"混合"了固定成本和变动成本两种不同形态的成本。为了进行决策特别是短期决策，需要将成本按形态划分为固定成本和变动成本。但在现实经济活动中，许多成本项目并不直接表现为固定成本形态或者变动成本形态，这类成本的基本特征是，其发生额的高低虽然直接受业务总量大小的影响，但不存在严格的比例关系，人们需要对混合成本按形态进行大致描述，只有这样才能为决策所用。其实企业的总成本就是一项混合成本。混合成本根据其发生的具体情况，通常可分为半变动成本、半固定成本和延伸变动成本三类，半变动成本是混合成本中最为普遍的一种类型，有人也将混合成本直接称为半变动成本。

半变动成本是指在初始成本的基础上随业务量正比例增加的成本，如燃料费、电费、维护费等，多属于半变动成本。半变动成本的特征是当业务量为零时，成本为一个非零基数，当业务发生时，成本以该基础为起点，随业务量的变化而成比例变动，呈现出变动成本形态。半变动成本的形态如图4-6所示。

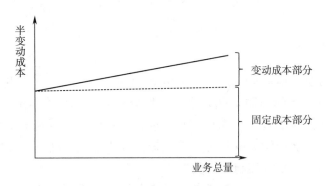

图4-6　半变动成本与业务总量

（二）创业企业成本预测

成本预测是基于一定的预测目标和预测方法，围绕企业运营的关键流程涉及的各个成本对象进行预测。创业企业由于缺乏成本的历史数据积累，根据企业成本的历史变化趋势，采用时间序列分析等方法推断企业未来成本的变化具有一定的困难。因此，可以采用定性预测法对成本进行预测。此外，还可以采用目标成本法和产品比较法进行成本预测。

1. 目标成本法。目标成本是根据企业销售预测确定的产品销量、售价，以及根据经营目标确定的目标利润，倒推出的成本数额和水平。目标成本代表了企业为实现经营目标应达到的成本水平，也是企业未来成本管理所应达到的目标。具体可按公式（4-7）计算：

$$目标成本 = 预测销售收入 - 目标利润 = 预计售价 \times 预计销量 - 目标利润$$

$$(4-7)$$

企业基于销售预测与目标利润初步确定的目标成本，不一定符合企业的经营管理现状，初步确定的目标成本可能受企业内部诸多因素的制约。为此，企业需要评估初步确定的目标成本是否具有可行性，并依据企业当前的运营状况、面临的有利和不利因素以及预计未来可能发生的变化，确定对目标成本有无必要加以调整。

2. 产品比较法。产品比较法可分为可比产品预测法和不可比产品预测法。可比产品是企业过去的会计期间正常生产过，而在本会计期间和以后继续生产的产品。可比产品预测法是指企业的成本预测可以综合参考国内外同行或主要竞争对手可比产品的成本水平。可比产品预测法预测非确定性因素少，数据偏差小。不可比产品是企业过去未正常生产过而在以后会计期间组织生产的产品，多出现在企业生产新的品种或规格时，无直接可用的产品成本数据，为此企业需要利用同行或企业相近产品的成本数据开展成本预测，也可按照制造环节搜集相关数据进行预测。不可比产品成本预测值偏差通常较大。

<h1 style="text-align:center">第三节　盈亏平衡分析</h1>

一、本—量—利分析

本—量—利分析（Cost – Volume – Profit Analysis）是对企业成本、业务量、利润之间相互关系进行分析的一种系统方法。这种分析方法是在成本形态分析的基础上，运用数学模型以及图表形式，对成本、业务量、利润与单价等因素之间的依存关系进行具体的分析，为企业经营决策和目标控制提供有用信息，这一方法广泛应用于企业的财务预测、决策、计划和控制等活动中。

在进行本—量—利分析前，需要先在理论上作出一系列的基本假设，以概括和简化现实，涉及的基本假设有相关范围假设、模型线性假设、产销平衡假设和品种结构不变假设。

1. 相关范围假设。相关范围假设包含期间假设和业务量假设两层意思。期间假设是指将本—量—利分析限制在特定的期间内。业务量假设是指将本—量—利分析限制在一定业务量范围。期间假设和业务量假设是相互依存的，实质为假设在一定期间内业务量往往不变或者变化不大。

2. 模型线性假设。模型线性假设包括固定成本不变假设、变动成本与业务量呈完全线性相关假设和销售收入与销售数量呈完全线性相关假设。根据模型线性假设，企业的总成本可以近似地描述为 $y = a + bx$，固定成本为 a，单位变动成本为 b，业务量为 x。销售收入与数量的关系为 $s = px$，s 为销售收入，p 为销售单价。

3. 产销平衡假设。产销平衡假设是指假设产销关系是平衡的，不用考虑存货问题。

4. 品种结构不变假设。品种结构不变假设是指在一个多品种生产和销售的企业中，假设各种产品的销售收入在总收入中所占的比重不变。由于多品种条件下各种产品的获利能力一般会有所不同，如果品种结构发生较大变动，势必导致预测问题的复杂化。

基于上述假设，我们有

$$总成本 = 变动成本 + 固定成本 = 单位变动成本 \times 产量 + 固定成本 \qquad (4-8)$$

$$利润 = 销售收入 - 总成本 \qquad (4-9)$$

根据产销平衡假设，有

$$利润 = 单价 \times 销量 - 单位变动成本 \times 销量 - 固定成本 \qquad (4-10)$$

方程（4-10）为明确表达本—量—利之间数量关系的基本方程式，它含有利润、单价、销量、单位变动成本、固定成本5个相互联系的变量，给定其中4个，便可求出第5个变量的值。

在进行量—本—利分析时，通常把单价、单位变动成本和固定成本视为稳定的常量，只有销量和利润两个自由变量。给定销量时，可利用方程式直接计算出预测利润；给定目标利润时，可直接计算出应达到的销售量。

【例4－5】某创业企业JD每月固定成本为10000元，仅生产一种产品，销售单价为20元，单位变动成本为10元，本月计划销量2000件，请计算预期利润。

将有关数据代入损益方程式（4－10）：

$$预期利润 = 20 \times 2000 - 10 \times 2000 - 10000 = 10000（元）$$

这个方程式是一种最基本的形式，它可以根据所需计算的问题变换成其他形式，或者根据企业具体情况增加一些变量，成为更复杂、更接近实际的方程式。利润计算公式（4－10）实际上是损益表的模型化表达，不同的损益表可以构造出不同的模型。

二、盈亏平衡分析

盈亏平衡分析（Breakeven Analysis）是基于本—量—利基本关系原理进行的损益平衡分析或保本分析。它主要研究如何确定盈亏平衡点，以及有关因素变动的影响；为决策提供超过哪个业务量企业会有盈利，或者低于哪个业务量企业会亏损等信息。盈亏平衡点（Breakeven Point），亦称保本点，是指企业收入和成本相等的经营状态，即边际贡献等于固定成本时企业所处的既不盈利又不亏损的状态。通常用一定的业务量（保本量或保本额）来表示。

（一）盈亏平衡点保本量分析

对生产销售单一产品的企业来说，由利润计算公式（4－10），若令利润＝0，此时的销售量即为盈亏平衡点销售量（保本量）。

$$0 = 单价 \times 保本量 - 单位变动成本 \times 保本量 - 固定成本$$

$$保本量 = \frac{固定成本}{单价 - 单位变动成本} \tag{4-11}$$

【例4－6】某创业企业JD仅产销一种产品，销售单价为20元，单位变动成本为10元，固定成本为每月10000元，计算其保本量。

$$保本量 = \frac{10000}{20 - 10} = 1000$$

（二）盈亏平衡点保本额分析

在现代经济中，产销单一产品的企业已为数不多，大多数企业同时产销多种产品。在多品种情况下，由于不同品种产品销售量加总没有意义，因此，多品种情况下总体盈亏平衡状态下的销售额更有意义。

我们首先引入边际贡献的概念，边际贡献是指销售收入减去变动成本后的差额，其表达式为

$$边际贡献 = 销售收入 - 变动成本 \tag{4-12}$$

边际贡献是产品扣除自身变动成本后给企业所作的贡献。它首先用于补偿企业的固定成本，如果还有剩余才形成利润，如果不足以补偿固定成本则产生亏损。单位边际贡献为单位产品的边际贡献，因为销售收入等于销量乘以单价，变动成本等于销量乘以单位变动成本，所以可得计算单位边际贡献的表达式为

$$单位边际贡献 = 单价 - 单位变动成本 \qquad (4-13)$$

在边际贡献的基础上，定义边际贡献率为边际贡献在销售收入中所占的百分比。其表达式为

$$边际贡献率 = \frac{边际贡献}{销售收入} \times 100\% = \frac{单位边际贡献 \times 销量}{单价 \times 销量} \times 100\%$$

$$= \frac{单位边际贡献}{单价} \times 100\% \qquad (4-14)$$

边际贡献率，可以理解为 1 元销售收入中边际贡献所占的比重，它反映产品给企业作出贡献的能力。

则利润计算公式（4-10）可以改写为

$$利润 = 销售额 \times 边际贡献率 - 固定成本 \qquad (4-15)$$

令利润 = 0，此时的销售额即为盈亏平衡点销售额（保本额）：

$$0 = 保本额 \times 边际贡献率 - 固定成本$$

$$保本额 = \frac{固定成本}{边际贡献率} \qquad (4-16)$$

【例 4-7】 某创业企业 JD 仅产销一种产品，销售单价为 20 元，单位变动成本为 10 元，固定成本为每月 10000 元，计算其保本额。

$$单价边际贡献率 = 单价 - 单位变动成本 = 20 - 10 = 10（元）$$

$$边际贡献率 = 10 \div 20 \times 100\% = 50\%$$

$$保本额 = \frac{10000}{50\%} = 20000（元）$$

（三）安全边际和安全边际率

安全边际是指正常销售额超过盈亏平衡点销售额的差额，它表明销售额下降多少企业仍然能保持不亏损。安全边际的计算公式为

$$安全边际 = 正常销售额 - 盈亏平衡点销售额 \qquad (4-17)$$

有时企业为了考察当年的生产经营安全情况，还可以用本年实际订货额代替正常的销售额来计算安全边际。同时，安全边际也可以用安全边际率来表示。安全边际率是安全边际与正常销售额（或者当年实际订货额）的比值。安全边际率的计算公式为

$$安全边际率 = \frac{安全边际}{正常销售额（或实际订货额）} \times 100\% \qquad (4-18)$$

安全边际和安全边际率的数值越大，企业发生亏损的可能性越小，企业就越安全。

【例 4-8】 某创业企业 JD 仅产销一种产品，销售单价为 20 元，单位变动成本为 10 元，固定成本为每月 10000 元，企业预计销售额为 30000 元，计算其安全边际与安

全边际率。

根据【例 4 - 7】计算，保本额为 20000 元，则：

$$安全边际 = 30000 - 20000 = 10000 （元）$$

$$安全边际率 = \frac{10000}{30000} \times 100\% = 33.33\%$$

三、盈亏平衡图

盈亏平衡图（Breakeven Chart）就是将盈亏平衡分析反映在直角坐标系中。盈亏平衡分析采用前述数学公式进行计算叫做公式法；反映在直角坐标系中则称为图示法。图示法形象直观、简明易懂，但由于图示法依靠目测绘制，不可能十分准确，所以通常与公式法配合使用。企业在进行成本、业务量和利润的目标规划时往往需要反复测算，测算时采用公式法可能更为方便。

盈亏平衡图绘制方法如下：

（1）在直角坐标系中，以横轴表示销售数量，以纵轴表示成本与销售收入。这里有两点需要注意：一是除了销售数量，横轴还可表示其他业务量，如销售收入、作业率、服务量等；二是如果以横轴表示销售收入量，那么横轴与纵轴的金额刻度最好能保持一致。

（2）绘制固定成本线。固定成本线为一条与横轴平行的直线，其与纵轴的交点即为固定成本总额。

（3）绘制总成本线。在横轴上任取一点的销售数量，计算其总成本并标于标系中（也可只计算该销售数量下的变动成本并以固定成本线为横轴来标出），然后将此点与纵轴上的固定成本点相连并适当向上延伸即可。

（4）绘制销售收入线。同样在横轴上任取一点的销售数量，计算出相应的销售收入并在纵轴上找出与此收入数相应的点，上述两点在坐标系中的交叉点就是在该销售数量下的收入额。将该交叉点与坐标原点相连并同样适当向上延伸即为销售收入线。

上述总成本线与销售收入线的交点就是盈亏平衡点。

图 4 - 7 为根据【例 4 - 6】绘制的盈亏平衡图。

由图 4 - 7 可见：

（1）在固定成本、单位变动成本、销售单价不变的情况下，即在盈亏平衡点既定的情况下，销售量越大，实现的利润越多，或者说亏损越少；反之，销售量越少，实现的利润越少，或者说亏损越大。这是盈亏平衡图中的基本关系。

（2）在总成本既定的情况下，盈亏平衡点的位置随销售单价的变动而逆向变动：销售单价越高（表现在坐标图中就是销售收入线的斜率越大），盈亏平衡点就越低，即在较低的销售量就可实现盈亏平衡；反之，销售单价越低（表现在坐标图中就是销售收入线的斜率越小），盈亏平衡点就越高，即在较高的销售量才可实现盈亏平衡。

（3）在销售单价、单位变动成本既定的情况下，盈亏平衡点的位置随固定成本总额的变动而同向变动：固定成本越高（表现在坐标图中就是总成本线与纵轴的交点越

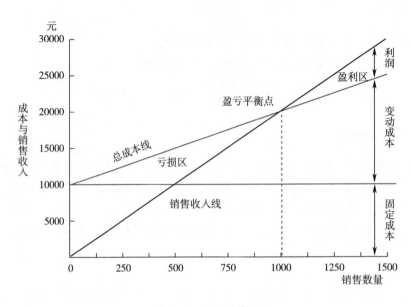

图 4 – 7　盈亏平衡图

高），盈亏平衡点就越高，即在较高的销售量才能实现盈亏平衡；反之，固定成本越低（表现在坐标图中就是总成本线与纵轴的交点越低），盈亏平衡点就越低，即在较低的销售量就可实现盈亏平衡。

（4）在销售单价和固定成本总额既定的情况下，盈亏平衡点的位置随单位变动成本的变动而同向变动：单位变动成本越高（表现在坐标图中就是总成本线的斜率越大），盈亏平衡点就越高，即在较高的销售量才能实现盈亏平衡；反之，单位变动成本越低（表现在坐标图中就是总成本线的斜率越小），盈亏平衡点就越低，即在较低的销售量就能实现盈亏平衡。

四、目标利润与盈亏平衡分析

前述盈亏平衡分析或保本分析是以企业利润为零即不盈不亏为前提的，然而企业不会满足于盈亏平衡，更需要有盈利目标，否则就无法生存和发展。

这里目标利润下的盈亏平衡点，是在单价和成本水平一定的情况下，为确保预先制定的利润目标可以实现，而必须达到的销售量或销售额。

（一）目标利润销量分析

目标利润销量是使企业实现利润目标所需实现的销售量。

根据利润公式：

$$利润 = 单价 \times 销量 - 变动成本 - 固定成本$$

有

$$利润 = 单价 \times 销量 - 单位变动成本 \times 销量 - 固定成本$$

可得目标利润公式：

$$目标利润 = 单价 \times 目标利润销量 - 单位变动成本 \times 目标利润销量 - 固定成本$$

$$(4 - 19)$$

可得目标利润销量为

$$目标利润销量 = \frac{固定成本 + 目标利润}{单价 - 单位变动成本} \qquad (4-20)$$

（二）目标利润销售额分析

目标利润销售额是企业为实现既定的目标利润所需的销售额，目标利润销售额可在目标利润销量计算公式的基础上乘以单价加以计算，其计算公式为

$$目标利润销售额 = \frac{固定成本 + 目标利润}{单价 - 单位变动成本} \times 单价 \qquad (4-21)$$

【例 4 - 9】 某创业企业 JD 仅产销一种产品，销售单价为 20 元，单位变动成本为 10 元，固定成本为每月 10000 元，目标利润为 8000 元，计算其目标利润销量和目标利润销售额。

$$目标利润销量 = \frac{10000 + 8000}{20 - 10} = 1800 （个）$$

$$目标利润销售额 = \frac{10000 + 8000}{20 - 10} \times 20 = 36000 （元）$$

本章要点

1. 财务预测是指运用科学的理论和方法，依据已有的相关资料，对企业未来各项财务活动的发展变化趋势及其结果进行预先推测和判断。财务预测主要包括销售预测、成本预测、利润预测和资金需求预测。

2. 虽然预测在实际上可以是主观和直观的，在很大程度上依赖于个人经验，但它也可以是一个系统和科学的过程，可以应用标准的科学研究方法和程序去完成。

3. 财务预测方法分为定性分析法和定量分析法两大类。定性分析的主要方法有市场调查法、判断分析法、集合意见法、德尔菲法等。定量分析的方法主要有时间序列预测法、因果预测法两类。

4. 销售收入预测是企业对特定时段（如 1 年）的销售额的预测，多数企业会预测它们未来 2~5 年的销售收入。创业企业还可以采用基于市场需求的预测法和基于可比企业法进行销售收入预测。

5. 成本是生产和销售一定种类与数量的产品所消耗的资源，它可用货币单位加以计量。成本按经济用途可分为制造成本和非制造成本两类。按成本形态，可分为固定成本、变动成本以及兼具固定成本和变动成本特征的混合成本。

6. 成本预测是基于一定的预测目标和预测方法，围绕企业运营的关键流程涉及的各个成本对象进行预测。创业企业可以采用目标成本法和基于可比产品法进行成本预测。

7. 本—量—利分析是对企业成本、业务量、利润之间相互关系进行分析的一种系统方法。

8. 盈亏平衡分析是基于本—量—利基本关系原理进行的损益平衡分析或保本分

析。它主要研究如何确定盈亏平衡点，以及有关因素变动的影响。

9. 盈亏平衡图就是将盈亏平衡分析反映在直角坐标系中。

10. 目标利润下的盈亏平衡点，是在单价和成本水平一定的情况下，为确保预先制定的利润目标可以实现，而必须达到的销售量或销售额。

关键术语

财务预测　销售预测　成本预测　利润预测　资金需求预测　定性分析
定量分析　市场调查法　判断分析法　德尔菲法　时间序列法　因果预测法
制造成本　非制造成本　固定成本　变动成本　混合成本　目标成本法
本—量—利分析　盈亏平衡分析　边际贡献　单位边际贡献　安全边际
安全边际率　盈亏平衡图　目标利润

进阶阅读

1. 荆新，王化成，刘俊彦. 财务管理学（第 8 版）［M］. 北京：中国人民大学出版社，2018.

2. 孙茂竹，支晓强，戴璐. 管理会计学（第 8 版）［M］. 北京：中国人民大学出版社，2018.

3. J. Chris Leach，Ronald W. Melicher. Entrepreneurial Finance，Cengage Learning，2016.

4. Michael Samonas. Financial Forecasting，Analysis，and Modelling，John Wiley & Sons Ltd，2015.

复习思考题

1. 试述财务预测的主要内容，对于创业企业财务预测重要吗？

2. 试述财务预测的基本方法。

3. 创业企业如何进行销售收入预测？

4. 成本是如何分类的，各种分类的主要目的是什么？

5. 创业企业如何进行成本预测？

6. 什么是本—量—利分析？试推导本—量—利基本方程式。

7. 如何进行盈亏平衡分析？

8. 试述如何绘制盈亏平衡图。

9. 如何进行目标利润下的盈亏平衡分析？

案例分析

创意冰淇淋店

2018 年，张菁和王珏在广州开设了一家创意冰淇淋店，该店的理念是将各种水果、饼干与冰淇淋混合调配，形成口味独特的混合冰淇淋，以满足顾客的多元化需求。2018 年营业收入为 54 万元，2019 年预计营业收入为 81 万元。

因为创意冰淇淋店卖的是含有优质原料的冰淇淋，每一杯冰淇淋的售价为 30 元，而生产这种冰淇淋的变动成本为每杯 15 元。2019 年，包括店铺租金、张菁和王珏的工资在内的固定开支估计为 30 万元。

讨论题

1. 2019 年要达到预计营业收入 81 万元，创意冰淇淋店要卖出多少杯冰淇淋？

2. 如果 2019 年达到预计营业收入，创意冰淇淋店的预期利润是多少？预期利润占收入之比是多少？

3. 张菁和王珏认为，在最悲观的情况下，2019 年的营业收入也会达到 2018 年的水平；在最乐观的情况下，2019 年的营业收入预计为 108 万元。请计算这两种情况下创意冰淇淋店的预期利润是多少？请计算 2019 年创意冰淇淋店的盈亏平衡销售额与销售量。

4. 如果生产一杯冰淇淋的变动成本增加到每杯 20 元，在售价保持不变的情况下，2019 年创意冰淇淋店的盈亏平衡点会发生什么变化？

5. 如果生产一杯冰淇淋的变动成本下降到每杯 12 元，在售价保持不变的情况下，2019 年创意冰淇淋店的盈亏平衡点会发生什么变化？

6. 如果由于市场竞争，创意冰淇淋店要以每杯 28 元的价格出售冰淇淋，2019 年创意冰淇淋店的盈亏平衡点会发生什么变化？

7. 为确保 2019 年营业收入目标的完成，张菁和王珏应采取哪些措施？

第五章　资金需求预测

学习目标

1. 理解现金流量的重要性；
2. 掌握现金预算法；
3. 掌握销售收入百分比法；
4. 掌握外部融资额公式法。

开篇案例

跨境出口电商遭遇资金管理难题

2019 年 1 月 9 日，市场咨询机构易观在深圳发布了《中国跨境出口电商发展白皮书 2018》。报告显示，数字技术加快与经济社会各领域渗透融合，深刻改变国际贸易各个领域与环节，有助于在世界范围内驱动经济增长、提高劳动生产率、培育新市场和新增长点，冲击了国际贸易的传统认知，改变跨境交易模式，给世界经济贸易带来新的机遇。云计算、大数据、人工智能等新生型数字经济将广泛运用于跨境贸易服务、生产、物流和支付环节，大幅提升效率，有助于跨境电商蓬勃发展。中国跨境出口电商 2018 年的交易规模预计将高达 7.9 万亿元，较上年同比增加 25% 以上，交易额增加了 1.6 万亿元左右。报告还显示，在面向消费者及小型零售商的跨境出口电商市场，中小型卖家目前仍占主导，2018 年预计年销售额在 250 万美元以下的卖家占比超过 85%，销售额超过 1000 万美元的大卖家仅占 2.5%，跨境出口电商市场结构相对分散。

蓬勃发展的跨境出口电商普遍面临资金管理的难题。在支付、结算领域，跨境电商境外收、付款，需要开立境外账户，但很多卖家没有能力在境外开设公司，无法开立账户。在回款账期方面，跨境电商交易从买家付款、卖家发货到最终卖家收到货款的时间一般长达十几天到数月不等；在这段时间里，卖家的应收货款一直处于未回款状态，对资金流带来了不小的压力。在备货方面，跨境电商备货销售的模式，决定了卖家在产品销售出去前，必须预支包括产品、人工、仓储、物流、推广等各项成本。如果碰到销售淡季，则有可能库存滞销，资金链有断裂风险。如果是销售旺季，随着卖家流量、订单量的爆发式增长，其成本的支出也会水涨船高。因为平台、银行账期的存在，越多的订单出去，也就意味着跨境电商卖家手中更多的资金流出。所以，"失控"的爆单，带来的"卖断货"或是"资金链"断裂，其损失或许比淡季还要更大。由于跨境电商卖家多为轻资产企业，缺乏有效的抵（质）押物，再加上规模小、组织管理不健全等，难以从传统金融机构获得良好的融资服务。在外汇管理方面，跨境电商换汇通常要在柜台、线下进行，影响业务效率。

资料来源：作者根据相关资料编写。

资金需求预测是资金管理的基础，也是企业融资的前提。在本章，我们将学习资金需求预测的基础知识及方法。在第一节，我们要学习资金需求预测的基础、类型与意义。在第二节，我们要掌握现金短期预测的预算法。在第三节，我们要学习中长期预测的外部融资额法。

第一节　资金需求预测基础

一、现金流量：资金需求预测的关键

（一）现金流量的重要性

现金流量（Cash Flow），也称为现金流，是指在某时间点流入或流出企业账户的现金及其等价物。按照现金流动的方向，可将实际发生现金流分为现金流入和现金流出。"现金为王"，表明现金是一个企业生存和发展的基础，因为企业的财务状况取决于它是否有能力产生足够的现金来支付其员工、供应商、债权人和股东的利益。当现金流出大于现金流入时，形成资金需求。

现金流量概念是财务分析、规划和资源分配决策的核心概念之一。相对于净利润，现金流量更能有效地反映企业的经营状况，这主要是因为：

第一，净利润和现金流量二者确认的原则不一样。净利润依据权责发生制计算，一些在会计上被确认为收入的项目并不意味着会有等额的现金流入，而一些费用项目往往不会产生相应的现金流出。比如，公司赊销货物后形成的应收账款，会计上可以确认为销售收入和利润，尽管此时并没有真正发生现金收入；购置固定资产时支出大量现金，但不计入成本；一些非付现成本（如折旧和摊销）在会计上被视为使利润减少的成本项目，但是却没有真正发生现金流出；经营性流动资金的增加会导致现金流出，但却不会反映在会计利润中。可见，净利润并不能真实反映收益状况，也不能体现出现金流量产生的实际时点，因而不能准确反映投资项目的价值。现金流量依据收付实现制计算，按照现金收入和支出的实际发生时间确认现金流量，能够客观而准确地反映投资项目收益和成本发生的实际时点和数额，更能体现货币的时间价值。所以，投资分析决策的基础是现金流量，而非会计利润。

第二，净利润是扣除了生产成本、经营费用和财务费用（包括利息）后的公司净收益，它以利息的方式反映了公司的债务资本成本，但是期初总投资的资金来源一般会包括债务和权益，因此，净利润不能认为是期初投资额的本金收回或是有关资本成本的收回，净利润和期初总投资在经济含义上是不匹配的。而投资项目产生的现金流量等于流向债权人的现金流量和流向股东的现金流量之和，因而与期初总投资在经济含义上是匹配的。

（二）企业现金循环

企业现金循环（Cash Conversion Cycle）按循环周期可分为短期现金循环和长期现金循环。

短期现金循环是指在一年内用现金支付货款和费用直到销售回收现金所经历的时间，其体现为从"现金—流动资产和流动负债—现金"的过程：第一步，公司从供应商处采购原材料，形成应付账款；第二步，公司组织工人加工原材料制造产品，产生应付职工薪酬；第三步，公司将产品赊销出去，形成应收账款；第四步，公司在某一天支付购买原材料的货款，支付工人工资，产生现金流出，如果公司的现金无法满足现金流出需求，它就必须融资来满足现金流出；第五步，公司收回应收账款，完成了一次现金循环。只要企业持续经营下去，循环就会持续进行。

长期现金循环是指公司用现金进行项目投资从而导致公司未来现金流量变动的过程：首先，公司为项目投入初始现金流量，初始现金流量包括企业为使该项目完全达到设计生产能力、开展正常经营而投入的全部资金，这些资金包括固定资产投资和流动资产投资等。投资项目投产后，在生产经营过程中产生经营现金流量，这种现金流量一般会按照年来计算。投资项目期末终结时产生的现金流量被称为终结现金流量。

二、资金需求预测的类型与意义

资金需求预测是根据企业的历史资料，运用科学的预测方法，结合企业的生产经营和投资决策，预测并分析企业未来一定时间内所需的资金总量。

根据预测期可将资金需求预测划分为短期预测和中长期预测。短期预测是预测企业1年以内每月（或每季度）的现金流入与流出，主要分析企业短期生存的现金需求，本章第二节介绍用于短期预测的现金预算法。中长期现金流预测预测1年以上，一般为3~5年的企业现金流入与流出，主要分析企业成长所需的额外资金需求，本章第三节介绍用于中长期预测的外部融资额预测方法。

资金需求预测在以最少的资金占用量、最低的资金成本来获取最佳的经济效益方面具有十分重要的意义：（1）资金需求预测是编制财务预算的必要步骤；（2）资金需求预测是企业进行融资管理和营运资本管理的主要依据；（3）资金需求预测是提升经济效益的重要手段。

 专栏 5-1

GNHJ 公司资金需求预测

GNHJ 公司成立于 1992 年，前身为中科院下属某工程处，后改制为股份公司，

2016 年开始公司确立环境修复（土壤修复为主）、工业环境（危废处理为主）、城市环境（垃圾焚烧为主）三大板块，2017 年营收占比分别为 27.2%、33.3%、39.4%。

当前大多数土壤修复项目是城镇化扩张、工业场地搬迁带动的城市范围内的场地修复项目，项目周期短、周转快，资金占用有限。2018 年公司新签环境修复类订单中 88% 项目工期在 1 年以内，12% 在 2 年以内。虽然伴随业务规模不断增加，公司需要补充增量部分的营运流动资金，但考虑修复项目周期相对较短、周转较快，公司资金占用有限。公司存货主要来自环境修复业务的已完工未结算，存货周转天数由 2015 年的 533 天下降到 2017 年的 351 天，周转天数持续好转。

对于危废处理业务，由于政策持续加严，危废处理企业产能不足的情况进一步凸显。产废企业基本当月结算甚至部分产废企业提前预付处理费用，周转账期短，能为公司贡献稳定的现金流。

垃圾焚烧行业是典型的重资产模式，对企业融资能力要求较高，项目投产之后现金流稳定。垃圾焚烧项目建设周期一般为 2 年，虽然建设期需要大量资金投入，但是产能投运之后收入主要来自收取垃圾处理费和上网电费，收入稳定，不受经济周期影响。

GNHJ 公司在土壤修复、垃圾焚烧施工的工程收入快速增长的同时，已投入运行的危废处置、垃圾焚烧项目运营稳定，提供了充足的现金流。

资料来源：作者根据相关资料整理。

第二节 现金预算法

一、现金预算法基础

现金预算法（Cash Budget）是通过编制现金预算来预测资金需求，它是在预测现金流入量与流出量的基础上来确定资金需求的一种预测方法。利用现金预算，企业可以对现金流量制定出具体的实施方案。对于新创企业和小企业来讲，无论是现金短缺时避免资金链条断裂的发生，还是有剩余现金时做短期投资项目，没有比现金预算更重要的了。

现金预算的内容包括现金收入、现金支出、现金多余或不足的计算，以及不足部分的筹措方案和多余部分的利用方案等。现金预算实际上是其他预算有关现金收支部分的汇总，以及收支差额平衡措施的具体计划。它的编制，要以其他各项预算为基础，或者说其他预算在编制时要为现金预算做好数据准备。

现金预算编制的步骤如下：

1. 预测现金流入量。企业的现金流入量主要是销售收入。因此，重点要预测好预测期内各期的销售收入所带来的现金流入量。其次，也要正确估计预测期内可能发生的固定资产变价收入等其他业务收入的现金流入。

预测销售收入的关键是销售预算。通过对企业未来产品销售情况所作的预测，推测下一预算期的产品销售量和销售单价，这样就可以求出预计的销售收入。

$$销售收入 = 销售量 \times 销售单价$$

由于销售预算是其他预算的起点，并且销售收入是企业现金收入的最主要来源，因此销售预测的准确程度对整个预算的科学合理性起着至关重要的作用。

2. 预测现金流出量。要正确估计为实现销售而购进材料等存货以及购进固定资产的付款时间和现金支付数额；正确预计工资、税收以及支出所需的现金，正确判断出预测期内各期现金的流出量。

（1）销售成本预算。销售成本预算是按产品对其成本进行归集，计算出产品的单位成本，便可以得到销售成本的预算。即

$$销售成本预算 = 产品单位成本 \times 预计销售量$$

（2）销售与管理费用预算。销售与管理费用主要是销售部门、管理部门等涉及的各项费用，这些费用的预算编制方法在企业实践中不一而足。

3. 计算现金不足或结余。根据现金流量的预测情况确定预测期内现金款，以便及时筹集资金或运用结余的现金进行短期投资，或归还借款等。

二、现金预算编制方法示例

某创业企业 ZH 为代销公司，作为电商平台，ZH 公司进行网络销售业务，只代销一种产品，销售单价为 200 元，预测从 7 月起到 10 月各月的销售量为 500 件、600 件、800 件和 900 件。根据付款的安排，销售款在当月可收到 60%，下个月收到应收账款的 40%，预计没有逾期的账户。ZH 公司 6 月销售了产品 400 件。根据上述资料，可以编制出 ZH 公司的销售预算表和现金收入计算表，如表 5 - 1 和表 5 - 2 所示。现金收入计算表是编制现金预算的依据。

表 5 - 1 　　　　　　　　　　　　ZH 公司销售预算表

月份	7	8	9	10
预计销售量（件）	500	600	800	900
销售单价（元/件）	200	200	200	200
预计销售额（元）	100000	120000	160000	180000

表 5 - 2 　　　　　　　　　　　　ZH 公司预计现金收入计算表

月份	7	8	9	10
预计销售额（元）	100000	120000	160000	180000
收到上月应收销货款（元）	32000	40000	48000	64000
收到本月应收销货款（元）	60000	72000	96000	108000
现金收入合计（元）	92000	112000	144000	172000

假设 ZH 公司期末存货量为下一个月销售量的 10%，预算 7 月初始存货量为 50 件，预算 10 月期末存货量为 90 件。预算期 7 月应付上个月（6 月）赊购款为 30000 元。根据上述资料，可以编制 ZH 公司的采购预算表和采购现金支出计算表，如表 5 - 3 和表 5 - 4 所示。

表 5 - 3   ZH 公司采购预算表

月份	7	8	9	10
预计销售量（件）	500	600	800	900
加：预计期末存货量（件）	60	80	90	90
减：期初存货量（件）	50	60	80	90
预计采购量（件）	510	620	810	900

表 5 - 4   ZH 公司采购现金支出计算表

月份	7	8	9	10
预计采购量（件）	510	620	810	900
存货单位成本（元/件）	120	120	120	120
预计存货采购额（元）	61200	74400	97200	108000
应付上月赊购款（元）	30000	30600	37200	48600
应付本月现购款（元）	30600	37200	48600	54000
现金支出（元）	60600	67800	85800	102600

假定 ZH 公司在预算期内支付人工工资每月总计为 5000 元，并且 ZH 公司以现金支付的直接人工工资均为当期付款。同时假定 ZH 公司在预算期间的销售及管理费用为 13600 元。则预算期内每月销售及管理费用现金支出为 13500/4 = 3400 元。

最后假定 ZH 公司预计在 7 月购置设备 92000 元，期末现金余额不得少于 20000 元，否则将向银行借款，到期偿还借款利息为 6000 元。预计预算期期初现金余额为 30000 元。预算期按月度编制现金预算。根据上述资料和前例中各项预算的数据资料，可编制现金预算表，如表 5 - 5 所示。

表 5 - 5   ZH 公司现金预算表   单位：元

月份	7	8	9	10
期初现金余额	30000	21000	76200	94200
加：现金收入				
收回赊销款和现销收入	92000	112000	144000	172000
可动用现金合计	122000	133000	220200	266200
减：现金支出				
采购存货	60600	67800	85800	102600
人工工资	5000	5000	5000	5000

续表

月份	7	8	9	10
销售和管理费用	3400	3400	3400	3400
购置设备	92000			
现金支出合计	161000	76200	94200	111000
现金结余或不足	−39000	56800	126000	155200
筹措资金				
向银行借款	60000	0	0	0
归还借款				60000
支付利息				6000
期末现金余额	21000	56800	126000	45000

第三节　外部融资额法

一、销售收入百分比法

（一）销售收入百分比法基础

销售收入百分比法（Percentage of Sales Method）是一种较为粗略的预测筹资数量的方法。下面主要说明销售收入百分比法的原理和运用。

1. 销售收入百分比法的原理。销售收入百分比法是根据经营业务与资产负债表和利润表项目之间的比例关系，预测各项目资本需要额的方法。例如，某企业每年为销售 1000 元商品，需有 200 元存货，则存货与销售收入的比例是 20%（即 200÷1000）。若销售收入增至 2000 元，那么，该企业需有 400 元（2000×20%）存货。由此可见，在某项目与销售收入比例既定的前提下，便可预测未来一定销售额下该项目的资本需要额。

销售收入百分比法的主要优点是能为财务管理提供中长期预计的财务报表，以适应外部筹资的需要，且易于使用。但这种方法也有缺点，倘若有关项目与销售收入的比例与实际不符，据以进行预测就会形成错误的结果。因此，在有关因素发生变动的情况下，必须相应地调整原有的销售百分比。

2. 销售收入百分比法的运用。运用销售收入百分比法，一般要借助预计利润表和预计资产负债表。通过预计利润表预测企业留用利润这种内部资本来源的增加额；通过预计资产负债表预测企业资本需要总额和外部筹资的增加额。

（1）编制预计利润表，预测留用利润。预计利润表是运用销售收入百分比法的原理，预测留用利润的一种预计报表。预计利润表与实际利润表的内容、格式相同。通过提供预计利润表，可预测留用利润这种内部筹资的数额，也可为预计资产负债表预测外部筹资数额提供依据。

编制预计利润表的主要步骤如下：

第一步，收集基年实际利润表资料，计算确定利润表各项目与销售收入的比例。

第二步，取得预测年度销售收入预计数，计算预测年度预计利润表各项目的预计数，并编制预测年度预计利润表。

第三步，利用预测年度税后利润预计数和预定的留用比例，测算留用利润的数额。

（2）编制预计资产负债表，预测外部筹资额。预计资产负债表是运用销售收入百分比法的原理预测外部筹资额的一种报表。预计资产负债表与实际资产负债表的内容、格式相同。通过提供预计资产负债表，可预测资产、负债及留用利润有关项目的数额，进而预测企业需要外部筹资的数额。

运用销售收入百分比法要选定与销售收入保持基本不变比例关系的项目。这类项目可称为敏感项目，包括敏感资产项目和敏感负债项目。其中，敏感资产项目一般包括现金、应收账款、应收票据、存货等项目；敏感负债项目一般包括应付账款、应付票据、应交税费等项目。固定资产、长期股权投资、递延所得税资产、短期借款、非流动负债和股本（实收资本）通常不属于短期敏感项目，留用利润因受到企业所得税税率和股利政策的影响，也不宜列为敏感项目。

（二）销售收入百分比法示例

我们继续用 ZH 企业的例子来说明销售收入百分比法是如何在财务报表中应用的。在编制 ZH 企业的损益表预测时，预计销售额将从 2018 年的 160 万元增长 30%。因此，销售额预计为 208 万元（160×1.30），比 2018 年增加 48 万元。假定 ZH 企业所得税税率为 40%，且该企业税后利润全部作为留用利润，则 2019 年预测留用利润额为 23.78 万元（见表 5-6）。

表 5-6　　　　　　　　　　　ZH 企业 2019 年预计利润表

项目	2018 年实际数（万元）	2018 年销售百分比（%）	2019 年预计数（万元）
销售收入	160	100	208
减：销售成本	96	60	124.8
销售费用	16	10	20.8
财务管理费用	15.2		15.2
折旧	4.8	3	6.24
息税前利润	28		40.96
减：利息	1.33		1.33
税前利润	26.67		39.63
减：所得税费用（40% 税率）	10.67		15.85
净利润	16		23.78

ZH 企业 2019 年预计资产负债表的编制过程如下：

第一步，取得 2018 年资产负债表资料，并计算其敏感项目与销售收入百分比，百分比表明，该企业销售收入每增长 100 元，资产将增加 62.5 元；每实现 100 元销售收入所需的资本，可由敏感负债解决5元。这里增加的敏感负债是自动增加的，如应付账款会因存货增加而自动增加。每100元销售收入需要资本与敏感负债的差额为57.5元（62.5-5），表示销售收入每增长100元所需追加的资本净额，须从企业内部和外部来筹措。在本例中，销售收入增长48万元（208-160），需净增资本27.6万元（48×0.575）。

第二步，用2019年预计销售收入20.8万元乘以百分比，求得敏感项目以及非敏感项目金额，并由此确定除留用利润外的其他各个项目的数额。

第三步，确定2019年留用利润增加额及资产负债表中的留用利润累计额。留用利润增加额可根据利润额、所得税税率和留用利润比例来确定。2019年累计留用利润等于2018年累计留用利润加上2019年留用利润增加额。假定2018年累计留用利润为0，ZH企业预测2019年利润额为39.63万元，所得税税率为40%，税后利润留用比例为100%，则2019年留用利润为

$$39.63 \times （1-40\%）\times 100\% + 0 = 23.78（万元）$$

从需要筹资总额（第一步得到的27.6万元）中减去内部筹资额23.78万元，求得需要的外部筹资额为3.82万元。

第四步，加总预计资产负债表的两方：2019年预计资产总额为130万元，其中已有负债及所有者权益之和为126.18万元，两者之间的差额为3.82万元。它既是使资产负债表两方相等的平衡数，也是企业需要的外部筹资额。

表5-7 ZH企业2019年预计资产负债表

项目	2018年实际数（万元）	2018年销售百分比（%）	2019年预计数（万元）
资产：			
现金	1.6	1	2.08
应收账款	18.4	11.5	23.92
存货	32	20	41.6
其他流动资产	48	30	62.4
资产总计	100	62.5	130
负债及股东权益：			
应付账款	4.8	3	6.24
应付票据	3.2	2	4.16
非流动负债	12		12
负债合计	20		22.4
股本	80		80
留用利润	0		23.78
股东权益合计	80		103.78
追加外部筹资额	0		3.82
负债及股东权益总计	100		130

二、外部融资额公式法

经营资产是指销售商品或劳务所涉及的资产，包括经营性流动资产和经营性非流动资产。经营负债是指销售商品或劳务所涉及的负债，包括经营性流动负债和经营性非流动负债。我们通常假设某些经营资产和经营负债与销售额存在稳定的百分比（或者同比例变动），随着销售额的变化，经营资产项目将占用更多的资金。同时，随着经营资产的增加，相应的经营债务也会增加，如存货增加会导致应付账款增加，此类债务称之为"自动性债务"，可以为企业成长提供资金支持。经营资产与经营负债的差额是企业成长的融资需求。

外部融资额（Additional Funds Needed，AFN）公式法是预测需要追加的外部融资额的简便方法，它的核心思路是：外部融资额 = 增加的经营资产 − 增加的经营负债 − 增加的留存收益。其中：

（1）增加的经营资产 = 增量收入 × 基期经营资产占基期销售额的百分比。

（2）增加的经营负债 = 增量收入 × 基期经营负债占基期销售额的百分比。

（3）增加的留存收益 = 预计销售收入 × 销售净利率 × 收益留存率。

由于"经营资产/收入"不变，所以"Δ 经营资产/Δ 收入"也不变，故：

Δ 经营资产 = Δ 收入 × 经营资产/收入，及 $\Delta RA = \Delta S \times \sum \dfrac{RA}{S}$，同理可得，$\Delta RL = \Delta S \times \sum \dfrac{RL}{S}$。

需要追加的外部融资额 $AFN = \Delta S \times \sum \dfrac{RA}{S} - \Delta S \times \sum \dfrac{RL}{S} - \Delta RE$

$$= \Delta S \times \left(\sum \dfrac{RA}{S} - \sum \dfrac{RL}{S} \right) - \Delta RE$$

式中，ΔS 表示预计年度营业收入增加额，$\sum \dfrac{RA}{S}$ 表示基年经营资产总额除以基年销售收入，$\sum \dfrac{RL}{S}$ 表示基年经营负债总额除以基年销售收入，ΔRE 表示预计年度留用利润增加额。

1. 支持销售收入固定百分比增长所需的资产增加额　　2. 为资产增加融资提供的内部资本融资额和外部融资额

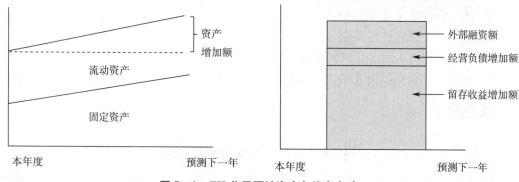

图 5−1　ZH 公司预计资产负债表变动

本章要点

1. 现金流量概念是财务分析、规划和资源分配决策的核心概念之一。相对于净利润，现金流量更能有效地反映企业的经营状况。

2. 企业现金循环按循环周期可分为短期现金循环和长期现金循环。

3. 资金需求预测可划分为短期预测和中长期预测。短期预测是预测企业 1 年以内每月（或每季度）的现金流入与流出。中长期现金流预测预测 1 年以上，一般为 3 ~ 5 年的企业现金流入与流出，主要分析企业成长所需的额外资金需求。

4. 现金预算法是通过编制现金预算来预测资金需求，它是在预测现金流入量与流出量的基础上来确定资金需求的一种预测方法。

5. 销售收入百分比法是根据经营业务与资产负债表和利润表项目之间的比例关系，预测各项目资本需要额的方法。

6. 外部融资额公式法的核心思路是：外部融资额 = 增加的经营资产 - 增加的经营负债 - 增加的留存收益。

关键术语

短期现金循环　长期现金循环　资金需求短期预测　资金需求长期预测
现金预算法　销售收入百分比法　外部融资额公式法

进阶阅读

1. 孙茂竹，支晓强，戴璐. 管理会计学（第 8 版）[M]. 北京：中国人民大学出版社，2018.

2. 李永梅，张艳红，韦德洪. 财务预测学 [M]. 北京：国防工业出版社，2009.

3. J. Chris Leach, Ronald W. Melicher, Entrepreneurial Finance, Cengage Learning, 2016.

复习思考题

1. 为什么现金流量比净利润更能有效地反映企业的经营状况？
2. 试述企业现金循环的种类。
3. 试述现金预算法的编制步骤。
4. 试述销售收入百分比法的编制步骤。
5. 试述外部融资额公式法。

案例分析

科创板拟上市企业资金需求分析

在第二章的案例分析中，你已经选择了一个感兴趣的科创板拟上市企业，并根据该企业的财务报表对其进行了财务分析。在本章中，继续对该企业的资金需求情况进行分析。

讨论题

1. 了解该公司现金流量表编制的基础。

2. 根据该公司的主营业务情况、财务报表，对该短期现金循环进行分析，从而了解该公司的运营情况。

3. 了解该公司募集资金拟投项目与拟投项目资金需求概算。

4. 分析拟投项目对该公司短期现金流量和长期现金流量的影响。

第六章　早期阶段融资与资本成本

学习目标

1. 理解早期阶段融资的主要方式；
2. 理解资本成本的定义、作用与分类；
3. 掌握债务资本成本的风险调整法；
4. 掌握权益资本成本的风险调整法；
5. 掌握加权平均资本成本与边际资本成本的计算。

开篇案例

湖畔花园风荷园 16 幢 1 单元 202 室

1999 年，马云开始了第四次创业，以马云为首的 18 人在马云位于杭州的湖畔花园风荷园 16 幢 1 单元 202 室创立阿里巴巴集团，集团的首个网站是英文全球批发贸易市场阿里巴巴。

创业初期，整个 202 室就像一个网吧，硕大的电脑排成一排，大家坐在那儿工作。为了节约成本电脑桌是去二手货市场买的，电脑是去电脑市场购买零件自己 DIY 的机器。《亚洲华尔街日报》报道说："没日没夜的工作，屋子的地上有一个睡袋，谁累了就钻进去睡一会儿。"《福布斯》也写道："20 个客户服务人员挤在客厅里办公，马云和财务及市场人员在其中一间卧室，25 个网站维护及其他人员在另一间卧室。……像所有好的创业家一样，马云知道怎样用有限的种子资金坚持更长的时间。"

在早期融资阶段，阿里巴巴向很多投资者举起了"非诚勿扰"的牌子。传说中马云拒绝了 38 个投资人，事实是他被拒绝了 38 次。瑞典的 Investor AB 集团对阿里巴巴产生了兴趣。它们派出蔡崇信出马。蔡崇信时任 Investor AB 集团亚洲总裁，他经人介绍与马云见了面。他后来回忆说："我跟马云一交流，就觉得特别投缘，对阿里巴巴的欣赏完全超出了一个投资者的身份。于是我就向马云毛遂自荐：'那边我不干了，我一定要到阿里巴巴来'。"

尽管阿里巴巴正悄悄地把筹建公司摆上议事日程，亟需懂法务又懂财务的专业人士，但马云还是吓了一大跳："我这里每月可就 500 元工资，还是人民币，你再考虑考虑吧。"可不到一个月,蔡崇信还是到阿里巴巴来上班了。

1999 年 10 月,阿里巴巴从数家投资机构融资 500 万美元。2000 年 1 月,阿里巴巴集团从软银等数家投资机构融资 2000 万元。拿到投资后的阿里巴巴进入了高速发展的阶段,150 平方米的湖畔花园再也挤不下更多的人。2000 年阿里巴巴搬到了华星科技大厦,开启写字楼时代。

湖畔花园风荷园 16 幢 1 单元 202 室成为阿里人的"精神花园"。

资料来源:迟宇宙. 马云的湖畔花园 16 幢 1 单元 202 室 [EB/OL] 商业人物.

创业企业普遍面临融资难的问题。在本章,我们将学习早期阶段融资与资本成本分析的基础知识。在第一节,我们要学习创业企业早期阶段融资的主要渠道。在第二节,我们要分析资本成本的概念、分类与计算。

第一节　早期阶段融资

对处于任何发展阶段的企业而言,融资都是一个巨大的挑战。本节介绍了创业企业在早期阶段的主要融资方式,包括自力更生、天使投资、孵化器、加速器与众筹。在后续的章节中,我们会继续学习度过创业早期阶段、进入扩张期的企业通常使用的融资方式。

一、自力更生

自力更生(Bootstrapping)是指创业企业通过创造性的方法,尽量减少对外部金融资本的需求,利用有限的自有资源来启动和发展业务的过程。在大多数情况下,企业家的资本是有限的,从家人和朋友那里得到的资金支持也是有限的。考虑到这一点,将对外部金融资本的需求最小化的一个方法是,创业者将有形资产的投资最小化,并在开发和启动阶段"小本经营"。例如在短期内,租用有形资产,并在车库或地下室开办新企业的成本往往较低。

据统计,94% 的高科技企业,及 80% 以上的传统企业,在其创业的早期阶段都在一定程度上采取过自力更生的方法。自力更生融资包括以下几项:

1. 创业者的工资收入。从创业企业初期经费紧张的事实来看,创业者很少能为自己支付工资收入,有的创业者还会将自己在其他企业获得的工资收入用于创业。只有当创业企业筹集到更多的资金或是开始盈利后,创业者才可以给自己开一笔数值"保守"的工资。

2. 创业者的金融资产。创业者持有的储蓄、债券、股票、保单等金融资产很可能都需要提供给创业企业。储蓄可以很快转化为现金,债券和股票可能会被出售,保单可以用于质押,为创业企业提供资金。

3. 创业者的住房、车辆等固定资产。如果创业者拥有住房、车辆等固定资产,可以用于申请额外的贷款,为创业企业提供资金。

4. 信用卡。在企业初创时期，创业者往往使用他们个人的信用卡以应付短期资金需求。

5. 在自有场地办公。办公场地支出占据了创业者资金支出的很大一部分，正如阿里巴巴一样，创业初期在自有场地办公，可以节省一笔场地费用，将更多的资金用于业务，降低经营成本。

6. 购买或租用二手设备。许多创业企业尤其是互联网和科技型创业公司，在创业前期会投入大量资金用于办公设备采购，通过购买或租用二手设备，降低企业在非核心业务上的投入，可将更多的资源用于企业的核心业务。

7. 尽可能减少支出。处于创业初期的企业应学会如何在别处发现并使用自己所需要的资源，尽可能减少企业的现金支出。

此外，家庭和朋友的支持往往是创业初期重要的资金来源。他们可以向企业家提供借贷或投资创业企业的股权（人们常说，家人和朋友投资于企业家，而不是投资于产品或服务）。这种融资与更正规的风险投资相比，融资成本较低。

二、天使投资

天使投资（Angel Capital）作为权益资本投资的一种形式，是指富有的个人出资支持具有专门技术或独特概念的原创项目或小型初创企业。天使投资人除了拥有可观的财富之外，往往还拥有高学历、具备创业或管理的经验，而且他们对风险的容忍度较高。天使投资人不完全追求财务收益，往往还有着强烈的非财务动机。

总体来看，天使投资的流程包括以下几个环节：项目筛选—尽职调查和估值—商务谈判和协议签订—资金拨付和公司变更手续—投资后管理—退出。

在项目筛选阶段，天使投资人通过自行搜索、熟人推荐、创业者自荐以及第三方平台来获取项目信息。根据不同的投资价值取向，天使投资人将锁定有意向的创业项目。

在尽职调查和估值阶段，天使投资人会与选定的创业公司签订保密协议和投资意向书，并联合专业中介机构进行为期一个月以内的尽职调查，对潜在的投资项目进行合理估值。理论上来说，天使投资人对注资公司的估值有多种方法，常用的如现金流量折现估值法、相对估值法、风险投资估值法等。不过对早期创业项目来说，对人的评判和商业模式发展潜力的估量往往更为重要。

在商务谈判和协议签订阶段，天使投资人与创业企业协商谈判投资条件，确定投资细则。一旦双方达成共识，则签署投资协议。

在资金拨付和公司变更手续阶段，天使投资人按照投资条款中商定的投资金额，向创业企业划拨股权投资资金，并到工商部门办理注册或增资手续。

在投资后管理阶段，天使投资人为创业企业提供增值服务，包括战略发展建议、业务培训、市场开拓等方面，推动创业企业发展。

在退出阶段，天使投资人通常使用的退出方式有被兼并收购、管理层回购、清算或者公开上市。

天使投资是对初创企业进行权益资本投资的行为，位于创业投资链条的最前端。天使投资的资金来源大多为个人自有资金（不包括创业团队家庭或朋友的资助），具有投资金额较小、投资期限偏早（企业 A 轮融资之前）、投资决策快、投资模式灵活等特点，天使投资的投资动机不完全以财务收益为主要目标，往往会参与企业的投资后管理。

 专栏 6 – 1

天使投资人夏佐全：早期投资需要更多产业背景

夏佐全在 1995 年与王传福、吕向阳共同创办了比亚迪公司，曾任公司执行董事、副总裁，负责整个比亚迪集团的运营工作。他从 2003 年开始作为天使投资人支持创业公司发展，并在 2008 年进入全职天使投资人的行列。2016 年，发起成立了专注早期科技企业投资的正轩基金。

十多年间，夏佐全通过正轩投资先后向机器人和智能制造、航空航天、芯片设计、生物基因等领域的 30 多家创业公司投资了超过 3 亿元的资金。其中的明星案例包括机器人公司优必选、基因测序企业安诺优达、供应链金融公司联合利丰等。

"过去这些年我一直在思考自己的优势，尝试合适自己的投资方式。"夏佐全表示，早期投资需要更多企业家的参与，把自己的经验、资源、资本投资到这个领域，这将可以让早期投资更理性、更科学、更有社会价值。

如今，正轩基金的投资团队主要由产业背景人士组成。"做产业的人出来做投资，在制造行业有大量的资源，不但可以帮企业找人，也可以和他们协同做一些事，也可以让朋友给他们一些机会。不仅仅是市场，还有法律、知识产权、人力资源方面，都是可以配合的。"夏佐全说，"投资和运营团队中产业背景和金融背景的成员间要有相互的补充和配合，才能做得更好。"夏佐全透露，已经在考虑在未来的基金管理中引入更多金融背景的投资和运营人员。

资料来源：赵娜. 天使投资人夏佐全涉足 VC：早期投资需要更多产业背景人士补充［EB/OL］. ［2016 – 11 – 12］. http：//www. 21jingji. com/2016/11 – 12/4OMDEzODFfMTM5ODc4OA_ 2. html.

三、孵化器、加速器与众筹

（一）孵化器

联合国开发计划署（UNDP）在题为《企业孵化器发展中国家的初步评价》的研究报告中，把孵化器（Incubator）定义为："一种受控制的工作环境，这种环境是专为培育新生企业而设计的。在这个环境中试图创造一些条件来训练、支持和发展一些成功的小企业家和盈利的企业"。孵化器的产业模式为：通过提供研发、生产、经营的场地，通信、网络与办公等方面的共享设施，系统的培训和咨询，政策、融资、法律和市场推广等方面的支持，降低创业企业的创业风险和创业成本，提高企业的成活率和成功率。它将拥有各类科研成果或创业意图，但缺乏创业资金和经验的企业，孵化为具有良好市场竞争力的成熟企业，同时为社会培养成功的企业家。

孵化器可分为非营利型、营利型、混合型（公私合办运营）等。非营利型孵化器扮演公共部门的角色，包括科技园孵化器（TBI）、大学孵化器（UBI）、政府型孵化器（GBI）等。政府创办孵化器希望把其他区域创新创业成功的实践经验复制到当地，以活跃当地创新创业氛围和促进区域经济发展。大学创办孵化器则关注科技成果转化，研发机构创办孵化器注重提升研发绩效。总之，非营利型孵化器具有公共投资建设运营背景，能为在孵企业提供公共基础设施、政策支持、技术知识等资源，但却缺乏商业运营和技术商业化方面的特长，因而无法给在孵企业提供创业指导、管理咨询、融资、网络服务等专业服务方面，没有专业的营利型孵化器做得好。营利型孵化器关注租金收益和股权收益。这类孵化器包括企业创办孵化器（CPI）、民营资本创办孵化器（IPI），侧重筛选和支持具有高成长潜力创意或项目，通过提供空间、种子资本，利用股权投资和创业辅导以支持团队创新创业。混合型孵化器兼具公私部门发展目标。这类孵化器由公私联合投资运营，运营管理目标介于营利性与非营利性间。由于不同主体创办孵化器的目标和利益诉求不同，孵化器在物理空间、运营方式、进入与退出规则、业务支持与专业服务组合、网络服务、资金支持等方面的支持存在差异。

孵化过程包括孵化前阶段、孵化阶段、后孵化阶段。在孵化前阶段孵化器主要关注筛选合适的孵化项目。孵化器为有潜在价值的创意或项目提供空间支持和商业咨询，孵化前阶段支持具有提升企业创业导向的作用。孵化器广泛搜寻合适的创意项目与技术成果，通过对创意或项目商业计划进行评估，分析新企业运营可行性。筛选合适的新创企业和项目是该阶段的核心目标。基于创意、项目特征和创业能力筛选入孵企业，需对项目创新性、商业计划质量、技术类型、市场潜力、匹配孵化专业领域、区域企业集群和失败风险等进行考虑，选择达到入孵标准和适合孵化的项目。在孵化阶段孵化器关注利用孵化服务组合促进创业学习和企业成长。该阶段起始于创意或项目入孵，通过提供空间和创业服务支持，直到在孵企业创业成功毕业，利用孵化器支持和监测服务体系来提升在孵企业存活率。孵化器基于聚焦的孵化产业提供技术、市场、商业等方面知识或资源，加快在孵企业创业学习，降低新创企业创新创业成本。其次孵化器与在孵企业通过阶段性交互，发现创业中存在问题并提供创业服务（如：商业咨询、技术转移、信息支持、网络支持等），帮助在孵企业嵌入内外部网络获取资源获得网络协同与规模经济效益。后孵化阶段孵化器关注孵化网络扩张获得长期效益。

在孵企业通过获得孵化器网络支持能够获取包括物质资源、金融资本、市场机会、地位声誉、合法化、商业知识和新想法等在内的有形资源和无形资源，有助于在孵企业生存和成长，进而显著提升企业竞争优势和绩效。

 专栏 6 - 2

中国创业孵化发展报告发布

《中国创业孵化发展报告2019》对2018年中国科技企业孵化器和众创空间的总体

格局及发展情况进行了详尽分析。据了解，该报告已经连续发布三年，被正式纳入"国家创新调查制度系列报告"，对行业的发展极具指导意义。

报告显示，创业孵化事业保持强劲发展态势。截至 2018 年底，中国创业孵化机构总数达到 11808 家，其中，科技企业孵化器 4849 家，同比增加 19.2%；众创空间共计 6959 家，同比增长 21.3%；中国在孵企业和团队 62 万家，其中，科技企业孵化器在孵科技型中小企业 20.6 万家，同比增长 17.7%。

报告指出，孵化机构在构建局部良好创新创业生态、促进区域协调发展上起到了重要作用，不同区域之间也呈现出不同特点：京津冀创新创业资源逐步协同，粤港澳大湾区引领高水平创新创业，长三角创新创业呈阶梯发展。其中，2018 年，长三角共有空间和孵化器 2601 家，占中国总数的 22%，是中国创业孵化载体最集中的区域。

值得一提的是，报告还首次加入了港澳地区创业孵化载体的发展情况。截至 2018 年，港澳地区共有 2 家国家级创业孵化机构——香港科技公司、澳门青年创业孵化中心。

资料来源：钱晨菲. 中国创业孵化发展报告发布 全国创业孵化机构数达 11808 家［EB/OL］. 证券时报［2019-06-14］. http：//www. nbd. com. cn/articles/2019-06-14/1343049. html.

（二）加速器

Fishback 等（2007）最早提出加速器（Accelerator）的定义：加速器是由一群有经验的商务人士组成，为初创企业提供办公空间、指导、辅导、网络、管理服务、知识和经验等服务，旨在帮助初创企业成功快速度过创业的早期阶段。Miller 和 Bound（2011）提出加速器应具有以下五个特征：（1）申请对所有人开放，但是竞争激烈；（2）早期投资交换股权；（3）针对创业团队而不是个人创业者；（4）有时间限制（通常为 3~6 个月），提供教育等服务和密集的导师指导；（5）采用群组模式。全球第一个加速器 YCombinator 由保罗·格雷厄姆于 2005 年在美国马萨诸塞州创建，并孵化出以 Dropbox、Reddit 和 Airbnb 等为代表的"独角兽"企业。

Pauwels 等（2016）依据加速器的运行主体，将其分为私有资本型加速器、企业型加速器、政府型加速器三种，并将这三种类型加速器分别称为"交易流制造者"（Deal-Flow Maker）、"环境建立者"（Ecosystem Builder）和"福利刺激器"（Welfare Stimulator）。

首先，私有资本型加速器的概念原型即是 Y Combinator 以及 Techstars 等最早获得成功的加速器，旨在通过搭建初创企业和投资部门之间的桥梁，填补初创企业的融资缺口，并期望在初创企业的成长过程中实现盈利。私有资本型加速器通常是营利性的，虽然对孵化对象所处的行业没有特殊要求，但此类加速器往往比较青睐更容易吸引资本的初创企业。

其次，企业型加速器的概念类似公司风险投资（Corporate Venture Capital，CVC），其目的是为母体企业的客户或利益相关者提供针对性的服务（Clarysse 等，2015）以及吸引人才（Kohler，2016）。在企业型加速器的筛选标准中，主要针对本企业所处特定行业或技术领域的初创企业，通常对初创企业的技术水平有相对较高的要求。此类加速器会让客户和利益相关者参与到对初创团队的筛选程序中，并从企业内部挑选导师。微软创投加速器（Microsoft Ventures Accelerator）、金融科技创新实验室（Fintech Innovation Lab）就是企业主导型加速器的代表。

最后，政府型加速器的目标是在区域建立一个良好的创业生态系统并促进区域经济的发展，因此在这种加速器的筛选标准中，会将诸如能否刺激创新创业活动、能否增加就业等宏观目标等作为重要的指标。政府主导型加速器的主要代表有智利的 SUP 加速器和英国的贝斯纳绿色企业加速器（Bethnal Green Ventures）等。

近年来，除了上述三种不同运行主体的加速器外，以大学为运行主体的加速器也开始增多，如斯坦福大学的 StartX 加速器、麻省理工学院的创始人技能加速器、加州大学伯克利分校的 SkyDeck 加速器等。此类加速器常常服务于大学生创业（Adomdza，2016），或者是为科技成果转化创造条件（Migliaccio 等，2014）。因此，此类加速器一般只对大学在校生、研究人员或者大学校友开放，例如，StartX 加速器在筛选标准中明确要求创业团队中至少有一位成员曾经在斯坦福大学就读或者工作。

加速器的运行包括申请阶段、加速阶段、路演日、毕业四个阶段，如图 6-1 所示。

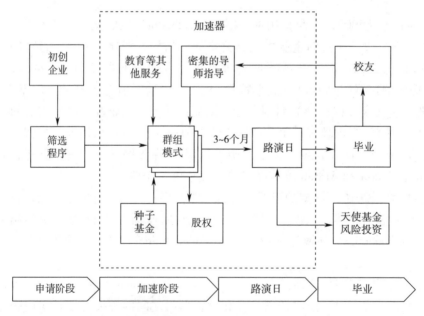

图 6-1　加速器的运行

（1）申请阶段。加速器会定期接受创业团队的申请资料，对创业团队进行严格筛选，通过率一般低于 10%。

（2）加速阶段。若是通过加速器的筛选程序，多数加速器会以交换少量股权（2%~10% 之间，一般为 6%）的方式，向创业团队提供种子基金投资（25000~150000 美元不等）（Drove 等，2017）。不同于孵化器，加速器一般采用群组（Cohorts）

模式。加速过程一般维持 3~6 个月，其间提供密集的导师指导以及教育服务等。

（3）路演日。路演日类似产品发布会，召集诸如风险投资、天使投资等投资者前来参加，因此路演日也被称为投资者日。创业团队可以在潜在投资者面前介绍自己的项目，以寻求新一轮的融资机会。

（4）毕业。如果能够顺利得到下一轮的融资则表示创业团队顺利毕业。加速器持有创业团队所经营初创企业的部分股权，所以会选择在适当的时候退出来实现盈利。而毕业的创业团队顺理成章成为了加速器的"校友"，这些"校友"对于加速器来说不仅是自身网络的一部分，同时也是未来的导师成员。

加速器通过提供特定的孵化服务，专注于教育和指导，搭建桥梁，帮助初创企业克服其固有的资源短缺，加速企业发展。企业加速器的服务对象主要为"瞪羚企业"和孵化毕业企业。在入驻企业等方面，企业加速器有着严格的入驻门槛和限制条件。企业加速器关注"加速"企业成长发展，根据企业发展战略、产品特征、发展需要提供"一对一""量身定做"的定制服务。

表 6-1　　　　　　　　　　企业孵化器与企业加速器区别

项目	企业孵化器	企业加速器
兴起时间	20 世纪 60 年代	20 世纪 90 年代末
经营性质	非营利性为主	营利性为主
参与主体	政府机构、经济发展组织、学术机构为主	盈利实体和风险资本为主
目标群体	初创企业为主	高科技、高潜力、高成长企业
甄选标准	能否支付得起租金	高科技产品、企业成长性及潜力
毕业标准	从无到有，没有严格的毕业标准	从小到大，有严格的毕业标准
服务内容	物理空间、办公设施等硬件服务为主	管理培训、技术扶持等软性服务为主
盈利方式	租金、政府补助为主	服务性收费、客户股权盈利
服务宗旨	帮助企业生存、成长	加速企业发展、提高企业竞争力
经营目标	培育企业，营造良好创业氛围；增加就业，促进区域经济增长	加速企业成长，构建资源网络，追求利润最大化

资料来源：汪艳霞、钟书华（2014）。

 专栏 6-3

腾讯 AI 加速器二期交答卷

作为 AI 与产业的连接桥梁，腾讯 AI 加速器依托 AI Lab、优图实验室等腾讯 AI 实验室矩阵的核心技术，腾讯云的平台和计算能力以及腾讯产业互联网生态资源，从获取订单、投资、技术、导师和商业能力等方面扶持 AI 创业者，与学员共同打造产业互联网解决方案，加速推动 AI 技术在各行各业中的落地。

2019 年 4 月 28 日，腾讯 AI 加速器第二期项目迎来毕业礼。从全球 1500 个 AI 企业中甄选出的 40 个 AI 项目，覆盖医疗、零售、农业、机器人、无人驾驶等 20 多个领域，经过9个月的加速，整体估值由135亿元增长到362亿元，增长超268%，并形成超过50个行业解决方案。此外，60%的项目获得了新一轮融资，投资机构包括红杉、GGV、软银中国、达晨、中信资本、松禾远望、真格、经纬、北极光、金沙江等，融资总额超45亿元人民币。其中，工匠社机器人、Versa马卡龙玩图获得了腾讯投资。

资料来源：腾讯科技. 腾讯AI加速器二期交答卷：40个项目、50余个行业解决方案［EB/OL］.［2019－04－29］. https：//tech. qq. com/a/20190429/002184. htm.

（三）众筹

众筹融资（Crowdfunding）源于众包模式。众包的目的是有效利用一个新项目潜在参与者的知识、智慧、技能，构建一个庞大的资金池。具体而言，众筹融资是指创业者和初创企业借助于网络平台的流量优势，将创意项目或创新型产品向大众展示，以某种形式的回报吸引大众投资者参与的直接融资模式。市场调查公司 Massolution（2018）的研究报告显示，2010—2016 年全球众筹融资持续了75% 以上的增长率，2016 年接近2000 亿美元，北美、亚洲和欧洲是三大主要众筹市场。

按照创业企业筹集资金的模式，可将众筹分为捐赠式众筹、产品式众筹、借贷式众筹、股权式众筹。捐赠式众筹是一种不计回报的众筹，个人以捐款、慈善、赞助的形式为项目或企业提供财务资助，不求实质性财务回报。典型的例子有赈灾救助、政治选举、电影制作、免费软件开发等。项目的出资者一般就是项目的推动者，参与感很强。他们对某个项目的出资支持，更多的是一种重在参与抑或是精神层面的收获，而不是图求回报。从法律的角度看，捐赠式众筹的基础法律关系是赠与。产品式众筹是基于回报的众筹，出资者可获得象征性的礼物，或者提前购买众筹项目的商品服务。这种模式类似于提前销售获得资金。产品式众筹风险较低，主要是众筹项目的执行风险和欺诈风险。项目出资者基本收益为实物，无金融投资收益。借贷式众筹是个人借钱给一个项目或企业，预期得到偿还，并希望得到一定的财务回报。由于出借人是大量的个人，借款人也是个人，这种借贷模式通常称为P2P借贷。借贷式众筹出资者收到债务性投资凭证，可获得关于这一特定项目的固定利率收益，承担一定的信用风险。股权式众筹是个人投资于一个实体以期获得实体的股份或分享实体未来的利润。

这些模式的复杂性差别很大。捐赠式的复杂程度最低；产品式则必须有创新产品的样本，而且要有相应的股权配置规则及未来的回报计划，因此复杂程度要高于捐赠式，也是众筹融资普遍采用的模式；借贷式是企业运行稳定且达到一定规模后常用的融资工具，复杂程度又要高于产品式；而股权式，则是复杂程度最高的模式。

但众筹融资工具的使用也具有一定的困难，它需要大量的资金支持者，还要对数目庞大的小额支付交易进行管理。许多企业启动项目，要么是经验不足，要么由于没有兴趣管理众筹融资过程，往往会将这个任务委托给所谓的"中间人"——众筹融资平台。按照众筹融资的起源，这些服务中介开始往往是网络公司或软件公司。这些中介拥有广泛的活动范围和活动强度。在发展初期，其只是一个提供信息的平台，充当项目发起人与众筹融资基金之间的中立调解人。随着参与者对平台需求的提高和众筹机制的发展，平台逐步增加了证实融资过程、监督项目执行、向项目管理者提供融资建议、为参与者组建更为广泛的社交网络、帮助成员寻求共同投资者等服务内容。

这些平台之所以能迅速发展崛起，主要是因为其具有符合筹融资关系逻辑、解决融资信息和成本的关键功能。平台主要按以下流程运作：首先，作为资金需求的一方——创新项目的管理者（生产者）与众筹融资平台进行信息交流，听取平台的建议，按照平台规则发布较为详细的项目信息、发展计划、股权配置以及奖励回报等信息。其次，创新项目在众筹融资平台发布后，资金提供方——众筹出资者根据自身效用需求，在平台上输入出资条件，并搜寻符合条件的创新项目，直接与项目管理者进行谈判，或者委托银行进行投资。银行既可以投资既定的项目，也可以投资符合条件的非既定项目，类似于信托贷款。当然，这一过程中更多的是微观的小额支付者，在平台上自由查找各自偏好的项目进行投资。最后，随着资金的划转，项目管理者启动生产，并给予出资者奖励或回报。运作过程描述如图 6-2 所示。

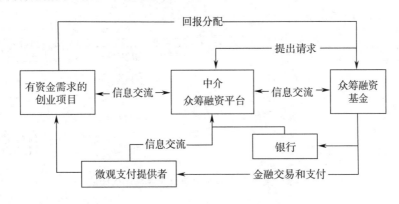

图 6-2 众筹融资基本过程

众筹融资的发展还取决于以下两个条件：一是信用问题。众筹融资的前提条件之一是参与者必须具有良好的信用记录，不然项目管理者就很难筹集到资金。这不但需要有一个覆盖全面的、信息健全的、查询方便的信用记录系统，还要设计一系列比较可行的方法计算各因素反映的综合信用水平，并将所发生的欺诈或融资失败信息及时录入信用体系，作为其他经济活动的评价参考。二是法律问题。为保护出资者、规范筹资者，必须制定健全的监管政策和行业指引，否则，众筹融资就可能成为变相的非法吸收资金、非法发行股份、非法集资。

 专栏 6-4

京东众筹

京东众筹成立于 2014 年 7 月，为京东金融旗下业务板块之一，主要为创新产品提供众筹平台，并基于众筹金额按比例收取服务费。发展至今，呈现以下三个特点。

一是产品众筹包罗万象。其产品众筹分为新奇酷玩、健康出行、生活美学、美食市集、文化艺术、惠民扶贫六类。截至 2018 年 6 月 21 日，京东产品众筹累计支持金额 62 亿元，单项最高筹集金额达 1.2 亿元，单项最高支持人数为 37.4 万人。

二是众筹业务稳居国内众筹市场份额第一。2017 年京东众筹收入达 1 亿元，交易额达 20 亿元，交易佣金率为 7.61%。截至 2017 年末，京东众筹累计融资额达 50 亿元，成功呈现了 11000 多个创新众筹项目，项目成功率超 90%，遥遥领先其他平台。

三是为创业创新企业提供综合服务。京东众筹既是筹资平台，也是小微、创新企业孵化器，可以为创业创新企业提供一站式综合服务，其综合服务模式如图 6-3 所示。截至 2017 年末，京东众筹共服务支持创业创新企业超 8500 家。

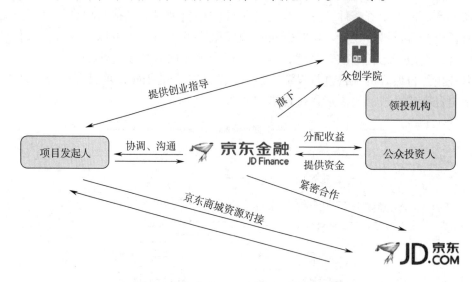

图 6-3 京东众筹创业创新企业综合服务模式

第二节 资本成本的测算

一、资本成本

（一）资本成本的定义

资本成本（Capital Cost）是指企业为筹集和使用资本而付出的代价。广义上来说，企业筹集和使用任何资金，不论是长期的（大于 1 年）还是短期的（小于等于 1 年），都要付出代价。狭义的资本成本是指企业筹集和使用长期资本的成本。资本成本包括资金筹集费和资金占用费两部分。

1. 资金筹集费。资金筹集费是指企业在资本筹集过程中付出的代价。比如在发行证券时支付的广告费、印刷费、评估费、公证费、代理发行费、担保费等。资金筹集费用通常在资本筹集时一次性发生，在资本使用过程中不再发生，因此通常把资金筹集费用视为筹资总额的一项扣除。比如某企业筹集了 1000 万元资金，资金筹集费用为 50 万元，则企业应扣除 50 万元的资金筹集费用，实际筹集总额只有 950 万元。

2. 资金占用费。资金占用费是企业在资金使用过程中多次发生的，而不仅仅是发生于资金筹集时的费用。如企业支付给股东的股利、企业支付给银行的贷款利息，以及支付给其他债权人的各种利息费用等。

（二）资本成本的作用

资本成本的作用可以归纳为以下几个方面：

第一，对于企业筹资来讲，资本成本是选择资金来源、确定筹资方案的重要依据。企业的资本可以从各种渠道取得，比如银行贷款、发行债券、发行股票、自有资金、民间资金等，企业主要选择资本成本最低的筹资渠道。

第二，对于企业投资来讲，资本成本是评价投资项目、决定投资取舍的重要标准。投资项目只有在其投资收益率高于资本成本时才是可接受的。比如某个项目的预期投资收益率只有 10%，那么正常情况下，只有资本成本小于 10%，企业的融资才有利可图。

第三，资本成本还可作为衡量企业经营成果的尺度，即营业利润率（营业利润与营业收入的比率）应高于资本成本时才是可接受的，资本成本是企业最低限度的营业利润率。凡企业营业利润率低于资本成本水平的，则表明企业资本的运用效益差，经营业绩欠佳，反之则相反。

（三）资本成本的分类

资本成本按其用途，可以分为以下三种：

1. 个别资本成本。个别资本成本是指企业各种长期资金来源的成本。企业在比较各种筹资方式时，可使用个别资本成本。从资本的性质分类，个别资本成本可以分为债务资本成本和权益资本成本两类。

债务资本成本是指企业通过负债形式融资所必须支付的报酬。由于债务利息可以在税前扣除，即负债存在一定的"税盾效应"，因此债务资本成本相对较低。权益资本成本是投资者投资企业股权时所要求的收益率。与负债融资相比，权益融资由于没有抵税作用，因此权益资本成本一般比债务资本成本要高。

2. 加权平均资本成本。加权平均资本成本（Weighted Average Cost of Capital，WACC）是以公司各种资本占全部资本的比例为权重，对个别资本成本进行加权平均而得出的。企业在进行长期资本结构决策时，使用加权平均资本成本。

3. 边际资本成本。边际资本成本（Marginal Cost of Capital）是指资金每增加一个单位而增加的成本。企业无法以某一固定的资本成本筹集无限的资金，当企业筹集的资金超过一定限度时，原来的资本成本就会增加。因此企业在进行追加筹资决策时，可使用边际资本成本。

二、债务资本成本

（一）影响创业企业债务资本成本的因素

在市场经济环境中，多方面因素的综合作用决定着创业企业债务资本成本的高低，其中主要有：

1. 无风险利率。无风险利率是将资金投资于无任何风险的投资对象而能得到利率。通常认为，中央政府债券没有违约风险，可以代表无风险利率。无风险利率的提高意味着创业企业债务融资成本的上升，反之亦然。

2. 信用风险。信用风险是指由于借款人或交易对手不能或不愿履行合约而给另一方带来损失的可能性，以及由于借款人的信用评级变动或履约能力变化导致其债务市场价值变动而引发损失的可能性。信用风险越高，投资者要求的回报就越高。

信用风险溢价是指债权人因为违约或信用等级变化的可能性而对放出的贷款（或投资的债券）要求的额外补偿。在其他因素都相同的情况下，信用风险大的债务必须提高信用风险溢价来吸引贷款人。

信用评级与信用风险溢价有很强的关联。公司的信用评级越高，则投资者或金融机构所承担的信用风险越低，所要求公司付出的信用风险溢价越低；公司信用评级越低，则投资者或金融机构所承担的信用风险越高，要求公司付出的信用风险溢价越高，则会在很大程度上增加公司的融资成本。

3. 流动性。流动性通常指资产转变成现金的速度和成本。投资者偏好流动性强的证券，也就是在可能要遭受损失的情况下易变现的证券。因此，在其他因素都相同的情况下，低流动性的证券就必须提高收益来吸引投资者。当一笔贷款或其他债务工具不能以其现有价值快速出售时，就会收取流动性溢价。在其他因素都相同的情况下，流动性越差的资产流动性溢价就越高，反之亦然。

4. 融资期限。融资期限是债务人按照协议全部履行合约义务（本金、利息、手续费）的最大剩余时间。利率的期限结构解释了在其他因素不变的情况下期限和收益率之间的关系。期限溢价是对投资于期限较长证券的补偿。证券的到期日越长，其本金收回的不确定性越大，在此期间市场利率等其他因素不确定性也增多。为了弥补这个风险，证券发行人必须要给予一定的补偿。

（二）债务资本成本的风险调整法

创业企业通常使用风险调整法估计债务成本。按照这种方法，债务成本由无风险利率、信用风险溢价、流动性溢价和期限溢价相加而成。

$$r_d = r_f + CRP + LP + MP \qquad (6-1)$$

式中，r_d 是创业企业债务融资成本，r_f 为无风险利率，CRP 为信用风险溢价，LP 为流动性溢价，MP 为期限溢价。

【例 6-1】 假设当前无风险利率水平为 3%，创业企业 ZH 的信用风险溢价为 7%，流动性溢价为 3%，期限溢价为 2%。计算 ZH 的债务融资成本。

根据公式（6-1），我们有

$$r_d = 3\% + 7\% + 3\% + 2\% = 15\%$$

即创业企业 ZH 的债务融资成本为 15%。

三、权益资本成本

（一）权益投资的风险与收益

权益投资的风险是指进行权益投资或持有股权过程中的各种不确定性所引起的投资者投资损失的可能性。通常将权益投资的风险划分为系统性风险和非系统性风险。系统性风险，也可称为市场风险，是由经济环境因素的变化引起的整个金融市场的不确定性的加强，其冲击是属于全面性的，主要包括经济增长、利率、汇率与物价波动以及政治因素的干扰等。当系统性风险发生时，所有资产均受到影响，只是受影响的程度因资产性质的不同而有所不同。非系统性风险是由于公司特定经营环境或特定事件变化引起的不确定性的加强，只对投资的公司产生影响，是公司特有的风险，主要是公司经营过程中由于产业景气、公司管理能力、投资项目等企业个体因素引发投资者投资损失的可能。对于投资者而言，权益投资本身隐含的风险越高，就必须有越多的预期报酬作为投资者承担风险的补偿，这一补偿被称为投资风险溢价。由于权益投资风险大于债务融资风险，因此投资风险溢价会比债务投资者要求的收益率要高。同时，由于创业企业的风险大于成熟的上市公司，因此创业企业的投资风险溢价会比成熟上市公司的投资风险溢价要高。

（二）权益资本成本的风险调整法

创业企业通常使用风险调整法估计权益资本成本。按照这种方法，权益资本成本由无风险利率、投资风险溢价、咨询服务协议溢价、流动性溢价和预测偏差溢价相加而成。

$$r_e = r_f + IRP + AP + LP + HPP \qquad (6-2)$$

式中，r_e 为创业企业权益资本成本，r_f 是无风险利率，IRP 为投资风险溢价，AP 为咨询服务协议溢价，LP 为流动性溢价，HPP 为预测偏差溢价。

创业企业的投资者与投资于已上市的成熟企业的财务投资者不同，他们往往对企业的经营提供咨询及相关服务。因此，咨询服务协议溢价作为投资者对创业企业咨询服务的补偿，加入权益资本成本计算。

此外，对于已上市的企业，分析师可以收集到丰富的历史数据，有利于作出偏差较小的预测。创业企业面临更大的信息不对称，较容易出现预测偏差，因此投资者会要求预测偏差溢价来补偿由于创业企业信息不对称所带来的预测偏差问题。

【例6-2】假设当前无风险利率水平为3%，创业企业 ZH 的投资风险溢价为12%，咨询服务协议溢价为3%，流动性溢价为3%，预测偏差溢价为4%。计算 ZH 的权益资本成本。

根据公式（6-2），我们有

$$r_e = 3\% + 12\% + 3\% + 3\% + 4\% = 25\%$$

即创业企业 ZH 的权益资本成本为25%。

四、加权平均资本成本

（一）加权平均成本计算步骤

加权平均资本成本（WACC）是公司通过权益和债务融资的平均成本，一般按权益和债务的比例加权计算，故称加权平均资本成本。WACC 的计算公式如下：

$$WACC = \frac{D}{A} \times r_d \times (1 - T) + \frac{E}{A} \times r_e \qquad (6-3)$$

式中，$\frac{D}{A}$ 为债务占总资产的比重，$\frac{E}{A}$ 为权益占总资产的比重，r_d 是债务的资本成本，r_e 是权益的资本成本，T 为所得税税率。

从公式（6-3）可以看出，计算 WACC 的步骤主要分成以下几步：

第一步，首先把各种融资方式分成两类，债务融资还是权益融资（因为债务融资可以抵税，而权益融资不能抵税），并分别计算出其占总资产的比重。

第二步，计算债务类的资本成本。

第三步，计算权益类的资本成本。

第四步，把债务资本成本和权益资本成本乘以相应的权重相加，即得 WACC。

（二）加权平均成本计算示范

本部分的 WACC 计算考虑存在税收的情况，因此对于负债融资，需要计算其税后的资本成本。

【例6-3】 某企业共有资金 100 万元，其中债务 50 万元，股本 50 万元。如果债务的利率为 15%，所需股本回报率为 30%，假定税率为 20%，试计算该企业的加权平均资本成本。

第一步，各种资本占总资产的比重计算如下：

债务/资产 = 50/100 = 50%

股本/资产 = 50/100 = 50%

第二步，计算债务类资本成本。由题意知债券的资本成本为 15%，因此债务的税后资本成本为：15% ×（1 - 20%）。

第三步，计算权益类资本成本。由题意知，权益类资本成本为 30%。注意权益类资本成本无税收扣减。

第四步，计算 WACC。各种融资方式的权重乘以相应的资本成本再加总。

WACC = 50% × 15% ×（1 - 20%）+ 50% × 30% = 21%

五、边际资本成本

（一）边际资本成本计算步骤

企业追加筹资时，需要知道筹资额所引起的资本成本的变化情况。这就要用到边际资本成本的概念。边际资本成本（Marginal Cost of Capital）的实质是追加筹资的加权平均资本成本。

边际资本成本的计算可以分成以下三个步骤：

第一步，计算不同筹资规模下的个别资本成本；

第二步，计算筹资突破点；

第三步，计算突破点后的加权平均资本成本。

（二）边际资本成本计算示范[①]

【例 6 - 4】某企业拥有长期资金 4000 万元，其中长期借款 600 万元，税后资本成本 3%；长期债券 1000 万元，税后资本成本 10%；普通股 2400 万元，资本成本 13%。平均资本成本为 10.75%。由于扩大经营规模的需要，拟筹集新资金。经分析，认为筹集新资金后，仍应保持目前的资本结构，即长期借款占 15%，长期债券占 25%，普通股占 60%，并测算出了随筹资的增加各种资本成本的变化，见表 6 - 2。

表 6 - 2 企业的长期资本构成

资金种类	目标资本结构	新筹资额（万元）	资本成本
长期借款	15%	≤45	3%
		45 ~ 90	5%
		≥90	7%
长期债券	25%	≤20	10%
		200 ~ 400	11%
		≥400	12%
普通股	60%	≤300	13%
		300 ~ 600	14%
		≥600	15%

1. 计算筹资突破点。因为花费一定的资本成本率只能筹集到一定限额的资金，超过这一限额多筹集资金就要多花费资本成本，引起原资本成本的变化，于是就把在保持某资本成本的条件下可以筹集到的资金最大限额称为现有资本结构下的筹资突破点。在筹资突破点范围内筹资，原来的资本成本不会改变；一旦筹资额超过筹资突破点，即便维持现有的资本结构，其资本成本也会增加。筹资突破点的计算公式为

$$筹资突破点 = \frac{某特定资本成本下筹集的某种资金}{该项资金在资本结构中的比重}$$

在花费 3% 资本成本时，取得的长期借款筹资最大限额为 45 万元，其筹资突破点为

$$\frac{45}{15\%} = 300（万元）$$

而在花费 5% 资本成本时，取得的长期借款筹资最大限额为 90 万元，其筹资突破点为

$$\frac{90}{15\%} = 600（万元）$$

按此方法，资料中各种情况下的筹资突破点的计算结果见表 6 - 3。

---

① 姚益龙. 现代公司理财 [M]. 北京：机械工业出版社，2010：152 - 154.

表 6 – 3   筹资突破点的计算结果

资金种类	资本结构	资本成本	新筹资额（万元）	筹资突破点（万元）
长期借款	15%	3%	≤45	300
		5%	45～90	
		7%	≥90	600
长期债券	25%	10%	≤20	800
		11%	200～400	
		11%	≥400	1600
普通股	60%	13%	≤300	500
		14%	300～600	
		15%	≥600	1000

2. 计算边际资本成本。企业想筹措更多的资金时，其资本成本会相应上升。边际资本成本就是取得 1 元新资本的成本，筹措的资金增加时边际资金成本会上升。

根据上一步计算出的筹资突破点，可以得到 7 组筹资总额范围：300 万元以内；300 万～500 万元；500 万～600 万元；600 万～800 万元；800 万～1000 万元；1000 万～1600 万元；1600 万元以上。对以上 7 组筹资总额范围分别计算加权平均资本成本，即可得到各种筹资总额范围的边际资本成本，计算结果见表 6 – 4。

表 6 – 4   边际资本成本计算结果

筹资总额范围（万元）	资金种类	资本结构	资本成本	加权平均资本成本
≤300	长期借款	15%	3%	3%×15%＝0.45%
	长期债券	25%	10%	10%×25%＝2.5%
	普通股	60%	13%	13%×60%＝7.8%
	共计			10.75%
300～500	长期借款	15%	5%	5%×15%＝0.75%
	长期债券	25%	10%	10%×25%＝2.5%
	普通股	60%	13%	13%×60%＝7.8%
	共计			11.05%
500～600	长期借款	15%	5%	5%×15%＝0.75%
	长期债券	25%	10%	10%×25%＝2.5%
	普通股	60%	14%	14%×60%＝8.4%
	共计			11.65%
600～800	长期借款	15%	7%	7%×15%＝1.05%
	长期债券	25%	10%	10%×25%＝2.5%
	普通股	60%	14%	14%×60%＝8.4%
	共计			11.95%

续表

筹资总额范围（万元）	资金种类	资本结构	资本成本	加权平均资本成本
800～1000	长期借款	15%	7%	7%×15%＝1.05%
	长期债券	25%	11%	11%×25%＝2.75%
	普通股	60%	14%	14%×60%＝8.4%
	共计			12.20%
1000～1600	长期借款	15%	7%	7%×15%＝1.05%
	长期债券	25%	11%	11%×25%＝2.75%
	普通股	60%	15%	15%×60%＝9%
	共计			12.80%
≥1600	长期借款	15%	7%	7%×15%＝1.05%
	长期债券	25%	12%	12%×25%＝3%
	普通股	60%	15%	15%×60%＝9%
	共计			13.05%

本章要点

1. 创业企业在早期阶段的主要融资方式，包括自力更生、天使投资、孵化器、加速器与众筹。

2. 自力更生是指创业企业通过创造性的方法，尽量减少对外部金融资本的需求，利用有限的自有资源来启动和发展业务的过程。

3. 天使投资作为权益资本投资的一种形式，是指富有的个人出资支持具有专门技术或独特概念的原创项目或小型初创企业。

4. 孵化器是一种受控制的工作环境，这种环境是专为培育新生企业而设计的。这个环境试图创造一些条件来训练、支持和发展一些成功的小企业家和盈利的企业。

5. 加速器是由一群有经验的商务人士组成，为初创企业提供办公空间及指导、辅导、网络、管理、知识和经验等服务，旨在帮助初创企业成功快速地度过创业的早期阶段。

6. 众筹融资是指创业者和初创企业借助于网络平台的流量优势，将创意项目或创新型产品向大众展示，以某种形式的回报吸引大众投资者参与的直接融资模式。

7. 资本成本是指企业为筹集和使用资本而付出的代价。资本成本包括资金筹集费和资金占用费两部分。

8. 在市场经济环境中，多方面因素的综合作用决定着创业企业债务资本成本的高低，其中主要有无风险利率、信用风险、流动性、融资期限。

9. 权益投资的风险是指进行权益投资或持有股权过程中的各种不确定性所引起的投资者投资损失的可能性。通常将权益投资的风险划分为系统性风险和非系统性风险。

10. 创业企业通常使用风险调整法估计权益资本成本。按照这种方法，权益资本成本通过无风险利率、投资风险溢价、咨询服务协议溢价、流动性溢价和预测偏差溢价相加而成。

11. 加权平均资本成本是公司通过权益和债务融资的平均成本，一般按权益和债务的比例加权计算。

12. 边际资本成本的实质是追加筹资的加权平均资本成本。

关键术语

自力更生　天使投资　孵化器　加速器　众筹　资金筹集费　资金占用费
个别资本成本　加权平均资本成本　边际资本成本　债务资本成本
权益资本成本　无风险利率　信用风险溢价　流动性　融资期限　系统性风险
非系统性风险　筹资突破点

进阶阅读

1. 刘曼红，Levensohn，刘小兵. 风险投资学［M］. 北京：对外经济贸易大学出版社，2018.

2. 中国注册会计师协会. 财务成本管理［M］. 北京：中国财政经济出版社，2019.

3. ［美］罗斯，等. 公司理财（原书第11版）［M］. 吴世农，等译. 北京：机械工业出版社，2017.

4. J. Chris Leach，Ronald W. Melicher. Entrepreneurial Finance，Cengage Learning，2016.

复习思考题

1. 试述创业企业自力更生的方法。
2. 试比较孵化器与加速器。
3. 试分析众筹的特点。
4. 试分析影响创业企业债务资本成本的因素。
5. 试分析影响创业企业权益资本成本的因素。

案例分析

万斯特资本成本测算

万斯特创建于2016年，是一家个性T恤生产企业，致力于个性T恤的设计、生产和销售。其创始人刘阳在服务行业创业多年，具有丰富的个性T恤设计、生产经验。万斯特在2016年运营困难，但2017年情况有所好转，企业开始盈利。刘阳希望扩大企业的生产规模，因此有了进一步的融资需求。

刘阳非常看重他们的融资成本，当前市场无风险利率水平为 2.5%，万斯特的信用风险溢价为 8%，流动性溢价为 2%，期限溢价为 1%。目前大型企业的股权融资成本为 10%，刘阳认为风险投资要求的股权融资回报会是大型企业的两倍。已知 2017 年万斯特借有银行贷款 30 万元，股东权益有 70 万元。

讨论题

1. 计算万斯特的债务资本成本。
2. 计算万斯特的权益资本成本。
3. 利用 2017 年的债务和股东权益，计算万斯特的 WACC。
4. 如果 2017 年万斯特的税率为 15%，计算万斯特的 WACC。

第七章　营运资本管理

学习目标

1. 掌握营运资本管理的概念与策略；
2. 掌握流动资产管理的内容；
3. 掌握流动负债管理的内容。

开篇案例

锤子科技陷"供货难"

2018年12月10日，锤子科技官网在售手机均显示"到货通知"——即产品现处于缺货状态，无法下单购买。对此，客服人员称，系备用货卖完，公司正常运营。另据接近锤子科技方面人士对第一财经记者透露，锤子手机因为自身出货量少，在供应商环节本就拿不到优惠价格，这次是真的资金困难、拖欠账期长，出不了货了。

这已不是锤子科技首次陷入"供货难"泥淖。

2018年11月6日，锤子科技发布畅呼吸智能落地式加湿器，售价1999元，并于当天在锤子商城开启全款预售，预计11月25日开始发货。罗永浩在发布会现场承诺称，如遭遇延期发货，锤子科技将赔偿银行活期利率的10倍，余额宝利率的3倍。

11月25日发货日，消费者并未收到货品；11月29日，部分消费者收到官方发来"延期至12月31日发货"的消息——锤子科技表示，由于生产方面的原因，预计将于12月31日起开始发货。如果订单在延期结束后未发货，锤子科技会按照全款预定的规则进行超时赔付。

更早之前，锤子TNT产品便没有实现顺利出货，加上此次锤子科技官网全部手机产品显示"到货通知"，也就意味着，除了部分配件及周边产品，锤子科技官网上所有由锤子科技自行研发的产品均处于缺货状态。电商渠道层面，作为锤子科技重要合作伙伴，京东电商上也仅有坚果Pro 2部分型号还在售，其余手机产品——包括R1、坚果3——全部处于缺货状态。

显然，锤子科技要加强其营运资本管理。

资料来源：吕倩，锤子科技手机陷"供货难"，罗永浩微博推广旅行箱预售 [EB/OL]. 第一财经，[2018-12-10]. https：//www.yicai.com/news/100076441.html.

营运资本管理对于创业企业生存具有非常重要的意义。在本章，我们将学习创业企业营运资本管理的方法。在第一节，我们要介绍营运资本管理的概念与策略。在第二节，我们要分析流动资产管理的方法。在第三节，我们要学习流动负债管理的方法。

第一节　营运资本管理概述

一、营运资本的概念

营运资本（Working Capital）有广义和狭义之分。广义的营运资本是指总营运资本，即在生产经营活动中的流动资产。流动资产（Liquid Assets）是预计在一个正常营业周期中变现、出售或耗用，或者主要为交易目的而持有，或者预计在资产负债表日起一年内（含一年）变现的资产，或者自资产负债表日起一年内交换其他资产或清偿负债的能力不受限制的现金或现金等价物。流动资产主要关注货币资金、交易性金融资产、应收及预付款项和存货四项。狭义的营运资本则是指净营运资本（Net Working Capital），是流动资产减去流动负债（Liquid Liabilites）的差额。流动负债是预计在一个正常营业周期中清偿，或者主要为交易目的而持有，或者自资产负债表日起一年内（含一年）到期应予以清偿，或者企业无权自主地将清偿推迟至资产负债表日后一年以上的负债。流动负债通常包括短期借款、应付票据、应付账款、预收账款、应付工资、应付福利费、应付股利、应交税金、其他暂收应付款项、预提费用和一年内到期的短期借款等。净营运资本的计算公式为

$$净营运资本 = 流动资产 - 流动负债 \tag{7-1}$$

例如，如果某创业公司有 5 万元的流动资产，那么该公司总营运资本为 5 万元。如果该公司有 3 万元的流动负债，那么该公司就有 2 万元的净营运资本。这 2 万元是该公司支付短期债务能力的保障。债权人将企业保持充足的净营运资本视为支付短期债务的保证。然而，对于创业者，应把充足的净营运资本视为投资于能够提高未来生产效率和盈利能力的机会。

营运资本一般具有以下特点：

（1）时效性短，流动性强。营运资本除了货币形态的现金之外，非货币形态的营运资本时效性短，流动性强，对企业应付临时性的资金需求有重要意义。

（2）数量波动性大。流动资产或流动负债容易受内外条件的影响，数量的波动往往很大。

（3）来源渠道多元化。营运资金的需求既可通过长期融资方式解决，也可通过短期融资方式解决。仅短期融资就有银行短期借款、短期融资券、商业信用和票据折现等多种方式。

二、营运资本管理策略

营运资本管理（Working Capital Management）是企业有效控制流动资产和流动负

债，使资产获得最大回报，并使负债支付最小化。适当的营运资本管理，可以提高企业的运营效率，但未必能提高企业的长期效率。营运资本管理可分为流动资产管理和流动负债管理两个方面，前者是对流动资产的管理，后者是对流动负债的管理。常用的管理策略有适中型策略（Equilibrium Strategy）、保守型策略（Conservative Strategy）和激进型策略（Aggressive Strategy）。

（一）流动资产管理策略

企业流动资产管理面临短缺成本与持有成本的平衡。短缺成本是指随着流动资产投资水平不足而增加的成本。例如，因投资不足出现存货短缺，会打乱原有生产进程或停工待料，需要重新调整生产并承担生产准备成本，或者需要紧急订货并承担较高的交易成本；若不能及时补充存货就会失去销售机会，甚至失去客户。持有成本是随着流动资产投资上升而增长的成本，主要是与流动资产相关的机会成本。这些投资如果不用于流动资产，可用于其他投资机会并赚取收益。这些失去的期望收益，就是流动资产投资的持有成本。

流动资产管理的适中型投资策略即权衡考虑短缺成本与持有成本，使得短缺成本和持有成本大体相等的流动资产投资为最优投资规模的投资策略。

流动资产管理的保守型投资策略，就是持有较多的现金和有价证券、充足的存货，提供给客户宽松的付款条件并保持较高的应收账款水平。这种政策需要较多的流动资产投资，承担较大的流动资产持有成本，但企业中断经营的风险很少，其短缺成本较小。

流动资产管理的激进型投资策略，是企业持有尽可能低的现金和小额的有价证券投资，在存货上作少量投资，采用严格的销售信用政策或者禁止赊销。该政策可以节约流动资产的持有成本，但企业要承担较大的风险。

（二）流动负债管理策略

流动负债管理策略，是指对于企业流动资产筹资的形式、规模及持有时间的选择。

依据投资需求的时间长短不同，流动资产可分为稳定性流动资产和波动性流动资产两类。稳定性流动资产是指那些即使在企业处于经营淡季也仍然需要保留的，用于满足企业长期、稳定运行的流动资产所需的资金。波动性流动资产是指那些受季节性、周期性影响的流动资产需要的资金，如季节性存货、销售旺季的应收账款等。对一家创业企业来说，所需要的稳定性流动资产会随企业成长而增长，所需的波动性流动资产的波动性也会不断扩大。

从投资需求上看，稳定性流动资产是长期需求，甚至可以说是永久需求，应当用长期资金支持。只有季节性变化引起的资金需求才是真正的短期需求，可以用短期资金来源支持。现实中的筹资匹配原则是长期占用的资金（包括稳定性流动资产投资）应由长期资金来源支持，短期占用的资金（只是临时性流动资产需求，不是全部流动资产）应由短期资金来源支持。

流动负债管理的适中型筹资策略如图 7-1 所示，对于波动性流动资产，用临时性流动负债筹集资金。临时性流动负债是指为了满足临时性流动资金需求而发生的短期负债，也就是利用短期银行借款等短期金融负债工具取得资金。对于稳定性流动资产需求和非流动资产，用权益资本、长期债务和经营性流动负债筹集，经营性流动负债是指产生于公司正常持续经济活动中，不需要正式安排，由于结算流程等原因自然形成的那部分短期负债。这种策略要求企业临时性流动负债筹资计划严密，实现现金流动与预期安排相一致。企业应根据波动性流动资产需求时间和数量选择与之配合的短期金融负债。

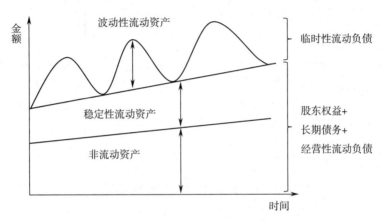

图 7 - 1　流动负债管理适中型筹资政策

流动负债管理的保守型筹资策略如图 7 - 2 所示，临时性流动负债只融通部分波动性流动资产的资金需要。另一部分波动性流动资产和全部稳定性流动资产，则由长期资金来源支持。这种策略企业风险较低，但因为长期负债资本成本高于短期负债资本成本，从而会降低企业的收益。因此，流动负债保守型筹资策略是一种风险和收益均较低的策略。

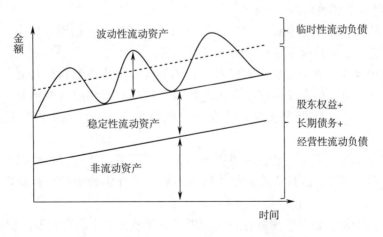

图 7 - 2　流动负债管理保守型筹资政策

流动负债管理的激进型筹资策略如图7-3所示,临时性流动负债不但融通波动性流动资产的资金需要,还解决部分稳定性流动资产的资金需要。这种策略企业风险较高,但因为短期负债资本成本低于长期负债资本成本,从而提升企业的收益。因此,流动负债激进型筹资策略是一种风险和收益均较高的策略。

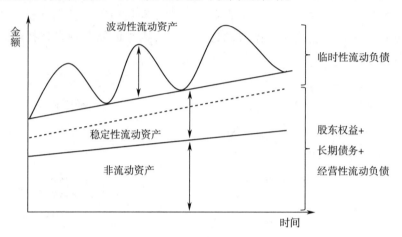

图7-3 流动负债管理激进型筹资政策

第二节 流动资产管理

本节介绍创业企业流动资产管理的方法,主要包括现金管理、应收账款管理、存货管理。

一、现金管理

（一）现金管理的内容

现金（Cash）是指企业以各种货币形态占用的资产,包括库存现金、银行存款及其他货币资金。企业持有现金往往出于以下动机:

（1）交易动机。在企业的日常经营中,为了正常的生产经营运行必须保持一定的现金余额。企业每日都在发生许多支出和收入,这些支出和收入在数额上不相等,以及在时间上不匹配,使得企业需要持有一定现金来调节,以使生产经营活动能持续进行。

（2）补偿动机。银行为企业提供服务时,往往需要企业在银行中保留存款余额来补偿服务费用。同时,银行贷给企业款项也需要企业在银行中留有存款以保证银行的资金安全。

（3）预防动机。企业必须持有一定的现金余额来应对一些突发事件和偶然情况。

（4）投机动机。企业在保证生产经营正常进行的基础上,还会面临一些回报率高的投资机会,此时也需要企业持有一定量的现金。

现金的流动性最强，收益性最差。现金管理的目标是在现金的流动性和收益性之间进行合理选择，即在保证正常业务经营需要的同时，尽可能降低现金的占用量，并从暂时闲置的现金中获得最大投资收益。

现金管理的主要内容包括：编制现金收支计划，以便合理估计未来的现金需求。对日常的现金收支进行控制，力求加速收款，延缓付款。用特定的方法确定最佳现金余额，当企业实际的现金余额与最佳的现金余额不一致时，采用短期筹资策略或采用归还借款和投资于有价证券等策略来达到理想状况。

（二）现金持有量决策

现金持有量决策（Cash Holding）是指合理估计预算期内的现金收入与支出项目，确定期末应当保留的最佳现金余额。企业出于各种动机的要求而持有现金，持有现金既能满足日常生产经营的需要，又能根据现金使用效率最高时的考虑，确定最佳现金持有量。当前，创业企业主要适用成本分析模型和现金周转模式两种现金持有量决策方法。

1. 成本分析模型。成本分析模型（Cost Analysis Model）是根据现金有关成本，分析预测其总成本最低时现金持有量的一种方法。企业持有现金主要有短缺成本和持有成本。企业首先根据不同现金持有量测算各备选方案的有关成本数值；然后按照不同现金持有量及相关成本资料，计算现金持有的总成本，比较各方案选择相关总成本最低时的现金持有量，即为最佳现金持有量。

【例 7 - 1】某企业有三种现金持有方案，它们各自的持有成本、短缺成本以及总成本如表 7 - 1 所示。

表 7 - 1　　　　　　　　某企业现金持有方案及其对应的成本　　　　　　单位：万元

项目	A 方案	B 方案	C 方案
现金持有量	10	20	30
持有成本	1	2	3
短缺成本	5	3	1
现金持有的总成本	6	5	4

根据表 7 - 1，比较三个方案的现金持有总成本可以看出，C 方案的总成本最低。也就是说，当现金持有规模为 30 万元时，总成本最低为 4 万元。所以，4 万元是该企业现金持有的最佳规模。

2. 现金周转模型。现金周转模型（Cash Turnover Model）是从现金周转的角度出发，根据现金的周转速度来确定最佳现金持有量的一种方法。利用这一模型确定最佳现金持有量，包括以下三个步骤：

第一，计算现金周转期。现金周转期是指企业从购买原材料支付现金到销售商品收回现金的时间。

$$现金周转期 = 应收账款周转期 - 应付账款周转期 + 存货周转期 \qquad (7 - 2)$$

应收账款周转期是指从应收账款形成到收回现金所需要的时间。应付账款周转期是指从购买材料形成应付账款开始到以现金偿还应付账款为止所需要的时间。存货周转期是指从购买材料开始直到销售产品为止所需要的时间。

第二，计算现金周转率。现金周转率是指一年中现金的周转次数，其计算公式为

$$现金周转率 = \frac{360}{现金周转期} \qquad (7-3)$$

第三，计算最佳现金持有量。其计算公式为

$$最佳现金持有量 = \frac{年现金需求额}{现金周转率} \qquad (7-4)$$

【例 7-2】某企业年度预计应收账款周转期为 60 天，应付账款周转期为 30 天，存货周转期为 30 天，每年现金需求额为 360 万元，则最佳现金持有量可计算如下：

$$现金周转期 = 60 - 30 + 30 = 60(天)$$

$$现金周转率 = \frac{360}{60} = 6$$

$$最佳现金持有量 = \frac{360}{6} = 60(万元)$$

如果年初企业持有 60 万元现金，它将有足够的现金满足其各种支出的需要。

二、应收账款管理

（一）应收账款管理的内容

应收账款（Account Receivable）是企业因对外销售商品、提供劳务等而应向购买货物或接受劳务的单位收取的款项。应收账款形成企业之间的商业信用，是商品销售及劳务提供过程中的货与钱在时间上分离的结果。

应收账款的功能主要有：

（1）增加销售。在激烈的市场竞争条件下，赊销是促进销售的一种主要方式，对于企业扩大产品销售、开拓市场、增强企业竞争力都具有重要意义。

（2）减少存货。赊销有利于缩短产成品的库存时间，降低产成品存货的管理费用、仓储费用和保险费用等各方面的支出。因此，当产成品存货较多时，企业可以采用较为优惠的信用条件进行赊销，把存货转化为应收账款，节约各种支出。

对于企业来说，持有应收账款也会产生相应的成本，其内容包括以下三种成本：

（1）机会成本。机会成本是应收账款不能收回而丧失的再投资机会的损失。应收账款的机会成本取决于应收账款平均回收期的长短、应收账款的持有量以及企业平均投资收益率，机会成本是与上述三个因素呈正相关的。具体计算过程如下：

$$应收账款机会成本 = 维持赊销所需资金 \times 企业平均投资收益率 \qquad (7-5)$$

式中：维持赊销所需资金=应收账款平均余额×（变动成本/销售收入）

$$应收账款平均余额 = 赊销收入净额 / 应收账款周转率 \qquad (7-6)$$

此处假定企业的固定成本总额维持不变。随着销售收入的增加，变动成本相应增加，而固定成本不变。因此，在计算应收账款的机会成本时，只需要考虑变动成本。

（2）管理成本。管理成本是因为进行应收账款管理所发生的费用。它主要有调查客户信用情况的费用、催收和组织收账的费用、其他与管理有关的费用。

（3）坏账成本。坏账成本是指应收账款不能收回而形成的所谓坏账给企业造成的损失。对于应收账款来说，最大的风险就是坏账损失，它不但使企业在销售货物后无法实现相应的利润，而且连本金都无法收回。一般来说，坏账损失与企业的应收账款规模呈正比关系。企业应按应收账款余额的一定比例提取坏账准备。

应收账款管理的基本内容是，在发挥应收账款增加销售、减少存货功能的同时，尽可能地降低应收账款的机会成本、管理成本和坏账成本，最大限度地提高应收账款的综合收益。

（二）信用政策分析

应收账款管理效果的好坏，依赖于企业的信用政策。信用政策（Credit Policy）是指企业对应收账款进行规划与控制而确立的基本原则与行为规范，包括信用标准、信用期间、现金折扣政策和收账政策，是企业财务政策的一个重要组成部分。

1. 信用标准。信用标准（Credit Standards）是指顾客获得企业的交易信用所应具备的条件。如果顾客达不到信用标准，便不能享受企业的信用或只能享受较低的信用优惠。企业在设定某一顾客的信用标准时，往往先要评估他违约的可能性，这可以通过"五 C"系统来进行。"五 C"指的是品质（Character）、能力（Capacity）、资本（Capital）、抵押（Collateral）和条件（Condition）。信用的"五 C"系统代表了信用风险的判断因素，要做到客观、准确的判断，关键在于能否及时掌握客户的各种信用资料。这些资料的来源主要有以下几个渠道：财务报表、银行证明、企业间证明、信用评级和信用报告等。在收集、整理客户的信用资料后，企业即可采用"五 C"系统分析客户的信用程度。

企业信用标准的制定必须具有适当性和有效性。如果信用标准过于苛刻，则会将大量信誉条件差的客户拒之门外，影响企业的竞争力和销售量；如果信用标准过于宽松，则可能导致大量的坏账损失和大量延时付款情况的发生，使企业蒙受损失，甚至破产倒闭。因此，企业应当根据不同类型的客户确定合理的信用标准，使信用标准与企业的目标保持一致，以增强企业的竞争力。

2. 信用期限。信用期限（Credit Term）是指企业允许顾客从购买货物到支付货款之间的付款时间。例如，某企业允许顾客在购货后的 50 天内付款，则信用期限为 50 天。一般来说，较长的信用期限有利于企业提高竞争力，扩大销售，增加收入；但是，如果信用期限太长会增加企业的应收账款占用的资金，从而导致应收账款机会成本增加，同时也可能导致坏账损失和收账费用的增加。因此，企业必须慎重研究，规定出恰当的信用期限。

信用期限的确定，主要是分析改变现行信用期限对收入和成本的影响。如果销售额的增加幅度超过持有应收账款的成本增加幅度，则可以延长信用期限，否则不宜延长。

【例7-3】某公司 2012 年生产并销售 A 产品，信用期限为 30 天，预计销售量为 10 万件，全部采取赊销的方式进行销售。A 产品目前单位售价为 12 元，单位可变成本为 6 元，固定成本总额为 20 万元。2012 年公司采取赊销方式的收账费用为 12000 元，坏账损失率为 4%，平均收款期限是 40 天，公司有价证券的年收益率为 10%。

2013 年公司打算改变信用政策，其方案如下：延长信用期限为 50 天，预计销售量增长 25%，此时收账费用为 20000 元，原来销售额部分的坏账损失率为 4%，新增部分的坏账损失率为 8%。平均收账期限为 60 天。分析公司新的信用政策是否可行？

在分析时，先计算放宽信用期限得到的收益，然后计算增加的成本，最后根据两者比较的结果作出判断。

公司信用期限改变后，根据已知条件，计算可得

$$增加的销售收入 = 100000 \times 25\% \times 12 = 300000(元)$$

$$增加的变动成本 = 100000 \times 25\% \times 6 = 150000(元)$$

$$增加的收账费用 = 20000 - 12000 = 8000(元)$$

$$增加的坏账损失 = 300000 \times 8\% = 24000(元)$$

增加的机会成本 = 新方案的机会成本 - 原来的机会成本[①]

$$= 60 \times 12 \times \frac{125000}{360} \times \frac{6 \times 125000}{12 \times 125000} \times 10\% - 40 \times 12 \times$$

$$\frac{100000}{360} \times \frac{6 \times 100000}{12 \times 100000} \times 10\% = 5833 \ (元)$$

$$增加的收益 = 300000 - 150000 - 8000 - 24000 - 5833 = 112167 \ (元)$$

通过计算可得，新的信用政策能使公司的收益增加，故延长公司的信用期限是可行的。

3. 现金折扣政策。现金折扣（Cash Discount）是企业对顾客在商品价格上所做的扣减。现金折扣可采用如 "5/10，3/20，n/30" 等表示形式，"5/10" 表示 10 天内付款，可享受 5% 的价格优惠，即只需支付原价的 95%。"3/20" 表示 10 ~ 20 天内付款，可享受 3% 的价格优惠，即只需支付原价的 97%。"n/30" 表示付款的最后期限为 30 天，此时付款无优惠，即按全价付款。

现金折扣的主要目的在于吸引顾客为享受优惠而提前付款，缩短企业的平均收款期。另外，现金折扣也能招揽一些视折扣为减价出售的顾客前来购货，借此扩大销售额。当企业给予顾客某种现金折扣时，应当考虑折扣所能带来的收益与成本孰高孰低，

---

① 机会成本的计算过程如下：
（1）机会成本 = 维持赊销业务所需要的资金 × 资金成本率
（2）维持赊销业务所需要的资金 = 应收账款平均余额 × 变动成本率
（3）应收账款平均余额 = 平均每日赊销额 × 平均收账天数
（4）变动成本率 = 变动成本/销售收入 × 100%
（5）平均每日赊销额 = 年赊销额/360 天
总公式为：机会成本 = 平均收账天数 × （年赊销额/360） × （变动成本/销售收入） × 资金成本率

择优选择。

【例7-4】仍采用【例7-3】的数据，该公司拟向客户提高现金折扣，其方案如下：折扣条件为2/10，n/30，预计可以使销售量增加到15万件，估计有80%的客户会享受现金折扣，平均收账期限缩短到20天，预计坏账损失率降低至1%，收账费用为2000元。

现金折扣条件改变后，根据已知条件，计算可得

$$销售收入 = 150000 \times 12 = 1800000（元）$$
$$增加的销售收入 = 150000 \times 12 - 100000 \times 12 = 600000（元）$$
$$增加的变动成本 = 50000 \times 6 = 300000（元）$$
$$增加的收账费用 = 2000 - 12000 = -10000（元）$$
$$增加的坏账损失 = (150000 \times 12) \times 1\% - 100000 \times 12 \times 4\% = -30000（元）$$
$$增加的机会成本 = 新方案的机会成本 - 原来的机会成本$$
$$= 20 \times \frac{1800000}{360} \times \frac{6 \times 150000}{1800000} \times 10\% - 40 \times \frac{100000}{360} \times 12 \times \frac{6 \times 100000}{12 \times 100000} \times 10\%$$
$$= -1667 （元）$$
$$增加的现金折扣成本 = 12 \times 150000 \times 0.8 \times 2\% = 18000 （元）$$
$$增加的收益 = 600000 - 300000 - (-10000) - (-30000) - (-1667) - 18000$$
$$= 323667 元$$

通过分析可以看出，该方案能增加企业的收益多达323667元，所以可以采用新的现金折扣政策。

4. 收账政策。收账政策（Collection Policy）是指企业催讨已过期账款所采用的措施，主要包括收账程序和收账成本决策两个部分。一般对于短期拖欠户，应采用较婉转的书信方式催讨；对长期拖欠户，可采用直接的电话或上门催讨；对于恶意拖欠户应采用法律方式解决。

催收账款要发生费用，某些催款方式的费用还会很高（如诉讼费）。一般来说，收款的花费越大，收账措施越有力，可收回的账款就越多，坏账损失就越少。因此制定收账政策，要在收账费用和所减少的坏账损失之间作出权衡。制定有效得当的收账政策很大程度上靠有关人员的经验。从财务管理的角度讲，也有一些量化的方法可予参照，根据应收账款总成本最小化的道理，使收账的边际收益与边际成本相等的点是最佳点。

　专栏7-1

红墙股份：应收账款比例较高是行业共同特征

红墙股份2018年度网上业绩说明会周五下午在全景网举行。关于公司应收账款占资产比例较高的原因，财务总监表示，应收账款比例较高是外加剂行业企业的共同特征。

她指出，可以参考公司的年报，公司的应收账款 95% 以上是账龄在 1 年以内的，风险较低。公司一向重视对客户的风险管理，有一套成熟的客户风险评估体系，简而言之：公司对每一个客户进行全程、动态风险评估，切实做到及早发现风险，防患于未然。公司历史上外加剂的销售收入累计超过 50 亿元，但实际的坏账损失只有 430 万元，说明公司有着极强的风险控制能力。

资料来源：全景网，2019 - 05 - 10。

三、存货管理

（一）存货管理的内容

存货（Inventory）是指企业在经营过程中为了销售或生产耗用的需要而必须储备的各种物资，主要包括产成品、半成品、在产品、原料、燃料和低值易耗品等。企业储备存货一般来说是出于以下两个方面的考虑：

（1）保证生产或销售的经营需要。市场的供求总是不断波动的，有时候可能会出现断货或者由于其他客观原因不能按时交货，如果没有一定的存货保证，就可能使企业遭受停工的损失，或者因无法按时交货而蒙受极大的信誉损害。因此，为了保证企业生产和销售的稳定性，就必须储备一定量的存货。

（2）出自价格的考虑。零购物资的价格通常较高，而整批购买在价格上常有优惠。

但是，存货占用资金是有成本的，主要包括取得成本、储备成本和缺货成本。

取得成本指为取得某种存货而支出的成本，包括订货成本和购置成本。订货成本指取得订单的成本，包括办公费、差旅费、邮费、电报、电话费等支出。订货成本包括一部分固定采购成本，如企业在购货地常设采购机构的支出；还包括一部分可变的采购成本，它与订货量无关，但是与订货的次数有关。购置成本指存货本身的价值，通常用进货的数量与其单位价格的乘积来表示。假设存货购进量为 Q，购买的单位价格为 P，则购买成本为 PQ。

储备成本指企业为了保持存货而发生的各项费用支出，主要包括存货占用资金的机会成本、仓库费用、保险费等。储备成本也可以分为固定成本和变动成本。固定成本与存货的数量无关，如仓库折旧费、仓库职工的工资；变动成本与存货数量有关，如存货的机会成本、存货的保险费用等。

缺货成本指由于存货供应中断而造成的损失，包括材料供应中断造成的停工损失、产成品库存缺货造成的拖欠发货损失和丧失销售机会的损失。如果生产企业以紧急采购代用材料解决库存材料中断之急，那么缺货成本表示为紧急额外购入成本，通常会大于正常采购的成本。

因此，可以计算存货成本为

$$企业存货持有的总成本 = 取得成本 + 储备成本 + 缺货成本 \qquad (7-7)$$

存货管理的内容在于恰当地控制存货水平，在保证销售和正常生产进行的情况下，尽可能地节约资金，降低存货成本。

（二）存货规划与管理

1. 经济订货量模型。存货管理的目标，是通过合理的进货批量和进货时间，把存货的总成本降到最低，这个批量叫做经济订货量。经济订货量模型（Economic Order Quantity，EOQ）是固定订货量模型的一种，可以用来确定企业一次订货（外购或自制）的数量。有了经济订货量，可以很容易地找出最适宜的进货时间。

构建经济订货量基本模型需要的假设条件有：

（1）企业能够及时补充存货。

（2）货物能集中到货，而不是陆续入库。

（3）不允许缺货，即无缺货成本。

（4）货物的年需求量稳定，并且能够预测。

（5）存货单价不变。

（6）企业现金充足，不会因现金短缺而影响进货。

（7）所需存货市场供应充足，不会因买不到需要的存货而影响其他方面。

在上列假设条件下，企业购买存货的成本如下：

（1）订货成本的计算：假定年总需求量为 D，每次订货量为 Q，则年订货次数等于 D/Q；每次订货成本为 s，则总订货成本为 $\frac{sD}{Q}$。

（2）购置成本的计算：假设年总需求量为 D，购买的单位价格为 P，则总购置成本为 PD。

（3）储备成本的计算：假定单位年储备成本为 c，则总储备成本为 $\frac{cQ}{2}$（注意平均库存是每次订货量 Q 的一半）。

把存货的三种成本相加，可得

$$TC = PD + \frac{sD}{Q} + \frac{cQ}{2} \qquad (7-8)$$

对式（7-8）中的 Q 求导数，并使其等于零，可求出经济订货批量为

$$Q^* = \sqrt{\frac{2sD}{C}} \qquad (7-9)$$

【例7-5】假定某企业每年消耗某种物料8100公斤，该材料单位成本为100元，每次订货成本是25元，单位存货的年储存成本是2元，可求得该企业经济订货量为

$$Q^* = \sqrt{\frac{2sD}{C}} = \sqrt{\frac{2 \times 25 \times 8100}{2}} = 450（公斤）$$

可知，该企业每次最佳采购量是450公斤，一年共采购18次（8100/450），平均存货量为225公斤（450/2）。

2. ABC分类管理法。ABC分类管理法是由意大利经济学家巴雷特（Vilfredo Pareto）创立的，所以又称巴雷特方法，目前广泛用于存货管理、成本管理和生产管理。ABC分类管理法是指在对存货进行分析、分类排队的基础之上，确定存货管理的

重点和具体的措施，从而最有效地控制存货资金占用的一种存货管理方法。ABC 存货分类法的具体步骤是：

（1）收集和处理数据。应收集的数据包括每种存货的平均库存量、存货的单价等，并对存货的平均资金占用额进行分析，以了解哪些存货占用资金多，以便实行重点管理。

（2）制定 ABC 分析表。根据一定的分类标准将全部存货划分为 A、B、C 三类。一般来说，可以将累计品目占比为 5% ~ 15%、平均资金占用额为 60% ~80% 的存货，确定为 A 类。将累计品目占比为 20% ~30%、平均资金占用额也为 20% ~30% 的存货，确定为 B 类。将累计品目占比为 60% ~80%，平均资金占用额为 5% ~15% 的存货，确定为 C 类。

（3）对 A、B、C 类存货区别管理。A 类物料品种数量少，但占用库存资金额多，是企业非常重要的物料，要实行重点和严格的管理。具体措施有按照需求、小批量、多批次的采购入库；与供应商建立良好的合作关系，尽可能缩短订货期；科学设置最低定额、安全库存和订货报警点；严格执行物料盘点制度，定期检查等。B 类存货是一般重要的物料，采取常规管理方法即可。C 类是企业不太重要的物料，可以采取较为粗放的管理方法。

第三节　流动负债管理

一、商业信用管理

商业信用（Commercial Credit）是指在商品交易中由于延期付款或预收货款所形成的企业间的借贷关系。商业信用可视为"自发性筹资"，运用广泛，在流动负债管理中占有相当大的比重。

商业信用的最大优越性在于容易取得。对于大多数企业来说，商业信用是一种持续性的信贷形式，且无须办理正式融资手续。商业信用的具体形式有应付账款、应付票据和预收账款等。

1. 应付账款。应付账款是企业购买货物暂未付款而欠对方的账项，即卖方允许买方在购货后一定时期内支付货款的一种形式。卖方利用这种方式促销，而对买方来说，延期付款则等于向卖方借用资金购进商品，可以满足短期的资金需要。

与应收账款相对应，应付账款也有付款期、折扣等信用条件。应付账款可以分为免费信用，即买方企业在规定的折扣期内享受折扣而获得的信用；有代价信用，即买方企业放弃折扣付出代价而获得的信用；展期信用，即买方企业超过规定的信用期限推迟付款而强制获得的信用。

2. 应付票据。应付票据是企业进行延期付款商品交易时开具的反映债权债务关系的票据。根据承兑人的不同，应付票据分为商业承兑汇票和银行承兑汇票两种。支付期最长不超过 6 个月。应付票据可以带息，也可以不带息。应付票据的利率一般比银行借款的利率低，且不用保持相应的补偿余额和支付协议费，所以应付票据的筹资成本低于银行借款成本。应付票据到期必须归还，如若延期便要交付罚金，因而具有一定的风险。

3. 预收账款。预收账款是卖方企业在交付货物之前向买方预先收取部分或全部货款的信用形式。对于卖方来讲，预收账款相当于向买方借用资金后用货物抵偿。预收账款一般用于生产周期长、资金需要量大的货物销售。

此外，企业往往还存在一些在非商品交易中产生但亦为自发性筹资的应付费用，如应付职工薪酬、应交税费、其他应付款等。应付费用使企业受益在前、费用支付在后，相当于享用了收款方的借款，通常不需花费成本，一定程度上缓解了创业企业的资金需求。应付费用的期限具有强制性，不能由企业自由使用。

二、短期借款管理

短期借款（Short – Term Borrowing）是指企业向银行和其他非银行金融机构借入的期限在 1 年以内的借款。在流动负债管理中，短期借款的重要性仅次于商业信用。短期借款可以随企业的要求安排，便于灵活使用，且取得亦较简便。但其突出的缺点是使用期短，常常带有诸多附加条件。

随着金融行业的发展，可向创业企业提供贷款的银行和非银行金融机构增多，企业要选用适宜的借款种类、借款成本和借款条件，此外还应考虑银行对企业的态度、银行的信贷政策、银行的经营状况等。

本章要点

1. 营运资本有广义和狭义之分。广义的营运资本是指总营运资本，即在生产经营活动中的流动资产。狭义的营运资本则是指净营运资本，是流动资产减去流动负债的差额。

2. 营运资本管理是企业有效控制流动资产和流动负债，使资产获得最大回报，并使负债支付最小化。

3. 企业流动资产管理面临短缺成本与持有成本的平衡。短缺成本是指随着流动资产投资水平不足而增加的成本。持有成本是企业流动资产投资过高需要承担的额外持有成本。

4. 营运资本管理可分为流动资产管理和流动负债管理两个方面，前者是对流动资产的管理，后者是对流动负债的管理。常用的管理策略有适中型策略、保守型策略和激进型策略。

5. 现金管理的主要内容包括：编制现金收支计划，以便合理估计未来的现金需求；对日常的现金收支进行控制，力求加速收款，延缓付款；用特定的方法确定最佳现金余额，当企业实际的现金余额与最佳的现金余额不一致时，采用短期筹资策略或采用归还借款和投资于有价证券等策略来达到理想状况。

6. 应收账款管理的基本内容是，在发挥应收账款增加销售、减少存货功能的同时，尽可能地降低应收账款的机会成本、管理成本和坏账成本，最大限度地提高应收账款的综合收益。

7. 信用政策是指企业对应收账款进行规划与控制而确立的基本原则与行为规范，包括信用标准、信用期限、现金折扣政策和收账政策，是企业财务政策的一个重要组成部分。

8. 存货管理的内容在于恰当地控制存货水平，在保证销售和正常生产进行的情况下，尽可能地节约资金，降低存货成本。

9. 商业信用是指在商品交易中由于延期付款或预收货款所形成的企业间的借贷关系。商业信用可视为"自发性筹资"，运用广泛，在流动负债管理中占有相当大的比重。

10. 短期借款是指企业向银行和其他非银行金融机构借入的期限在 1 年以内的借款。在流动负债管理中，短期借款的重要性仅次于商业信用。

关键术语

营运资本　流动资产管理　流动负债管理　适中型投资策略　保守型投资策略　激进型投资策略　适中型筹资策略　保守型筹资策略　激进型筹资策略　现金管理　现金持有量决策　现金周转模型　应收账款　信用标准　信用期限　现金折扣　收账政策　存货　存货成本　经济订货量模型　ABC 分类管理法　商业信用管理　短期借款管理

进阶阅读

1. 中国注册会计师协会. 财务成本管理［M］. 北京：中国财政经济出版社，2019.

2. 荆新，王化成，刘俊彦. 财务管理学（第 8 版）［M］. 北京：中国人民大学出版社，2018.

3. ［美］罗斯，等. 公司理财（原书第 11 版）［M］. 吴世农，等译. 北京：机械工业出版社，2017.

4. Philip J. Adelman, Alan M. Mark. Entrepreneurial Finance, Pearson Education, 2012.

复习思考题

1. 试述营运资本的特点。

2. 试述流动资产管理的策略。

3. 试述流动负债管理的策略。

4. 创业企业如何进行现金管理?

5. 企业持有应收账款的成本有哪些? 如何进行应收账款管理?

6. 试述企业持有存货的成本。

7. 试比较存货管理的经济订货量模型与 ABC 分类管理法。

案例分析

科创板拟上市企业营运资本管理

在第二章的案例分析中，你已经选择了一个感兴趣的科创板拟上市企业，并根据该企业的财务报表对其进行了财务分析。在本章中，继续对该企业的营运资本管理情况进行分析。

讨论题

1. 分析该公司的流动性资产与流动性负债的构成与营运资本变化。

2. 分析该公司的现金构成及现金管理效果。

3. 分析该公司的信用政策及应收账款管理效果。

4. 分析该公司存货变动情况并评估其存货管理的效果。

5. 分析该公司商业信用变动情况并评估其商业信用管理的效果。

第八章　投资项目分析

学习目标

1. 掌握投资项目的类型与投资项目分析的流程；
2. 掌握现金流量折现指标法的相关指标；
3. 掌握非现金流量折现指标法的相关指标；
4. 掌握独立项目、互斥项目投资项目决策的过程与分析方法；
5. 了解资本约束下投资项目决策和不确定性下投资项目决策的方法。

开篇案例

凡客从头再来

2014 年 8 月 28 日，凡客诚品 CEO 陈年出现在北京时尚设计中心。他推销的是一件定价 129 元的男士 80 免烫衬衫。这款衬衫只有白蓝两个颜色的基本款，是陈年花了一年多的时间，多次往返新疆、重庆、越南、日本"折腾"出来的产品。在发布会上，陈年也宣布了一个重大决定：砍掉凡客其他业务，只做单品，从凡客起家的衬衫做起。

公司同时经历了一个大瘦身：员工数从原来的 10000 多人锐减到现在的 300 人，加上仓储客服，也就五六百人。对于这些变化，陈年表示，这是痛苦反思之后的无奈选择。"轻装上阵，是凡客最好的状态。"陈年表示。

凡客的发展抓住了互联网电商的最好时机。2007 年成立，2008 年就完成了两轮融资，数额高达 1200 万美元。2008 年 3 月，凡客最早在网上开卖，卖的就是男士衬衫。

此后四年中，凡客的发展速度不断提高，业界公开资料显示，凡客 2008 年到 2010 年的订率额分别为 3 亿元、7 亿元和 20 亿元。曾经盛极一时的凡客体，就出现在这个时候。

2010 年，凡客已拥有超过 1.3 万名员工，曾拥有 30 多条产品线，产品涉及服装、家电、数码、百货等全领域。当年，陈年定出了 2011 年销售额达到 100 亿元的目标。

为了配合凡客的扩张速度，凡客选择了疯狂地扩大品类，凡客卖的东西越来越杂，T恤、家电、数码、百货、拖把、菜刀、镊子、电饭锅等。凡客还自己组建了快递公司——如风达，提出了令业界瞠目结舌的服务："24 小时送货""30 天内包邮费无偿退换"和"当场试穿"等服务，甚至连洗过的衣服都可以退货。

急速扩张的品类并没有为产品的研磨、质量的把控、生产线的遴选提供充足的时间，"贴牌就卖"的疯狂使凡客变成了杂货摊不说，产品质量也越来越差，顾客渐渐远离了。高库存和物流"大把烧钱"让年轻的凡客不堪重负，形成了巨大的亏损。

现在的陈年回忆起当年，认识发生了很大的转变。"凡客用最短的时间发展成了一个规模很大的公司，也以最快的速度吸收了中国服装业所有的毛病。库存周转慢、做得太杂、急于求成，是凡客失控的根源。现在，我其实是在补课，希望能从做好一件衬衫开始，重新挽回客户的心。"

资料来源：刘晓景. 凡客从头再来 陈年这一年怎么熬过来［EB/OL］. 财新网，［2014 - 08 - 29］. http：//companies. caixin. com/2014 - 08 - 29/100722787. html.

投资项目的成败关系到创业企业的经营业绩和生存发展。在本章，我们将学习投资项目分析的方法。在第一节，我们要学习投资项目分析的概念、类型与分析流程。在第二节，我们要深入讨论投资项目分析的现金流量折现指标和非现金流量折现指标。在第三节，我们要扩展讨论互斥项目的选择、资本约束与不确定性下的投资项目决策。

第一节 投资项目分析概述

一、投资项目分析的概念与类型

投资项目分析（Investment Project Analysis）是帮助创业者进行项目投资决策的分析方法。创业者或创业企业为实现增长，进而达到创业目标，往往要进行项目投资。开发新产品、建设生产线等都是创业过程中的重要项目，这些项目往往具有目标性、长期性、唯一性和不可逆性等基本特征，因此需要预先在财务上对投资该项目进行细致的分析，以帮助创业者和企业家决定哪些方案可以接受，哪些要放弃。

按所投资对象，创业企业面临的投资项目可分为四种类型：

1. 研究与开发项目。研究与开发通常不直接产生现实的收入，而是得到一项是否投资新产品的选择权。

2. 新产品生产或现有产品的规模扩张项目。通常需要添置新的固定资产，并增加企业的营业现金流入。

3. 设备或厂房的更新项目。通常需要更换固定资产，即企业报废旧的固定资产而更换新的固定资产，更新的固定资产往往技术更先进，因此会降低企业生产成本。

4. 其他项目。包括劳动保护设施建设、购置污染控制装置等。这些决策不直接产生营业现金流入，但使企业在履行社会责任方面的形象得到改善。它们有可能减少未来的现金流出。

此外，按投资项目之间的相互关系，投资项目可分为独立项目和互斥项目。独立项目是相容性投资，各投资项目之间互不关联、互不影响，可以同时并存。独立投项目决策考虑的是方案本身是否满足某种决策标准。互斥项目是非相容性投资，各投资项目之间相互关联、相互替代，不能同时并存。因此，互斥投资项目决策考虑的是各方案之间的互斥性，互斥决策需要从每个可行方案中选择最优方案。

二、现金流量与投资项目分析流程

（一）投资项目的现金流量

企业投资项目的实施首先表现为对现金的占用，然后通过未来投资项目的运营来获得收益。投资项目的现金流量（Cash Flow）是指与项目投资决策有关的现金流入和流出的数量，它是评价投资项目是否可行的基础数据，绝大多数投资项目分析方法的计算都以投资项目的现金流量为基础。确定投资方案现金流量时应遵循的最基本的原则是：只有增量现金流量才是与项目相关的现金流量。所谓增量现金流量，是指接受或拒绝某个投资方案后，企业总现金流量因此发生的变动。只有那些由于采纳某个项目引起的现金支出增加额，才是该项目的现金流出；只有那些由于采纳某个项目引起的现金流入增加额，才是该项目的现金流入。例如，若某公司增加一新设备，则决策时只需考虑这一新设备能给公司带来的增量销售量、增量销售额、增量成本，而不必考虑公司的其他资产和收入、成本状况。

按照现金流量的发生时间，投资项目的现金流量可分为初始现金流量、经营现金流量和终结现金流量。

项目初始现金流量包括企业为使该项目完全达到设计生产能力、开展正常经营而投入的全部资金。一般来说，这些资金包括以下几个方面：一是固定资产投资，比如厂房、设备等固定资产投资的建造、购置、运输、安装等成本及与新资产相关联的资本性支出。二是净营运资本投资，为企业新投资项目对流动资产的需求，一般包括在现金、存货和应收账款等流动资产上的投资。三是其他投资费用，是与投资项目有关的人员培训费、注册费或固定资产更新时原有固定资产变价收入。变价收入是指固定资产更新时原有固定资产变卖所得的现金收入，这里当然要考虑相关税负。

项目经营现金流量是指投资项目投产后，在生产经营过程中产生的现金流量，这种现金流量一般会按照年来计算。在生产经营活动中，现金流入量主要是投资项目运营所带来的营业收入，现金流出量主要包括营运期间所发生的付现成本和税负支出。具体地，常见的经营现金流量包括以下几种：一是投资项目的营业现金收入，是指项目经营期间由于销售产品或提供服务而带来的现金流入。二是付现成本，是指实际产生了现金支付的项目，比如工人工资、销售费用等。这里尤其要注意的是，折旧并不是现金流出量，因债务融资带来的利息支付和偿还的本金也不包括在内。三是税收。四是净营运资本的变化。在项目运营期内，流动资产和流动负债会产生变化，因而导致净营运资本发生变化。很显然，净营运资本增加表示现金的占用，是现金流出量，而净营运资本的减少则意味着现金的收回，是现金流入量。

项目终结现金流量主要是与项目终止有关的现金流量，如设备变现税后净现金流入、收回营运资本现金流入等。另外，可能还会涉及弃置义务等现金流出。

（二）投资项目分析流程

投资项目分析一般按下列流程进行：

1. 项目投资方案的提出。新产品方案通常来自研发部门或营销部门，设备更新的建议通常来自生产部门等。

2. 项目投资方案的现金流估计。

3. 投资方案的价值指标计算，如净现值、内部报酬率等。

4. 评价标准设定与价值指标比较。

5. 对已接受的方案进行检验。

 专栏 8 – 1

格力进军芯片

2018 年 8 月 28 日，格力电器在其官方微信上发文称，在股东大会上，董事长董明珠表示，2019 年格力空调将率先用上自产的芯片。很多人认为，这是不切实际的幻想。而事实上，目前格力自主研发的芯片已经量产，这一目标 2019 年完全可以实现。

格力称，格力芯片公司目前"专注设计"，是纯芯片设计公司，生产是由代工厂代工，但并不排除未来格力独立自主制造芯片的可能。格力芯片公司虽然刚刚成立，但研发对标的是世界一流的集成电路产品。

格力电器早在 2015 年就已经成立半导体设计团队，现在已经可以自主设计空调机主芯片，目前在研制高端的变频驱动芯片和主机芯片。格力芯片公司不仅要实现芯片自主化，还要走出去，扩大外销。

格力介绍，目前，格力电器每年花在采购芯片上的费用达到数十亿元人民币，芯片采购自世界顶级的半导体供应商。

资料来源：格力电器：正在研制高端变频驱动芯片和主机芯片．第一财经，https：//www. yicai. com/news/100017310. html.

第二节　投资项目分析方法

投资项目分析方法一般分为现金流量折现指标和非现金流量折现指标两类。现金流量折现指标是考虑了时间价值和风险价值因素的评价方法，包括净现值法、获利指数法和内部报酬率法。非现金流量折现指标是指未考虑时间价值和风险价值因素的评价方法，包括投资回收期法和会计报酬率法两个指标。

一、现金流量折现指标

（一）净现值

1. 净现值的含义与计算。净现值（Net Present Value，NPV）等于投资项目各年净现金流量按资本成本折算成的现值之和。计算公式如下：

$$NPV = \sum_{t=0}^{n} \frac{NCF_t}{(1+i)^t} \qquad (8-1)$$

式中，NPV 为净现值；NCF_t 为第 t 年的净现金流量；i 为适当的折现率，反映了投资者的资本成本；n 为项目的寿命期。更加一般地，如果我们假定投资支出（I）全部发生在期初，那么式（8-1）可以写为

$$NPV = -I + \sum_{t=1}^{n} \frac{NCF_t}{(1+i)^t} \qquad (8-2)$$

显然，一旦确定了项目的现金流量和适用的折现率，净现值的计算将是非常简单的事情。如果每年的现金流量呈现年金特征，那么可采用年金现值直接计算；如果每年的现金流量不相等，那么可根据已知的各年净现金流量，分别乘以各年的复利现值系数，从而计算出各年折现的净现金流量，最后求出项目计算期内折现的净现金流量的代数和，就是所求的净现值。我们已经详细分析了如何计算项目的现金流量，折现率的计算在这里我们假定其是已知的，折现率（此处为资本成本）的计算见本书相关章节内容。

2. 净现值的决策准则。净现值反映了项目现金流入量现值与现金流出量现值之间的差额，或者说扣除投资支出之后，项目还剩下多少钱。我们当然希望有剩余的钱，而且还希望剩余较多的钱。所以，对于独立项目，净现值的决策法则是：若净现值大于零，则项目能提供高于资本成本的回报率，项目可行；若净现值等于零，则项目能提供等于资本成本的回报率，项目可行；若净现值小于零，则项目不可行。对于互斥项目，我们选择净现值最大的项目。

3. 净现值的优点。净现值的优点在于，第一，净现值使用了现金流量。净现值立足于项目实际收到或支付的现金，具有客观性，有利于反映项目的价值。相比之下，利润则包含了诸多的人为因素。第二，净现值包含了项目的全部现金流量。现金流量的计算包含了项目的全部寿命期，而有些投资项目评估方法忽略了某一特定时期之后的现金流量，而有些时候有些项目的大额现金流量发生在项目后期。第三，净现值对现金流量进行了合理的折现。一方面，净现值考虑了资金时间价值，将不同时期的现金流量折现到初始投资时点，有利于进行价值相加。另一方面，折现率反映了投资的风险报酬率、必要报酬率或者预期报酬率，有利于考虑投资项目的风险。

（二）获利指数

1. 获利指数的含义与计算。获利指数（Profitability Index，PI）又叫现值指数、盈利指数，是投资项目的所有未来现金流入的现值与投资的现值之间的比率。它将现金流入的现值单位化，衡量单位投资的现值能够带来多少现金流入的现值，即单位投资的投资效率。

$$PI = \frac{\sum_{t=1}^{n} \frac{CF_t}{(1+i)^t}}{CF_0} \qquad (8-3)$$

式（8-3）假定项目投资一次性在期初完成。如果存在多期投资，那么式（8-3）中的分母就应调整为各期投资的现值。

2. 获利指数的决策准则。对于独立项目而言，采纳获利指数大于1的项目；对于互斥项目而言，选择获利指数最大的项目。

3. 获利指数法与净现值的比较。显然，获利指数和净现值都是基于现金流量的现值而计算的，所以当净现值大于0时，获利指数会大于1；当净现值小于0时，获利指数会小于1。在大多数情况下，二者会得出一致的结论。

但是，获利指数是相对指标，项目投资规模直接影响获利指数的大小。当项目投资额较大时，获利指数往往较小；当项目投资额较小时，获利指数往往较大。因此，当判断投资规模不一样的互斥项目时，获利指数法与净现值法就会得出不一致的结论。这种问题与内部报酬率所面临的规模问题是一样的，因此，解决方法也一样。

另外，最高的净现值符合公司价值最大化的财务目标，而获利指数法只反映投资回收的程度，不反映投资回收额的多少。因此，在互斥项目的选择决策中，应选用净现值较大的投资项目。

4. 获利指数法的优缺点。获利指数法有两个优点。首先，考虑了项目原始投资和现金流入的现值，能够反映项目的盈利能力。其次，使用相对数反映项目投资额的效率，有利于在投资规模不同的多个项目之间进行比较，进而实现资本的最优配置。

获利指数法存在两个不足之处。首先，不能反映实际可获得的财富。其次，忽略了项目之间投资规模的差异，在应用于互斥项目的选择时，可能会作出错误的选择。

（三）内部报酬率

1. 内部报酬率的含义与计算。我们已经知道，净现值大于零意味着项目可以提供超过资本成本的回报率。那么，项目所提供的实际回报率到底是多少呢？基于绝对值的净现值方法无法提供答案。净现值方法不能揭示投资项目本身的实际报酬率，而内部报酬率方法（Internal Rate of Return Method，IRR）可以弥补这一缺陷。所谓内部报酬率，是指使项目净现值等于零时的折现率。内部报酬率取决于项目本身的现金流量，完全不受资本市场利率的影响，体现了项目的内在价值。在净现值的计算公式（8-1）中，令净现值等于零，即可得到内部报酬率的计算公式：

$$NPV = \sum_{t=0}^{n} \frac{NCF_t}{(1 + IRR)^t} = 0 \qquad (8-4)$$

式（8-4）中，由于已经确定了项目的未来现金流量，因此仅有的未知变量就是内部报酬率 IRR ，求出即可。更加直观地，我们常常使用下面的形式：

$$NPV = -I + \sum_{t=1}^{n} \frac{NCF_t}{(1 + IRR)^t} = 0 \qquad (8-5)$$

于是：

$$I = \sum_{t=1}^{n} \frac{NCF_t}{(1 + IRR)^t} \qquad (8-6)$$

可以看出，内部报酬率恰好是使项目回报等于投资支出的折现率。内部报酬率为投资者设定了一个预期报酬率的上限，即投资者所要求的回报不能高于投资项目本身所能提供的回报，否则项目收益将无法偿还资本成本。

　　如何计算内部报酬率？由于项目寿命期往往超过一年，而且项目各期现金流量的情况也比较复杂，所以我们无法使用简单的公式来求解高次方程。被广泛介绍的一种方法是"插值法"。计算过程描述如下（见图 8 - 1）：首先给定一个折现率（C 点），算出净现值；若净现值大于零，意味着分母太小，于是提高折现率，并再一次计算净现值；如此慢慢使净现值向零靠近；当发现增加折现率（D 点）后净现值小于零时，意味着分母太大，于是降低折现率，并再一次计算净现值；如此慢慢使净现值向零靠近，最终得到（E 点）。可见，插值法是首先确定一个内部报酬率的区间范围，然后在此范围内反复测试，根据测试结果确定折现率和内部报酬率之间的大小关系并逐渐调整，并最终找到使净现值等于零的那一点。毫无疑问，这是一项费时费力的工程，然而值得庆幸的是，我们一般不会要求利用插值法来手动计算内部报酬率。事实上，根据"相似三角形各边成等比例"或者 A、E、B 三点所确定的直线斜率相等的数学原理，就可以求出和横轴相交的 E 点所对应的折现率，这就是插值法找到的内部报酬率。显然，只有 A 点和 B 点二者尽可能靠近时，E 点才会尽可能地接近 F 点（真实的内部报酬率）。由于插值法要求净现值和折现率之间是直线关系，而这样的假设很难满足，所以这种方法确定的内部报酬率仅仅是真实值的近似估计。

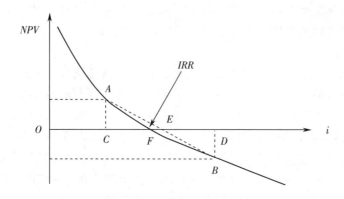

图 8 - 1　插值法原理示意

　　2. 内部报酬率决策准则。内部报酬率的决策准则是：若内部报酬率大于折现率，项目可以接受；若内部报酬率小于折现率，项目不可以接受。注意此时的折现率可以理解为资本成本、必要报酬率或者投资者的预期报酬率，内部报酬率是项目本身的实际收益率。由于资本成本可以看成是投资者所要求的最低报酬率，所以只有当项目的实际收益率大于资本成本时，投资者才能获得更高的收益率。

　　3. 内部报酬率的优缺点。内部报酬率是在令净现值等于零的条件下所求出的折现率，所以也考虑了资金时间价值和现金流量。第一，考虑了货币的时间价值，以相对数的形式反映投资项目的实际报酬率。第二，内部报酬率的概念易于理解，容易被人接受。第三，内部报酬率完全取决于项目本身的现金流量，不受资本市场利率的影响，比较客观。然而,内部报酬率的计算过程比较复杂,完全手工计算内部报酬率显得不太现实。另外,由内部报酬率的计算思路不难发现,其要求项目净现值曲线和横轴只有一个交点,这只有当初始时期是现金流出、其后始终是现金流入的常规情况下才能满足,而现实中现金流量的符号变化比较复杂,不规则变动的情况居多,所以有时很难确定内部报酬率。

二、非现金流量折现指标

(一)投资回收期

1. 投资回收期的含义与计算。投资回收期(Payback Period,PP)是一个评价项目价值的静态指标,指项目所产生的现金流量(未折现)可以回收初始投资额所需要的最短年限。令初始投资额为 CF_0,项目第 t 期的现金流量为 CF_t,T 为项目所产生现金流的期数,则投资回收期为

$$PP = T - 1 + \frac{CF_0 - \sum_{t=1}^{T-1} CF_t}{CF_T} \qquad (8-7)$$

【例8-1】对于表8-1中的A、B项目,应用公式(8-7)分别计算投资回收期。

表8-1 A、B项目现金流量与投资回收期 单位:元

项目	第0年	第1年	第2年	第3年	投资回收期(年)
A	-110000	50000	50000	50000	2.2
B	-10000	5050	5050		1.98

对于A项目,T 为3,投资回收期为

$$PP = 3 - 1 + \frac{110000 - (50000 + 50000)}{50000} = 2.2(年)$$

对于B项目,T 为2,投资回收期为

$$PP = 2 - 1 + \frac{10000 - 5050}{5050} = 1.98(年)$$

2. 投资回收期决策准则。投资回收期法是用项目回收的速度来衡量投资方案。对于独立项目,如果投资回收期少于标准年限(或最低),则项目可行,否则不可行。对于替代项目,则选择投资回收期最短的项目。可见,所计算出的投资回收期本身并不能告诉我们项目是否可行,它必须与一个事先确定的回收期比较之后才能确定项目的可行性。

3. 投资回收期的优缺点。该方法的优点。第一,计算简单,便于理解。第二,以投资额的投资回收速度来反映项目风险。若将风险理解为初始投资额遭受损失的可能性,那么较短的投资回收期意味着项目可以在短期内收回投资,因而项目风险较小。第三,便于评估管理人员的决策能力。通过投资回收期,我们可以直接判断项目是否

在规定的时间内收回了投资，而净现值只有在项目终了时才能判断项目的盈利性。

该方法的缺点。第一，没有考虑资金的时间价值。它将不同时期的现金流量直接加减，忽视了资金在不同时间具有不同价值的公司财务原则。解决此问题的一个方法是将每期的现金流量折现之后再来计算投资回收期，这被称为动态的投资回收期方法。第二，没有考虑投资回收期内现金流量的排列。虽然投资回收期相同，但是现金流量大小的发生次序不同，项目的价值也会不同。比如表8-2中的项目A与B。第三，没有考虑投资回收期之后的现金流量，而项目价值很显然应该包括所有时期的现金流量。比如表8-2中的项目C。第四，投资回收期法需要事先确定一个参照标准，参照标准的选择不能从市场中获得，其选择往往带有很强的主观臆断性。第五，不能测定盈利。投资回收期法只告诉了我们项目初始投资额的回收时间，不能提供项目是否盈利的信息。

表8-2   A、B、C项目现金流与投资回收期   单位：元

项目	第0年	第1年	第2年	第3年	第4年	投资回收期（年）
A	-100	20	30	50	60	3
B	-100	50	30	20	60	3
C	-100	50	30	20	6000	3

因此，投资回收期法常常被用来筛选大量的小额投资项目，这些项目仅需要简略地判断其风险。

（二）会计报酬率

1. 会计报酬率含义与计算。会计报酬率（Accounting Rate of Return，ARR）是年平均净利润占总投资的百分比，也称为投资报酬率。它在计算时使用会计报表上的数据。

$$ARR = \frac{年平均净利润}{原始投资额} \times 100\% \qquad (8-8)$$

【例8-2】考虑一个成本为9000元的3期项目，按照直线折旧法计提折旧，相关信息见表8-3。

表8-3   项目会计报酬率法   单位：元

项目	第0年	第1年	第2年	第3年
折旧	0	3000	3000	3000
账面净值	9000	6000	3000	0
净利润	0	3000	2000	1000

年平均净利润为

$$年平均净利润 = \frac{3000 + 2000 + 1000}{3} = 2000（元）$$

则会计报酬率为

$$ARR = \frac{2000}{9000} \times 100\% = 22\%$$

2. 会计报酬率决策准则。显然，如果会计报酬率大于企业目标的会计收益率，则项目可行。

3. 会计报酬率的优缺点。会计报酬率最大的优点就是直接使用财务报表的相关信息进行计算，比较简单，概念也比较容易理解。但是，它也面临着使用会计的净收益而不是财务上的现金流量、没有考虑资金的时间序列、未能提出一个合理的目标收益率等诸多问题。

第三节　投资项目分析的扩展

一、互斥项目的选择

互斥项目（Mutually Exclusive Projects）之间存在相互的替代性，企业只能选择其一，而不会同时选择，企业面临的是择优的问题。如果一个项目方案的所有评价指标，包括净现值、内含报酬率、回收期和会计报酬率，均比另一个项目方案好一些，我们在选择时不会有什么困扰。如果评价指标出现矛盾时，要追溯出现矛盾的原因是什么。如果是由于投资额不同引起的（项目的寿命相同），对于互斥项目应当净现值法优先，因为它可以给股东带来更多的财富。如果矛盾是项目有效期不同引起的，有共同年限法和等额年金法两种办法，下面介绍相对简便易行的等额年金法。

等额年金法（Level Payment Method）计算步骤如下：首先计算两个项目的净现值；然后计算净现值的等额年金额；最后计算等额年金的永续净现值。其决策原则是选择永续净现值最大的方案。

二、资本约束下的投资项目决策

资本约束下（Capital Constraint）的投资项目决策是指在企业投资资金已定的情况下所进行的投资决策，也就是说，尽管存在很多有利可图的投资项目，但由于无法筹集到足够的资金，只能在已有资金的约束下进行决策。

在资金有限的情况下，决策的原则是使企业获得最大的利益，即将有限的资金投放于能使净现值最大的项目。这样的项目可以通过以下两种方法筛选。

（一）获利指数法

获利指数法是以各投资项目获利指数的大小进行项目排队，以已获投资资金为最高限额，并以加权平均获利指数为判断标准的最优化决策方法。该方法的应用步骤是：

第一步，计算所有投资项目的获利指数，并列出每一个项目的初始投资。

第二步，接受所有获利指数≥1的项目，并按获利指数的大小进行项目的顺序排队。如果所有可接受的项目都有足够的资金，则说明资本没有约束，这一过程即可完成。

第三步，在已获投资资金不能满足所有获利指数≥1的项目需求的情况下，应对所有项目在资本限量内进行各种可能的组合，然后计算出各种组合的加权平均获利指数。

第四步，接受加权平均获利指数最大的一组项目。

（二）净现值法

净现值法是以已获投资资金为最高限额，并以净现值总额最大为判断标准的最优化决策方法。该方法的应用步骤是：

第一步，计算所有项目的净现值，并列出每一项目的初始投资。

第二步，接受所有净现值≥0的项目，如果所有可接受的项目都有足够的资金，则说明资本没有约束，这一过程即可完成。

第三步，在已获投资资金不能满足所有的净现值≥0的投资项目需求的情况下，应将所有的项目在已获投资资金限量内进行各种可能的组合，并计算出各种组合的净现值总额。

第四步，接受净现值总额最大的投资组合为最优组合。

在理想状态下，如果资本市场有效，好的项目可以筹到所需资金。公司有很多投资机会时，经理的责任是到资本市场去筹资，并且应该可以筹到资金，不管是什么类型的企业。但在现实中，创业企业面临资本约束是常态，因此获利指数法排序和净现值法排序就成为有用的工具。

三、不确定性下的投资项目决策

项目投资面临着较大的不确定性（Uncertainty），敏感性分析是常用的分析不确定性的方法。敏感性分析（Senstivity Analysis）就是从众多不确定性因素中找出对投资项目现金流量有重要影响的敏感性因素，并分析、测算其对项目现金流量的影响程度和敏感性程度，进而判断项目承受风险能力的一种不确定性分析方法。

敏感性分析在现实中的项目评估和分析中有重要作用，主要表现在以下几个方面：

（1）确定影响项目经济效益的敏感因素，发现最敏感、影响最大的主要变量因素，找出产生不确定性的根源，采取相应有效措施。

（2）计算主要变量因素的变化引起项目经济效益评价指标变动的范围，使决策者全面了解建设项目投资方案可能出现的经济效益变动情况，以减少和避免不利因素的影响，改善和提高项目的投资效果。

（3）通过各种方案敏感度大小的对比，区别敏感度大或敏感度小的方案，选择敏感度小的，即风险小的项目作投资方案。

（4）通过可能出现的最有利与最不利的经济效益变动范围的分析，为投资决策者预测可能出现的风险程度，并对原方案采取某些控制措施或寻找可替代方案，为最后确定可行的投资方案提供可靠的决策依据。

敏感性分析在项目评估中的实际应用可通过例【8-3】说明。

【例8-3】某城市拟新建一座大型化工企业，计划投资3000万元，建设期3年，考虑到机器设备的有形损耗与无形损耗，生产期定为15年，项目报废时，残值与清理费正好相等。投资者要求项目的投资收益率不低于12%。试通过敏感性分析判断该项目是否可行以及应采取的措施。

1. 正常情况下的项目评估。在正常年份，项目预测的各项收入与支出情况可见表8-4，以目标收益率为折现率，可计算出正常情况下的净现值和内部报酬率。

表8-4　　　　　　　　　某化工企业新建项目基本情况表　　　　　　　　单位：万元

年份	投资成本	销售成本	生产成本	净现金流量	12%折现系数	净现值
	(1)	(2)	(3)	(4) = (2) - (1) - (3)	(5)	(6) = (4) × (5)
1	500			-500	0.8929	-446.45
2	1500			-1500	0.7972	-1195.80
3	1000	100	70	-970	0.7118	-690.45
4		4000	3600	400	0.6355	254.20
5		5000	4300	700	0.5674	397.18
6~15		6300*	5400*	900*	3.2061**	2885.31
合计	3000	72100	61970	7130		1203.99

注：* 为单年数值，下同。** 为折现率为12%时第6~15年时的年金现值系数，下同。

运用 Excel，可以得到如下结果：净现值 NPV = 1203.99，内部报酬率 IRR = 19.73%。从计算结果可以看出，该项目正常情况下的净现值为正值，且数值较大；内部报酬率也高于投资者期望收益率，具有较大吸引力。对此类项目成本效益影响较大的因素是投资成本、建设周期和生产成本，我们分别对这些因素进行敏感性分析。

2. 投资成本增加的敏感性分析。假定该项目由于建筑材料涨价，投资成本上升15%，原来3000万元的投资额增加为3450万元。进行敏感性分析时，首先在基本情况表中对投资成本一栏加以调整，算出净现值，然后再计算内部报酬率（见表8-5）。

表8-5　　　　　　　某化工企业投资成本增加15%时的敏感性分析表　　　　　　单位：万元

年份	投资成本	销售成本	生产成本	净现金流量	12%折现系数	净现值
	(1)	(2)	(3)	(4) = (2) - (1) - (3)	(5)	(6) = (4) × (5)
1	500+450			-950	0.8929	-848.26
2	1500			-1500	0.7972	-1195.80
3	1000	100	70	-970	0.7118	-690.45
4		4000	3600	400	0.6355	254.20
5		5000	4300	700	0.5674	397.18
6~15		6300*	5400*	900*	3.2061**	2885.31
合计	3450	72100	61970	6680		802.18

从 Excel 中计算可得，净现值为802.18万元，内部报酬率为16.49%。表明在其他

条件不变，投资成本上升 15% 时，该项目的效益虽然下降，但仍高于投资者的期望，项目仍可实施。

3. 项目建设周期延长的敏感性分析。假定该项目在施工过程中，由于台风暴雨，部分工程返工停工，建设周期延长一年，并由此导致投资增加 100 万元。试生产和产品销售顺延一年，预测数据及计算结果见表 8-6。

表 8-6　　　　　　　　　某化工企业建设周期延长一年的敏感性分析表　　　　　　单位：万元

年份	投资成本 (1)	销售成本 (2)	生产成本 (3)	净现金流量 (4) = (2) - (1) - (3)	12%折现系数 (5)	净现值 (6) = (4) × (5)
1	500			-500	0.8929	-446.45
2	1400			-1400	0.7972	-1116.08
3	900			-900	0.7118	-640.62
4	300	100	70	-270	0.6355	-171.59
5		5000	4300	700	0.5674	397.18
6~15		6300 *	5400 *	900 *	3.2061 **	2885.31
合计	3100	68100	58370	6630		907.75

通过 Excel 计算可得，净现值为 907.75 万元，内部报酬率为 17.63%。计算表明，该项目对工期延长一年的敏感度不高，内部报酬率在 17% 以上，项目可以进行。

4. 生产成本增加的敏感性分析。假定由于原材料和燃料调价，该项目投产后，生产成本上升 5%，其他条件不变。基本情况表中的数据调整后，可见表 8-7。

表 8-7　　　　　　　　　某化工企业生产成本上升 5% 的敏感性分析表　　　　　　单位：万元

年份	投资成本 (1)	销售成本 (2)	生产成本 (3)	净现金流量 (4) = (2) - (1) - (3)	12%折现系数 (5)	净现值 (6) = (4) × (5)
1	500			-500	0.8929	-446.45
2	1500			-1500	0.7972	-1195.80
3	1000	100	73.5	-973.5	0.7118	-692.94
4		4000	3780	220	0.6355	139.81
5		5000	4515	485	0.5674	275.19
6~15		6300 *	5670 *	630 *	3.2061 **	2019.72
合计	3000	72100	64995.5	3546.5		99.53

通过 Excel 计算可得，此时净现值为 99.53 万元，内部报酬率为 12.71%。计算表明，生产成本上升对项目效益影响较大，生产成本上升 5%，导致内部报酬率下降 7 个百分点。但由于仍高于 12% 的期望收益率，并可获 99 万余元净现值，所以在控制成本不再上升的条件下，此方案仍可行。

5. 整个项目的敏感性分析汇总。我们已经对投资成本上升15%，建设周期延长一年，生产成本上升5%等三个变化因素进行了敏感性分析。汇总结果可见表8－8。

表8－8　　　　　　　　　　某化工厂三个主要因素敏感性分析汇总表

敏感因素	净现值（万元）	与基本情况差异（万元）	内部报酬率（%）	与基本情况差异（%）
1. 基本情况	1203.99	0	19.73	0
2. 投资成本上升15%	802.18	-401.81	16.49	-3.24
3. 建设周期延长一年	907.75	-296.24	17.63	-2.10
4. 生产成本上升5%	99.53	-1104.46	12.71	-7.02

从汇总表中可以得知，某化工厂新建项目对分析的三类影响因素的敏感程度顺序为：生产成本上升5%，投资成本上升8%，建设周期延长一年。这三个因素发生时净现值仍为正值，仍能实现投资者期望收益率。假如净现值出现负值，就必须提出切实措施，以确保方案有较好的抗风险能力，否则就另行设计方案。

敏感性分析是不确定性分析中的一个重要方法，在充分肯定其作用的同时，也必须注意它的局限性，主要表现在以下两个方面：

（1）敏感性分析只是孤立地研究每个变量的变化，而忽略了变量之间可能相互影响的事实。

（2）每种影响因素的变化幅度是由分析人员主观确定的，因此敏感性分析得出的预测可能带有较大的片面性，甚至导致决策失误。

因此，运用敏感性分析方法时，必须注意各种影响因素之间的相互关系，广泛开展调查研究，尽量使收集的数据客观、完整，克服预测中的主观片面性，为决策者提供可靠的依据。

如果分析两种或两种以上的不确定性因素同时发生变动对项目经济效益值的影响程度，则被称为多因素敏感性分析法。多因素敏感性分析法是在单因素敏感性分析基础之上进行的，分析的基本原理与单因素敏感性分析大体相同。但毫无疑问，多因素敏感性分析法要复杂得多。有兴趣的读者可以参阅其他教材。

本章要点

1. 投资项目分析是帮助创业者进行项目投资决策的分析方法。按所投资对象，创业企业面临的投资项目可分为研究与开发项目、新产品生产或现有产品的规模扩张项目、设备或厂房的更新项目、其他项目四种类型。按投资项目之间的相互关系，投资项目可分为独立项目和互斥项目。

2. 增量现金流量，是指接受或拒绝某个投资方案后，企业总现金流量因此发生的变动。

3. 按照现金流量的发生时间，投资项目的现金流量可分为初始现金流量、经营现金流量和终结现金流量。

4. 净现值反映了项目现金流入量现值与现金流出量现值之间的差额，或者说扣除投资支出之后，项目还剩下多少钱。

5. 获利指数又叫现值指数、盈利指数，是投资项目的所有未来现金流入的现值与投资的现值之间的比率。它将现金流入的现值单位化，衡量单位投资的现值能够带来多少现金流入的现值，即单位投资的投资效率。

6. 内部报酬率，是指使项目净现值等于零时的折现率。内部报酬率取决于项目本身的现金流量，完全不受资本市场利率的影响，体现了项目的内在价值。

7. 回收期是一个评价项目价值的静态指标，指项目所产生的现金流量（未折现）可以回收初始投资额所需要的最短年限。

8. 会计报酬率则直接使用净利润判断项目价值，它等于投资项目的年平均净利润与该项目年平均投资额的比率。

9. 互斥项目之间存在着相互的替代性，企业只能选择其一，而不会同时选择，企业面临的是择优的问题。

10. 资本约束下的投资项目决策是指在企业投资资金已定的情况下所进行的投资决策，可使用获利指数法和净现值法进行筛选。

11. 敏感性分析就是从众多不确定性因素中找出对投资项目现金流量有重要影响的敏感性因素，并分析、测算其对项目现金流量的影响程度和敏感性程度，进而判断项目承受风险能力的一种不确定性分析方法。

关键术语

投资项目分析　独立项目　互斥项目　增量现金流量　初始现金流量
经营现金流量　终结现金流量　净现值　获利指数　内部报酬率　投资回收期
会计报酬率　敏感性分析

进阶阅读

1. 中国注册会计师协会. 财务成本管理［M］. 北京：中国财政经济出版社，2019.

2. 荆新，王化成，刘俊彦. 财务管理学（第 8 版）［M］. 北京：中国人民大学出版社，2018.

3. ［美］罗斯，等. 公司理财（原书第 11 版）［M］. 吴世农，等译. 北京：机械工业出版社，2017.

复习思考题

1. 何谓现金流量？投资项目的现金流量由几个部分组成？

2. 简述净现值方法的优缺点。

3. 什么是内部报酬率？其决策准则是什么？

4. 如何理解内部报酬率和净现值的区别与联系？

5. 为什么回收期法在实践中会得到比较广泛的使用?

6. 创业企业如何利用敏感性分析,进行投资项目评估与分析?

7. 某公司决定进行一项投资,投资期为 3 年。每年年初投资 2000 万元,第 4 年年初开始投产,投产时需垫支 500 万元营运资金,项目寿命期为 5 年,5 年中会使企业每年增加销售收入 3600 万元,每年增加付现成本 1200 万元,假设该企业所得税税率为 30%,资本成本为 10%,固定资产无残值,项目结束时收回垫支营运资金。计算该项目投资回收期、净现值。

8. A 公司打算更换一批新设备,新设备需要投资 900 万元(设备无残值),预计新设备能够将单位成本从当前的 8 元降至 4 元。但未来的销售量和成本以及新设备的使用年限仍有不确定性,估计如下表所示。

变量	悲观情形	正常情形	乐观情形
销售量(万件)	40	50	70
单位成本(元/件)	6	4	3
设备使用年限(年)	7	10	13

假设资本成本为 12%,不考虑税收,请对 A 公司更换设备的决策进行敏感性分析。

案例分析

科创板拟上市企业投资项目分析

在第二章的案例分析中,你已经选择了一个感兴趣的科创板拟上市企业,并根据该企业的财务报表对其进行了财务分析。在本章中,继续对该企业的募集资金投资项目进行分析。

讨论题

1. 试分析该公司募集资金投资项目的实施背景及必要性。

2. 试分析该公司募集资金投资项目与公司现有业务的关系。

3. 试分析该公司募集资金投资项目的现金流。

4. 试分析该公司募集资金投资项目的经济效益指标。

5. 如果该公司募集资金投资项目成本上升,会对经济效益指标有什么影响?

6. 如果该公司募集资金投资项目所带来的预期收入下降,会对经济效益指标有什么影响?

第九章　创业企业价值评估

学习目标

1. 理解企业价值评估的概念及创业企业估值的特点；
2. 掌握现金流量折现估值法的原理与方法；
3. 掌握相对估值法的原理与方法；
4. 掌握风险资本估值法的原理与方法；
5. 理解成本法和清算价值法的原理与方法。

开篇案例

百济神州价值几何？

2018 年 7 月 28 日，中国生物科技企业百济神州在美国纳斯达克交易所公布香港第二上市招股详情。公司计划在香港交易所发行 6560 万股新股，每股建议招股价 94.4 港元至 111.6 港元，最多集资 73.21 亿港元。

2010 年，百济神州作为一家研发型公司在北京成立，其使命是在发现、开发和商业化创新型分子靶向肿瘤免疫药物治疗癌症方面成为全球领军者。2016 年，百济神州在纳斯达克交易所挂牌交易。公司目前拥有三款处于临床后期阶段的核心研发产品，分别为小分子 BTK 抑制剂 Zanubrutinib、针对免疫检查点受体 PD – 1 的人源化单克隆抗体 Tislelizumab，以及 PARP1 和 PARP2 酶小分子抑制剂 Pamiparib。

根据公司计划，百济神州拟将上述前两款药物推向市场。根据美股招股书，针对 Zanubrutinib，公司计划于 2018 年向中国递交用于治疗套细胞淋巴瘤的首个新药申请，并于 2019 年上半年向美国食品和药品管理局提交新药申请，以寻求对治疗华氏巨球蛋白血症的加速审批。此外，针对 Tislelizumab，公司亦计划于 2018 年向中国递交用于治疗经典型霍奇金淋巴瘤的首个新药上市申请。

百济神州研发的 PD – 1 类药物，原理是利用患者自身免疫功能消灭肿瘤，可以治疗多种癌症，被称作"广谱抗癌药"。2017 年 7 月，百济神州以近 14 亿美元的交易额，将公司 PD – 1 抗体在全球范围内用于治疗血液系统恶性肿瘤的开发和商业化工作，以及有关抗体在亚洲（日本除外）用于治疗实体肿瘤的开发和商业化工作，授权于美国新基公司（Celgene）。这一价格创下了国内药企单品种权益转让新纪录。

与此同时，百济神州接手了新基公司在中国的商业化团队，拥有新基公司在中国三款获批准抗癌治疗产品的独家授权。招股书称，随着代理产品在中国的进一步推广，2018 年相关药物销售会产生更多营收。

根据招股书，百济神州目前收入来源包括上述三款产品的销售，以及与其他医药公司的合作费。截至 2017 财年，百济神州取得收入约 2.55 亿美元，其中产品收入 2442.8 万美元，2016 财年无相关收入；合作收入约 2.3 亿美元，同比增长约 214 倍。截至 2018 年 3 月 31 日，第一季度公司产品收入为 2325 万美元，合作收入为 929.4 万美元，公司 2017 财年同期未录得有关收入。

百济神州目前仍处于亏损阶段。2017 财年，百济神州归属公司净亏损额达约 9603.4 万美元，亏损额同比收窄 19.45%。2018 年前三个月，归属公司净亏损额达约 1.05 亿美元，同比增长 1.07 倍。

百济神州在招股书中披露投资风险称，公司自成立以来已蒙受重大净亏损，在可预见的未来亦将继续产生净亏损，如果任何药物在临床试验中失败、未获监管部门审批或未获市场接受，公司可能永远无法盈利，即使盈利亦无法持续。

那么，我们应如何评估创业企业的价值呢？

资料来源：尉奕阳. 百济神州赴港第二上市，最多集资 73 亿港元［EB/OL］. 财新网，［2018 – 07 – 29］. http：//companies. caixin. com/2018 – 07 – 29/101309610. html.

创业者创业的目标在于实现创业价值。在本章，我们将学习创业企业价值评估的方法。在第一节，我们一般性地介绍了创业企业价值评估的概念、价值评估的流程和创业企业价值评估的特点。在第二节，我们介绍现金流量折现估值法的相关内容。在第三节，我们介绍相对估值法的相关内容。在第四节，我们介绍风险资本估值法的相关内容。在第五节，我们介绍成本法和清算价值法的原理与方法。

第一节　创业企业价值评估概述

一、企业价值评估的概念

企业价值评估简称企业估值，或公司估值（Corporate Valuation），目的是评估一个企业的公平市场价值，并提供有关信息以帮助企业股东和其他相关方改善决策。公平的市场价值是指在公平的交易中，熟悉情况的双方，自愿进行资产交换或债务清偿的金额。资产被定义为未来的经济利益，资产的公平市场价值就是未来现金流的现值。因此，企业的公平市场价值可以定义为企业持续经营所产生的预期现金流量的现值——通过折现反映资金的时间价值和现金流风险。

$$企业价值 = \sum_{t=1}^{\infty} \frac{E(CE_t)}{(1+r)^t} \qquad (9-1)$$

式中，$E(CF_t)$ 是期间 t 的预期现金流，r 是用于现金流折现的调整过风险的折现率。

二、关于价值的再讨论

（一）企业价值与项目价值

企业价值（Corporate Value）是指把一个企业作为有机整体，依据其整体获利能力，对其公平市场价值进行的综合性评估。项目价值（Project Value）仅是对企业中的某个项目进行评估，其评估的目的是在可行性分析的基础上，确定项目未来的发展前景。

（二）会计价值与现时市场价值

会计价值（Book Value）是指资产、负债和所有者权益的账面价值。会计价值大多使用历史成本计算，而不能准确地反映企业的公平市场价值。现时市场价值（Market Value）是指按现行市场价格计量的资产价值，它可能是公平的，也可能是不公平的。

（三）持续经营价值与清算价值

持续经营价值（Going Concern Value）是企业持续经营，给其所有者带来的未来现金流的现值。清算价值（Liquidation Value）是指企业停止经营，出售资产产生的现金价值。这两者的评估方法和评估结果有明显区别。当持续经营价值超过清算价值时，所有者会选择持续经营。如果持续经营价值低于清算价值，所有者一般会选择清算。一个企业的公平市场价值，是其持续经营价值与清算价值中较高的一个。

（四）实体价值与股权价值

企业的实体价值（Entity Value）是企业全部资产的总体价值，也是股权价值与净债务价值之和。企业的股权价值（Equity Value）是企业股权的公平市场价值。

例如，A 企业以 1 元钱的价格买下了 B 企业的全部股份，并承担了 B 企业原有的 1 亿元的债务，收购的经济成本是 1 亿零 1 元。通常，人们说 A 企业以 1 元钱收购了 B 企业，这种说法其实并不准确。对于 A 企业的股东来说，他们不仅需要支付 1 元现金，而且要以书面契约形式承担 1 亿元的债务。实际上，他们需要支付 1 亿零 1 元，1 元钱现在支付，另外 1 亿元将来支付，因此，他们用 1 亿零 1 元购买了 B 企业的全部资产。可见，企业的资产价值与股权价值是不同的。

（五）少数股权价值与控股权价值

企业的所有权（Ownership）和控股权（Controlling Stake）是两个极为不同的概念。控股权，也称为控制权，是指拥有公司一定比例以上的股份，或通过协议方式能够对公司实行实际控制的权力，即对公司的一切重大事项拥有实际上的决定权。

少数股权与控股权的价值差异，明显地出现在股权交易当中。一旦控股权参加交易，股价会迅速飙升，甚至达到少数股权价值的数倍。在评估企业价值时，必须明确拟评估的对象是少数股权价值，还是控股权价值。

获得企业的少数股权，是承认企业现有的管理和经营战略，投资者只是一个财务投资者。获得企业的控股权，投资者成为企业的实际控制人，不仅意味着取得了未来现金流的索取权，而且获得了改变企业生产经营方式的充分自由，将极大地影响企业的价值。控股权溢价是指控制权交易中超出股份的市场价值的利益，一般为控股股东享有。

 专栏 9－1

大宗股权溢价法

大宗股权溢价法由 Barclay 和 Holderness（1989）首先提出，其采用大宗股权转让价格相对于转让消息公告后二级市场股票价格的溢价水平来测度控制权私人收益。Barclay 和 Holderness（1989）的研究发现，1978—1982 年美国 63 笔大宗交易的成交价格明显高于转让消息公告后的二级市场价格，平均溢价水平为 20%。Dyck 和 Zingales（2004）选取 1990—2000 年 39 个国家的 393 宗控制性股份转让交易组成面板数据，对样本国的控制权私人收益进行估计。他们的研究发现，样本国平均的控制权私人收益水平为 14%。但不同国家之间存在巨大差异，其中日本的溢价水平最低（-4%），巴西的溢价水平最高（65%）。控制权私人收益水平在不同国家之间的差异成为不同国家金融发展水平存在差异的直接证据。对于很多发生控制性股份转让的公司，可以利用大宗股权转让价格相对于转让消息公告后二级市场股票价格（市场价格）或每股净资产会计价格之间的溢价水平来间接测度控制权私人收益。

资料来源：郑志刚，吴新春，梁昕雯. 高控制权溢价的经济后果：基于"隧道挖掘"的证据 [J]. 世界经济，2014（9）.

三、企业价值评估的流程

企业价值评估不是一次性的，它是一个过程。评估的步骤如下：

1. 决定价值评估的主要依据和目标。那就是回答以下问题：我们为什么要进行价值评估，我们想要评估企业的什么价值？

2. 收集与评估相关的数据。

3. 选择合适的评估模型。企业将根据评估目标、评估数据等多方面的考虑来决定哪种模型更合适。

4. 将选定的评估模型用于实际评估。在这一步，通过计算和估计得到企业价值。

5. 对评估结果进行检验，确保评估结果尽可能接近事实。

四、创业企业特点对价值评估的影响

成功的创业企业会经历种子期、起步期、生存期、快速增长期和成熟初期这几个阶段。随着创业企业所处生命周期的不同，评估的难度也不一样。具体而言，创业企业的下列特点给估值带来了较大难度。

1. 创业公司的高成长性和高风险性。创业企业存在迅速成长的潜在可能性，一旦投资成功便可以获得极高的收益。然而，创业企业由于其技术、管理、市场、产品都很不成熟，加之受外部环境影响大，蕴藏着很大的不确定性，有极大的风险。很多

创业企业无法闯过磨难，走到快速增长期，也无法确定那些能够生存下来的公司，何时才能走进快速增长期。只有精心策划，努力工作，再加一点小运气，才有可能避免高风险带来的损失，才有可能实现公司增值和高额投资收益。高成长性和高风险性意味着对估值模型的参数进行相对精确的预测非常困难。

2. 创业企业经营历史短、资产少。创业企业经营期较短，基本没有或只有很少的资产，绝大部分价值来自于未来的预期增长。这类公司当期的财务报表根本无法反映未来的潜在利润率或回报率，也没有过往数据可用来推导风险指标，这使得其业务的经营状况和盈利情况难以预测。

3. 可比企业少且交易数据不公开。创业公司一般都具有创新性，是尚未开拓的市场领域，在公开市场中难以找到真正可比的公司进行比较估值。在非公开市场中可能可以找到相应的可比公司，但非公开市场中可比公司的经营与交易数据一般难以获得，给企业估值带来了很大的困难。

4. 创业团队对公司价值影响巨大。创业企业的成功通常取决于某个或某些关键人物，创业团队对公司价值影响巨大。人才流失会对创业企业价值产生极大影响，更有可能直接导致创业失败。同样的项目，只有少数好的团队可以成功实施，而大多数创业团队将面临失败。

价值评估使用的评估方法是科学与艺术的结合：一方面它使用许多定量分析模型，具有一定的科学性和客观性；另一方面它又使用许多主观估计的数据，带有一定的艺术性和主观性。

 专栏 9 – 2

"独角兽"企业与"瞪羚"企业

独角兽企业的概念，在 2013 年由种子轮基金牛仔创投（Cowboy Ventures）的创始人艾利·李（Aileen Lee）提出，指那些发展速度快、稀少、投资者追捧的创业企业。衡量一个企业是否为独角兽有如下两个标准，一是企业成立不超过 10 年，并接受过私募投资，同时是尚未上市的初创企业；二是企业的估值超过 10 亿美元，其中估值超过100 亿美元的企业又被定义为超级独角兽。

"瞪羚"一词源自硅谷，最初由美国麻省理工学院教授戴维·伯奇（David Birch）提出，指跨越死亡谷、进入快速成长期高成长型企业，因为它们具有与"瞪羚"共同的特征——个头不大、跑得快、跳得高，这样的企业，不仅年增长速度可以轻易超越一倍、十倍、百倍、千倍以上，还可以迅速实现 IPO。经济合作与发展组织（OECD）的定义区分了高成长企业和瞪羚企业，其定义高成长企业是三年中年化收入增长率超过 20%，至少拥有 10 名以上的员工的企业；瞪羚企业是成立时间不超过 5 年且符合高成长企业标准。

根据科技部火炬中心和长城战略咨询联合发布的《中国独角兽企业发展报告》《国家高新区瞪羚企业发展报告》，2018 年，全国共涌现出独角兽企业 164 家，蚂蚁金服、滴滴出行、小米等企业估值占据榜单前列；国家高新区瞪羚企业数量达 2857 家，是 2015 年的近一倍，所有企业研发投入高达 7%，近三年年均收入增长率超过 35%。

资料来源：作者整理。

第二节　现金流量折现估值法

一、现金流量折现估值法的原理

现金流量折现模型（Discounted Cash Flow Model）是企业价值评估中广泛使用的模型，其基本思想为任何资产的价值是其产生的未来现金流量按照含有风险的折现率计算的现值。

如前所述，任何资产都可以使用现金流量折现模型来估价：

$$资产价值 = \sum_{t=1}^{n} \frac{E(CF_t)}{(1+r)^t} \tag{9-2}$$

模型中 $E(CF_t)$ 是期间 t 的预期现金流量。对于创业企业而言，是指企业的实体现金流量，即企业全部现金流入扣除成本费用和必要的投资后的剩余部分，它是企业一定期间可以提供给所有投资人的税后现金流量。模型中的 r，是计算现值使用的折现率，折现率是现金流量风险的函数，风险越大折现率越大。因此，折现率和现金流量要相互匹配。实体现金流量一般用企业的加权平均资本成本来折现。模型中的 n，是指产生现金流量的时间，通常用"年"数来表示。

企业的寿命是不确定的，通常会采用持续经营假设，即假设企业将无限期地持续下去。但是预测无限期的现金流量数据是很困难的，时间越长，预测越不可靠。为了避免预测无限期的现金流量，大部分估值将预测的时间分为两个阶段。第一阶段是有限的、明确的预测期，称为"详细预测期"，简称"预测期"，在此期间需要对每年的现金流量进行详细预测，并根据现金流量模型计算其预测期价值。第二阶段是预测期以后的无限时期，称为"后续期"或"永续期"，在此期间假设企业进入稳定状态，有一个稳定的增长率，可以用简便方法直接估计后续期价值。后续期价值也被称为"永续价值"或"残值"。这样企业价值被分为两部分：

$$企业价值 = 预测期价值 + 后续期价值 = \sum_{t=1}^{n} \frac{E(CF_t)}{(1+r)^t} + \frac{E(CF_{n+1})}{(r-g)(1+r)^n} \tag{9-3}$$

式中，n 为预测期的时间，g 为后续期企业的稳定增长率。

现金流量折现估值法的估值步骤为：

（1）确定详细预测期数（n）。详细预测期的时间长短选取应以适中为原则。如果详细预测期太短，则终值占比很大，而终值是以十分简单的假设估算的结果，这将降低估值可靠性。详细预测期也不是越长越好，因为期限越长，预测的可靠程度就越低。

一般来说，详细预测期的结束以目标公司进入稳定经营状态为基准。对周期性很明显的行业来说，可能没有一个长期稳定的经营状态，此时，详细预测期至少应当包括一个完整的商业周期。

（2）计算详细预测期内的每期现金流量 $[E（CF_t）]$。

（3）计算折现率（r）。折现率的选择取决于使用的现金流量，二者要对应。

（4）计算后续期价值。后续期价值的常用计算方法是终值倍数法和 Gordon 永续增长模型。

（5）对预测期现金流量折现后的预测期价值及后续期价值加总得到企业价值。

现金流量折现估值法具有以下优点：

（1）理论完善。通过预测未来若干年的现金流量，并用恰当的折现率（通常为加权平均资本成本）和终值计算这些现金流量及终值的现值，从而预测出合理的公司价值这一方法既考虑了资金的风险，又考虑了资金的时间价值，是理论上最完善的估值方法。

（2）现实吻合。为了预测公司未来的现金流量，需要先按照公司的业务流程建立一个估值模型。好的估值模型可以充分反映公司采购、生产及销售等各个业务环节。设计好估值模型的结构后，根据公司未来的经营战略，把相应的数据输入模型，最终得到预测的现金流量。因此，通过现金流量折现估值法计算的估值模型与公司的经营现实基本吻合。

（3）受市场短期及周期性变化的影响较少。利用现金流量折现估值法进行估值的预测期要超过公司的成熟期，由于预测期较长，因此可以完全覆盖掉市场短期情况或者行业周期性变化对估值的影响。

创业企业使用现金流量折现估值法进行估值有以下两点局限性：

（1）估值方法复杂，工作量大。首先，现金流量折现估值法的结构复杂，并且估值模型的建立需要充分了解行业和公司的情况；其次，现金流量折现估值法的估值模型并不是建立在一系列固定不变的数据的基础上的，因此在行业未来前景出现变化或者公司的经营策略转变的情况下，需要随时调整模型所需要输入的数据。因此，相对于其他估值法而言，现金流量折现估值法的工作量较大。

（2）估值区间的范围大，估值结果可用性有限。现金流量折现估值法的准确性有赖于对未来现金流量的精确判断，对于难以预测销售和成本走势的公司而言，很难准确预测未来的现金流量。仅预测未来几年的现金流量已经很困难，无限延长后的预测数字，其准确性更值商榷。为了保证公司的真实价值处于估值区间，就需要对众多假设进行敏感性分析，从而最终得到估值区间。

二、现金流量折现估值法案例

【例 9-1】A 企业成立于 2019 年，当期无现金流。预计 2020—2023 年企业实现现金流量如表 9-1 所示，企业预计自 2023 年进入稳定增长状态，永续增长率为 6%，企业加权平均资本成本为 15%。请用现金流量折现估值法估计 A 企业的价值。

年份	2019	2020	2021	2022	2023
实体现金流量（万元）		600	900	1100	1200

表 9 – 1 　　　　　　　　　　　　A 企业现金流量预测

$$预测期价值 = \sum_{t=1}^{n} \frac{E(CF_t)}{(1+r)^t}$$

$$= \frac{600}{1+15\%} + \frac{900}{(1+15\%)^2} + \frac{1100}{(1+15\%)^3} + \frac{1200}{(1+15\%)^4}$$

$$= 2611.64(万元)$$

$$后续期价值 = \frac{E(CF_{n+1})}{(r-g)(1+r)^n}$$

$$= \frac{1200 \times (1+6\%)}{(15\%-6\%)(1+15\%)^4} = 8080.78(万元)$$

$$企业价值 = 预测期价值 + 后续期价值$$

$$= 2611.64 + 8080.78 = 10692.42(万元)$$

第三节　相对估值法

一、相对估值法的原理

现金流量折现估值法在理论上非常完善，但是在应用时会碰到较多的技术问题。相对估值方法（Relative Valuation Approach），也称可比交易价值法，或倍数法、市场法，是一种相对容易的估值方法，它是利用类似企业的市场定价来估计目标企业价值的一种方法。它的假设前提是同行业企业的业务模式和经营管理模式相似，许多相关业务指标、财务指标符合正态分布，相似性和可比性都很强。利用同行业企业的相似性，通过研究行业内可比企业的比例指标并将其作为倍数，乘以某一企业的指标，从而计算出企业价值。相对估值法的计算公式为

目标企业价值 =（可比企业价值／可比企业某种指标）× 目标企业某种指标

$$(9-4)$$

（一）相对估值法的估值步骤

1. 选取可比公司。可比公司是指与目标公司所处的行业、公司的主营业务或主导产品、公司规模、盈利能力、资本结构、市场环境以及风险度等方面相同或相近的公司。在实际估值中，选取可比公司时，一般先根据一定条件初步挑选可比公司，然后将初步挑选的可比公司分为两类：最可比公司类和次可比公司类。使用时，我们往往主要考虑最可比公司类，尽管有时候最可比公司可能只有 2 ~ 3 家。

2. 计算可比公司的估值倍数。根据目标公司的特点，选择合适的估值指标，并计算可比公司的估值倍数。对于创业企业，常用的估值指标有利润倍数、收入倍数、净

值倍数等。如果目标公司和可比公司属于某一特殊行业，还可使用符合该行业特点的行业估值倍数。

3. 计算适用于目标公司的可比倍数。通常，选取若干可比公司，用其可比倍数的平均值或者中位数作为目标公司的倍数参考值。在计算可比公司倍数的平均值或中位数时，还需要注意剔除其中的异常值，包括负值、非正常大值和非正常小值。此外，还可以根据目标公司与可比公司的特点进行比较分析，对选取的平均值或中位数进行相应调整。比如，目标公司实力雄厚、技术领先，未来发展前景更好，是行业内的龙头公司，具有较强的持续竞争优势，则可以在计算得到的平均值或中位数的基础上，相应向上调整。

4. 计算目标公司的企业价值或者股权价值。用前面计算得到的适用于目标公司的可比倍数乘以目标公司对应的估值指标，计算出目标公司的股权价值或企业价值。

可比企业的选择是运用相对估值法的关键，"可比"是指某些因素的相似性，这些因素当前可观测，且能对未来现金流造成重大影响或对未来现金流有强烈预示作用。相对价值法基于可比公司的价值来衡量目标公司的价值。如果可比企业的价值被高估了，则目标企业的价值也会被高估。实际上，所得结论是相对于可比企业来说的，以可比企业价值为基准，是一种相对价值，而非目标企业的内在价值。

（二）相对估值法常用的估值方法

相对价值模型分为两大类，一类是以股票市价为基础的模型，包括每股市价/每股收益、每股市价/每股净资产、每股市价/每股销售收入等模型。另一类是以企业实体价值为基础的模型，包括实体价值/息税折旧摊销前利润、实体价值/税后经营净利润、实体价值/实体现金流、实体价值/投资资本、实体价值/销售收入等模型。创业企业通常使用企业实体价值为基础的模型，常用的估值方法有：

1. 利润倍数法。利润倍数法是将企业所创造的利润的倍数作为衡量企业价值的尺度。通常使用息税折旧摊销前利润、税后经营净利润等来衡量企业权益的收益。利润倍数计算公式为

$$利润倍数 = \frac{企业价值}{企业利润指标} \tag{9-5}$$

该指标将企业的价值与盈利状况直观地结合起来，能清晰地反映出企业投入与产出的关联。通常来说，该指标越低，企业价值相对于企业的盈利能力就越低，这就表明投资的成本越低和投资回收期越短，相应的投资风险就越低，从而表明该企业的投资价值就越高。其估值的基本原理为：

$$被评估企业的价值 = 可比企业利润倍数 \times 被评估企业利润指标 \tag{9-6}$$

利润倍数法的局限性有二：一是如果企业利润为负值，利润倍数法就无法使用；二是由于宏观经济环境和行业景气会发生周期性波动，不同时期的利润倍数会发生变化，进而影响创业企业价值的估计。

2. 收入倍数法。收入倍数法是将企业所创造的收入的倍数作为衡量企业价值的尺度。通常使用营业收入来衡量企业的收入。收入倍数计算公式为

$$收入倍数 = \frac{企业价值}{企业营业收入} \qquad (9-7)$$

该指标将企业的价值与营业收入状况直观地结合起来，能清晰地反映出企业投入与产出的关联。通常来说，该指标越低，企业价值相对于企业的收入创造能力就越低，这就表明投资的成本越低，相应的投资风险就越低，从而表明该企业的投资价值就越高。其估值的基本原理为：

$$被评估企业的价值 = 可比企业收入倍数 \times 被评估企业营业收入 \qquad (9-8)$$

目前对创业企业进行价值评估时，收入倍数法非常流行，该方法的优点主要有：企业的营业收入数据很难通过人为操纵，同时不受存货、折旧和非正常性支出等会计政策的影响，所以收入倍数比较稳定可靠，不像利润倍数那样容易变动；当企业亏损甚至已经资不抵债时，仍然可以使用收入倍数法进行价值评估。

但是收入倍数法本身也存在一定的问题，该方法只考虑了企业的收入而忽略了成本，因此适用性有限，需要结合其他指标综合来判断，才能取得较好的评估效果。

3. 净值倍数法。净值倍数法是将企业的净值的倍数作为衡量企业价值的尺度。通常使用企业的账面价值来衡量企业的净值。净值倍数计算公式为

$$净值倍数 = \frac{企业价值}{企业净资产} \qquad (9-9)$$

该指标将企业的价值与净值状况直观地结合起来。通常来说，该指标越低，投资的成本越低，相应的投资风险就越低，从而表明该企业的投资价值就越高。其估值的基本原理为

$$被评估企业的价值 = 可比企业净值倍数 \times 被评估企业净值 \qquad (9-10)$$

净值倍数法的优点在于数据容易获得、计算和理解，即使企业没有盈利且缺乏收入，仍然可以使用净值倍数法进行估值。但是，净值倍数法也存在不足，企业的净值受会计政策选择的影响，如果各公司执行不同的会计政策，则净值倍数法会失去可比性；此外，净值倍数法只能反映会计方法能够核算的资产，对于高科技和服务性的创业企业，企业的重要价值如企业家才能、人力资本、知识产权等要素往往被忽视。

4. 行业估值倍数。一些行业有其独特的估值位数，我们称之为行业估值倍数。例如，当互联网企业在 20 世纪 90 年代末第一次出现在市场上的时候它们是亏损的，只有很少的收入和净值。为了找到一个倍数能衡量这些企业的价值，分析师通过采用对这些网站的点击率来衡量不同企业的市场价值。单位点击的市场价值较低的公司被视为低估了，现在的许多互联网企业使用注册用户数来衡量不同企业的市场价值。

（三）相对估值法的优缺点

相对估值法的主要优点有：

1. 易于计算，快捷高效。相对估值法通常只需要一个明确的假设，即这些公司的乘数相等。一旦找到了可比公司，估值过程就变得相当简单。

2. 采用当前的交易价格，提高了估值的准确性。由于相对估值法采用当前市场交易价格计算，提高了估值的准确性。

3. 有利于计算少数股权投资价值。对于仅占少数股权的投资，用相对估值法计算出来的股权价值具有更高的参考性，因为可比公司法计算的估值结果不含控制权溢价。

创业企业使用相对估值法进行估值的主要困难是选择可比企业，在行业中要找到有相同点的可比创业企业非常困难。其次，即使是找到可比企业，但在风险和增长特点上，创业企业之间也是差别巨大，因此很难用倍数做一般化处理。

二、相对估值法案例

【例9-2】假定我们试图使用利润倍数法对某行业内的A公司进行估价，A公司预计明年盈利为100万元，行业内其他公司的利润位数如表9-2所示，请估计A公司的企业价值。

表9-2   A公司所处行业内的其他公司的利润倍数水平

公司	B	C	D	E	F
利润倍数	20	25	30	35	40

通过计算，这五家公司的平均利润倍数为30，因此根据利润倍数法，可知A公司的价值约为 30 × 100 = 3000（万元）。

第四节　风险投资估值法

一、风险投资估值法的原理

我们分别介绍了现金流量折现估值法和相对估值法，这两种方法对于评估创业企业价值，特别是早期阶段创业企业价值，还存在很多不足。伴随着风险投资行业发展，风险投资逐渐形成了自己独特的企业价值评估方法，我们称之为风险投资估值法（Venture Capital Valuation Method），这种方法将现金流量折现估值法和相对估值法有机地结合起来，基于对企业未来发展状况来判断企业价值。

风险投资把对拟被投企业的评估分为投资前估值和投资后估值。投资前估值是拟被投企业在把外部投资加入资产负债表前的价值，即投资人在投资之前，企业价值多少。投资后估值是将外部投资额加入企业资产负债表后的公司价值，这个价值等于投资前估值和新投资的金额的总和。

$$投资后估值 = 投资前估值 + 投资额 \qquad (9-11)$$

$$投资者所占股份 = \frac{投资额}{投资后估值} \qquad (9-12)$$

在不考虑其他因素（如员工期权、多轮投资等）的情况下，风险投资估值法步骤如下：

1. 评估拟被投企业未来几年内的预期收入或预期利润，通常为2~5年，设定的预测期通常与风险投资计划卖出股份或使企业上市的时点匹配。

2. 评估预测期末拟被投企业的价值。通常使用相对估值法。可用利润倍数乘以未来年份的预期利润，得到预测期末的拟被投企业价值。

$$拟被投企业价值 = 第 n 年预期利润 \times 利润倍数 \qquad (9-13)$$

利润倍数可基于行业里最近上市或出售的可比公司而定。

另外，还可用收入倍数乘以预测期末的收入，得到预测期末的拟被投企业价值。

$$拟被投企业价值 = 第 n 年预期收入 \times 收入倍数 \qquad (9-14)$$

这种方法适用于尚未盈利的创业企业。

3. 将预测期末的拟被投企业价值折现，即得投资前估值。折现率为风险投资要求的回报，远高于一般的上市公司投资回报率要求，以便涵盖已经感知到的业务风险和公司倒闭的可能性。

$$投资前估值 = \frac{预测期末企业价值}{(1+r)^n} \qquad (9-15)$$

4. 计算风险投资所得到的股权比例。风险投资将拟投资金额加入投资前估值，得到投资后估值，再用拟投资金额除以投资后估值，得到风险投资所占股权比例。

二、风险投资估值法案例

【例 9-3】金融信息公司是一个小公司，主要是为客户提供经过整理的金融信息。该公司由创始人全资拥有，没有任何未偿负债。该公司仅有一年的经营记录。它向线上注册用户免费提供该公司加工整理的金融信息，但一直没有出售过这个服务（收入为零）。在创业一年时间里，该公司已经发生了 300 万元的支出，因此，第一年的营业亏损为 300 万元。

作为一个风险投资者，你被游说，看能否为公司提供 600 万元的新增资本，主要用于接下来两年的商业化推广和市场拓展。在进行投资前，你决定采用风险投资的估值方式对公司价值进行评估。

创始人认为金融信息服务很快就会有收入，预计在第三年结束前营业收入将达到 2400 万元。

你在已上市的企业中，发现 A 公司和 B 公司可作为比较的相关公司，两公司的企业价值与收入之比分别为 2.5 和 3.5，你决定使用这两家公司的均值，即 3 倍收入作为收入倍数计算第三年末拟被投企业的企业价值：

第三年金融信息公司的评估值 = 第三年预期收入 × 企业价值与收入之比

$$= 2400 \times 3 = 7200（万元）$$

由于金融信息公司已经有了一个准备上市的服务，但它还没有收入记录，风险较大，你决定使用 50% 的投资回报率。则金融信息公司投资前估值为

$$投资前估值 = 7200/(1+50\%)^3 = 2133.33（万元）$$

投资后的价值为

$$投资后估值 = 2133.33 + 600 = 2733.33（万元）$$

你能得到的股权比率为

股权比率 = 600/2733.33 = 22%

第五节　其他估值方法

一、成本法

成本法包括账面价值法（Book Value Method）和重置成本法（Replace Cost Method）。

（一）账面价值法

企业的账面价值为企业总资产减去总负债后的净值。但是若要评估目标企业的真正价值，还必须对资产负债表的各个项目作出必要的调整。

例如，对资产项目的调整，应注意企业应收账款可能发生的坏账损失、企业外贸业务的汇兑损失、企业有价证券的市值是否低于账面价值、固定资产的折旧方式是否合理，尤其是无形资产方面，有关专利权、商标权和商誉的评估弹性很大。对负债项目的调整，应注意是否有未入账的负债，如职工福利、预提费用等，注意是否有担保事项等或有负债及尚未核定的税金等。

在对目标公司的资产负债进行评估后，投资双方即可针对这些项目逐项协商，得出双方都可以接受的公司价值。

（二）重置成本法

重置成本法是用待评估资产的完全重置成本（重置全价）减去其各种贬值后的差额作为该项资产价值的评估方法，完全重置成本是指在现时条件下重新购置一项全新状态的资产所需的全部成本。计算公式如下：

$$待评估资产价值 = 重置全价 - 综合贬值 \qquad (9-16)$$

或

$$待评估资产价值 = 重置全价 \times 综合成新率 \qquad (9-17)$$

综合贬值包括实体性贬值（资产的有形损耗）、功能性贬值（资产的技术相对落后）和经济性贬值（资产经济回报下降）。综合成新率是指资产新旧程度的比率，可理解为资产现行价值与重置全价的比率。

从技术角度看，重置成本法的主观因素较大。例如，对某项设备综合成新率的判定，可以根据设计使用年限与剩余使用年限的关系，或是根据剩余折旧年限与残值规定，或是根据其他因素进行主观判断。如轿车，即使是刚买来的新车在二手市场上通常也只能以一定的折扣价进行销售，以新车价格计入总估值会带来一定的分歧。此外，参考价格的选定无法排除交易条件的影响。加上历史成本与未来价值并无必然联系，因此，重置成本法主要作为一种辅助方法。

二、清算价值法

清算包括破产清算和解散清算。清算价值法（Liquidation Value Method）是假设企业破产或公司解散时，将企业拆分为可出售的几个业务或资产包，并分别估算这些业务或资产包的变现价值，加总后作为企业估值的参考标准。

清算价值法评估的步骤如下：

1. 进行市场调查，收集与被评估资产或类似资产清算拍卖相关的价格资料。

2. 分析、验证价格资料的科学性和可靠性。

3. 逐项对比分析评估与参照物的差异及其程度，包括实物差异、市场条件、时间差异和区域差异等。

4. 根据差异程度及其他影响因素，估算被评估资产的价值，最后得出评估结果。

一般采用清算价值法估值时采用较低的折扣率。对创业企业而言，清算很难获得很好的投资回报，企业正常可持续经营情况下，不会采用清算价值法。

本章要点

1. 企业价值评估简称企业估值，目的是评估一个企业的公平市场价值，并提供有关信息以帮助企业股东和其他相关方改善决策。

2. 现金流量折现模型是企业价值评估中广泛使用的模型，其基本思想为任何资产的价值是其产生的未来现金流量按照含有风险的折现率计算的现值。

3. 相对估值方法，也称可比交易价值法，或倍数法，是一种相对容易的估值方法，它是利用类似企业的市场定价来估计目标企业价值的一种方法。

4. 相对价值模型分为两大类，一类是以股票市价为基础的模型，另一类是以企业实体价值为基础的模型，创业企业通常使用企业实体价值为基础的模型。

5. 风险投资估值法，这种方法将现金流量折现估值法和相对估值法有机地结合起来，基于对企业未来发展状况来判断企业价值。

6. 企业的账面价值为企业总资产减去总负债后的净值。但是若要评估目标企业的真正价值，还必须对资产负债表的各个项目作出必要的调整。

7. 重置成本法是用待评估资产的完全重置成本（重置全价）减去其各种贬值后的差额作为该项资产价值的评估方法，完全重置成本是指在现时条件下重新购置一项全新状态的资产所需的全部成本。

8. 清算价值法是假设企业破产或公司解散时，将企业拆分为可出售的几个业务或资产包，并分别估算这些业务或资产包的变现价值，加总后作为企业估值的参考标准。

关键术语

企业估值　整体价值　项目价值　会计价值　现时市场价值　持续经营价值
清算价值　控股权价值　现金流量折现估值法　相对估值法　利润倍数法
收入倍数法　净值倍数法　行业估值倍数　风险投资估值法　账面价值法
重置成本法　清算价值法

进阶阅读

1. 中国证券投资基金业协会．股权投资基金［M］．北京：中国金融出版社，2017.

2. 罗国锋，张超卓，吴兴海．创新创业融资：天使、风投与众筹［M］．北京：经济管理出版社，2016。

3. ［美］达莫达兰．估值：难点、解决方案及相关案例［M］．李必龙，李羿，郭海，等译．北京：机械工业出版社，2015.

复习思考题

1. 如何理解企业价值的概念？

2. 试述企业价值评估的流程。

3. 创业企业具有什么特点，对价值评估有何影响？

4. 试述企业估值的现金流量折现估值法。使用这种方法评估创业企业价值存在什么困难？

5. 试述企业估值的相对估值法。这种方法在评估创业企业价值上有什么优点和不足？

6. 试述风险投资比较常用的估值方法。

7. 试述企业估值的成本法。

8. 试述企业估值的清算价值法，并与其他方法进行比较。

案例分析

科创板拟上市企业价值评估

在第二章的案例分析中，你已经选择了一个感兴趣的科创板拟上市企业，并根据该企业的财务报表对其进行了财务分析。在本章中，请根据该企业的招股说明书，继续对该企业的价值进行评估。

讨论题

1. 试比较招股说明书与招股意向书。

2. 试分析该企业上市前与上市后的股权结构。

3. 试使用现金流量折现模型去估计该企业的价值。

4. 试使用相对价值模型去估计该企业的价值。

5. 企业生命周期、企业所处的行业对企业估值有何影响？

6. 你认为该企业的每股发行价格合理吗，为什么？

第十章　风险投资与其他融资方式

学习目标

1. 理解风险投资的概念、特点与类型；
2. 掌握风险投资运作的基本流程；
3. 了解尽职调查的概念、范围和方法；
4. 掌握银行信贷的种类、流程与信用风险评估的方法；
5. 理解发行债券的种类与信用评级；
6. 掌握商业保理、融资租赁和政府支持的概念、特点。

开篇案例

投资是腾讯的核心战略

腾讯于 2005 年前后开始作为战略投资者对与其相关的产业进行投资和收购。2008 年，腾讯成立了投资并购部。一开始，只有几个人，做的业务比较简单，主要是针对游戏业务的投资。后来，这个策略又延伸到了电商等领域。2011 年腾讯发布开放平台战略，成立腾讯产业共赢基金，开始孵化和收购优质企业，注重生态链的建设。当时的基金说明上写着："和一般的财务性投资基金不同，我们并不因风险的偏好而设定投资公司的成熟度。只要是优质的企业，有远大的理想来给海量用户提供优质服务，我们都会考虑。"2013 年，深圳市腾讯产业投资基金有限公司成立，注册资本达 19 亿元。

2019 年 2 月，腾讯总裁刘炽平在"腾讯投资年会暨 IF 大会"上宣布，历经多年，腾讯共投资了 700 多家公司，其中 63 家是已上市公司，122 家是市值或价值超过 10 亿美元的独角兽，腾讯持股超过 5% 的公司总市值加起来超过 5000 亿美元。2018 年，腾讯投资的 16 家公司完成 IPO。

投资是腾讯的一个核心战略，刘炽平介绍到，在做投资之前，什么都想做，什么都可以做。一些横向的扩张，很多时候其实是浪费了整体的人力，并且在很多领域做得不是最好。腾讯投资战略的核心，是让腾讯有一个选择，去做最重要的事情，同时把一些不是腾讯能做好的事情，交给被投公司去做，让腾讯做到有所为，有所不为。

通过投资,腾讯和合作伙伴形成互补,在一个更大、有各种各样专长的生态链上形成合作。

刘炽平认为,腾讯作为一个战略投资者,可以通过整合资源,为被投企业创造更多价值。首先,腾讯把打造一个开放和公平的平台,让每一个人都可以在里面通过自己优秀的能力去取得最高的价值,作为腾讯最重要的责任和使命之一。其次,腾讯通过组织重组,成立了云与智慧产业的事业群,简称 CSIG。它的使命就是让腾讯可以更好地去服务合作伙伴,通过 CSIG 更高效地把很多云和内部技术能力、数据能力、安全能力、AI 能力等包装输出。再次,在做产业互联网时,非常希望可以把 to C 的能力跟 to B 的能力紧密结合,让腾讯 to C 的能力更好地服务合作伙伴。最后,腾讯有很多软实力可以帮助到合作伙伴,包括一些行业洞察、战略的设定,以及最重要的管理经验和组织架构,对于一些在从 0 到 1 的过程之中的公司,可能不一定是最需要的,但当企业要从 1 到 N,从 N 再向 10N 的时候,这些能力就变得很重要。

资料来源:陈梦凡.腾讯总裁刘炽平:2019 年投资规模不会收缩〔EB/OL〕.财新网,〔2019 – 02 – 20〕. http://companies.caixin.com/2019 – 02 – 20/101381611.html.

创业企业进入新的阶段后,原有的融资方式已不能满足企业需求。在本章,我们将学习创业企业发展中后期的融资模式。在第一节,我们将介绍风险投资的相关知识。在第二节,我们将介绍其他的融资模式。

第一节 风险投资

一、风险投资的定义与内涵

按照美国风险投资协会的定义,风险投资(Venture Capital)是由专业投资者投入新兴的、迅速发展的、有巨大竞争潜力的企业中的一种权益资本。风险投资运作流程实质是权益资本实现增值的过程。从资本流动的角度出发,资本先是从投资者流向风险投资基金,经过风险投资家的投资决策再流入被投资企业。在投资之后的阶段,风险投资家通常会以各种方式参与被投资企业的管理,待企业经过一定时期的发展之后,选择合适的时机再从被投资企业退出,进行下一轮资本流动循环。

相对于证券投资,风险投资具有投资期限长、流动性较差,投资后管理投入资源多,专业性较强,投资收益波动性较大等特点。

1. 投资期限长、流动性较差。由于风险投资主要投资于未上市创业企业股权,通常需要 3 ~ 7 年才能完成投资的全部流程实现退出,风险投资因此被称为"耐心的资本",风险投资也因而具有较长的封闭期。此外,风险投资的基金份额流动性较差,在基金清算前,基金份额的转让或投资者的退出都具有一定难度。

2. 投资后管理投入资源较多。风险投资是"价值增值型"投资。风险投资家通常在投资后管理阶段投入大量资源,一方面,为被投资创业企业提供各种商业资源和管理支持，帮助被投资创业企业更好发展；另一方面，也通过参加被投资创业企业股东会、董事会等形式，对被投资创业企业进行有效监管，以应对被投资创业企业的信息不对称和管理层道德风险。

3. 专业性较强。风险投资的投资决策与管理涉及企业管理、资本市场、财务、行业、法律等多个方面，其高收益与高期望风险的特征也要求风险投资家必须具备很高的专业水准，特别是要有善于发现具有潜在投资价值的独到眼光，具备帮助被投资企业创立、发展、壮大的经验和能力。因此，风险投资对于专业性的要求较高，需要更多投资经验积累、团队培育和建设，体现出较明显的智力密集型特征，人力资本对于风险投资的成功运作发挥决定性作用。

4. 投资收益波动性较大。风险投资在整个金融资产类别中，属于高风验、高期望收益的资产类别。高风险主要体现为不同投资项目的收益呈现较大的差异性。风险投资通常投于处于早中期的成长性企业，投资项目的收益波动性较大，有的投资项目会发生本金亏损，有的投资项目则可能带来巨大收益。高期望收益主要体现为在正常的市场环境中，风险投资作为一个整体，其能为投资者实现的投资回报率总体上处于一个较高的水平。从不同国家的平均和长期水平来看，风险投资的期望回报率要高于固定收益证券和证券投资基金等资产类别。

 专栏 10 - 1

风险投资饰演"关键先生"

21 世纪经济报道记者从中国证券投资基金业协会（以下简称中基协）获悉，截至 2019 年 5 月底，在科创板股票发行上市审核系统提交上市申请的 113 家科技创新企业中，获得私募股权投资的企业数量达到 92 家，占比达 81.4%。

出现这一现象的原因，与以私募股权（PE）、风险投资（VC）为代表的股权类私募机构更加关注、涉足科创板定位的新兴产业、高科技产业领域投资有关。

在业内人士看来，部分新兴技术行业存在早期投入大、回报周期长等特点，但缺少长期资金的注入，相关行业的发展速度则无法得到保证。"在很多符合科创板定位的垂直行业上，它们实现盈利可能还需要较长时间，尤其像半导体制造、生物医药这些技术和资金密集型行业。"北京一家大型券商策略分析师指出，"既需要资金有抗风险能力，又需要有承受长周期投资的条件。"风险偏好更高的私募资本往往成为其资金来源，另外，私募资本所带来的治理改善、资源链接也成为不少科创企业规模化发展的支撑。一些科创企业本身有很多想法，但投资它的管理人可能要为它做减法，作出更清晰的战略发展判断，并优化治理结构，满足公众公司和未来走向上市的标准。很多大型私募机构形成了投资矩阵，许多被投资方之间的合作机会也被私募机构所链接、重组，这对于很多早期科创企业的成长也是至关重要的。

资料来源：李维. 风险投资饰演"关键先生"，八成以上科创板公司拥有私募股东［EB/OL］. 21 世纪经济报道，［2019 - 07 - 05］. http：//www.21jingji.com/2019/7 - 5/xNMDEzNzhfMTQ5NjUxNA.html.

二、风险投资的类型

（一）按组织形式分类

根据组织形式，可将风险投资（基金）分为公司型基金、合伙型基金和契约型基金。

公司型基金是指投资者依据公司法，通过出资形成一个独立的公司法人实体，由公司法人实体自行或委托专业基金管理人进行管理的风险投资基金。在我国，公司法人实体可采取有限责任公司或股份有限公司的形式。公司型基金的参与主体主要为投资者和基金管理人。投资者既是基金份额持有者又是公司股东，按照公司章程行使相应权利、承担相应义务和责任。从投资者权利角度看，投资者作为公司的股东，可通过股东大会（股东会）和董事会委任并监督基金管理人。公司型基金可以由公司管理团队自行管理，或者委托专业的基金机构担任基金管理人。

合伙型基金是指投资者依据合伙企业法成立有限合伙企业，由普通合伙人对合伙债务承担无限连带责任，由基金管理人具体负责投资运作的风险投资基金。合伙型基金的参与主体主要为普通合伙人、有限合伙人及基金管理人。普通合伙人对基金（合伙企业）债务承担无限连带责任，有限合伙人以其认缴的出资额为限对基金（合伙企业）债务承担责任。普通合伙人可自行担任基金管理人，或者委托专业的基金管理机构担任基金管理人。有限合伙人不参与投资决策。

契约型基金是指通过订立信托契约的形式设立的风险投资基金，其本质是信托型基金。契约型基金不具有法律实体地位。契约型基金的参与主体主要为基金投资者、基金管理人及基金托管人。基金投资者通过购买基金份额，享有基金投资收益。基金管理人依据法律、法规和基金合同负责基金的经营和管理操作。基金托管人负责保管基金资产，执行管理人的有关指令，办理基金名下的资金往来。

（二）按资本来源分类

根据资本来源可分为独立风险投资和公司风险投资。

独立风险投资就是通常所说的传统风险投资，一般由不同投资者（通常为个人、金融机构和政府部门等）出资，采取有限合伙制的形式，通过职业风险投资家运作，对被投资企业（新创企业）进行专业化资本投资，高额的财务回报是其追求的最主要目标。

公司风险投资一般是由非金融企业（通常为大公司，亦称为母公司）出资成立专业的风险投资子公司，或者隶属于本公司的投资部门，从而专门从事对外部新创企业（被投资企业）进行风险投资活动，其本质为公司外部投资的一种。公司风险投资通常寻找与母公司战略技术相适应、能够产生协同效应，或有助于母公司节约技术革新成本的投资机会。与独立风险投资不同的是，在投资新创企业的过程中，公司风险投资一般会根据母公司的战略规划、发展要求，将追求资本回报的财务目标与追求新兴技术的战略目标相结合。

三、风险投资的运作

风险投资运作包括风险投资的募集与设立、投资、投资后管理和项目退出四个阶段。

（一）风险投资的募集与设立

风险投资的募集与设立，是指风险投资家或者受其委托的募集服务机构向投资者募集资金，依照相关的设立条件进行风险投资基金的设立与备案过程。

具体而言，募集行为包括推介基金、发售基金份额、办理投资者认/申购（认缴）、份额登记、赎回（退出）等活动。基金的募集分为自行募集和委托募集。所谓自行募集，就是由发起人自行拟定资本募集说明材料、寻找投资人的基金募集方式。委托募集，是指基金发起人委托第三方机构代为寻找投资人或借用第三方的融资通道来完成资金募集工作，并支付相应服务费或者"通道费"。风险投资基金的募集对象是合格投资者，指达到规定资产规模或收入水平，并具备相应的风险识别能力和风险承担能力，其基金份额认购金额不低于规定限额的单位和个人。

风险投资基金的设立是考虑法律依据、监管要求、与风险投资业务的适应度及基金运营实务的要求，以及税负等，遵照相关法律规定的设立流程，选择合适的组织形式正式成立的过程。

（二）风险投资的投资流程

风险投资的投资流程通常包括项目收集、项目初审、项目立项、签署投资备忘录、尽职调查、投资决策、签署投资协议七个主要阶段。

1. 项目收集。风险投资的项目主要有三个来源：（1）跟踪和研究国内外新技术的发展趋势以及市场的动态，通过资料调研、项目库推荐、访问企业等方式寻找项目信息。（2）与国内外风险投资机构结为策略联盟，实现信息共享，联合投资。（3）依托资本市场创新证券投资银行业务、收购兼并业务、国际业务衍生出来的直接投资机会。

2. 项目初审。项目投资经理在接到商业计划书或项目介绍后，对项目进行初步调查，提交初步调查报告、项目概况表，并对项目企业的投资价值提出初审意见。项目初审包括书面初审与现场初审两个部分。风险投资对企业进行书面初审的主要方式是审阅企业的商业计划书或融资计划书，风险投资在审查企业的商业计划书之后，经判断如果符合风险投资的投资项目范围，将要求到企业现场实地走访，调研企业现实生产经营与运转状况，即现场初审。

3. 项目立项。对通过初审的项目，通常由项目投资经理提交立项申请材料，经基金管理人立项委员会或其他程序批准立项，经批准的项目方可进行下一步工作。

4. 签署投资备忘录。项目完成立项后，通常会与项目企业签署投资备忘录。投资备忘录，也称投资框架协议，或投资条款清单，通常由投资方提出，内容一般包括投资达成的条件、投资方建议的主要投资条款、保密条款以及排他性条款。投资备忘录中的内容，除保密条款和排他性条款之外，主要作为投融资双方下一步协商的基础，对双方并无事实上的约束力。

5. 尽职调查。立项批准并签署投资备忘录之后，项目投资经理、风险控制团队分别到项目企业独立展开尽职调查，并填写完成企业尽职调查报告、财务意见书、审计报告及风险控制报告等材料，尽职调查认为符合投资要求的企业与项目，项目投资经理编写完整的投资建议书。

6. 投资决策。风险投资管理机构设立投资决策委员会对投资项目行使投资决策权。投资决策委员会的设立应符合关联交易审查制度的要求，确保不存在利益冲突。通常，投资决策委员会由风险投资管理机构的主要负责人、风险控制负责人、投资负责人和行业专家等组成。

7. 签署投资协议。投资决策委员会审查同意进行投资的企业或项目，经法律顾问审核相关合同协议后，由授权代表与被投资方签署"增资协议"或"股权转让协议"等投资协议、"股东协议"或"合资协议"以及相关补充协议。

（三）风险投资的投资后管理

投资后管理是指风险投资与被投资企业签署正式投资协议之后，风险投资家积极参与被投资创业企业的重大经营决策，为被投资企业实施风险监控，并提供各项增值服务等一系列活动。

在完成项目尽职调查并实施投资后直到项目退出之前都属于投资后管理的期间。投资后管理关系到投资项目的发展与退出方案的实现，良好的投资后管理将会从主动层面减少或消除潜在的投资风险，实现投资的保值增值，因此，投资后管理对于投资工作具有十分重要的意义。

通常，投资后管理的主要内容可以分为两类，第一类为风险投资对被投资企业进行的项目监控活动，投资后的项目监控有利于及时了解被投资企业经营运作情况，并根据不同情况及时采取必要措施，保证资金安全；第二类为风险投资对被投资企业提供的增值服务，投资后的增值服务则有利于提升被投资企业自身价值，增加投资收益。此外，投资后管理对风险投资参与企业后续融资时的决策也起到重要的决策支撑作用。

（四）风险投资的项目退出

风险投资的核心是通过成功的项目退出来实现收益，因此，项目退出机制非常重要。

项目退出，是指风险投资选择合适的时机，将其在被投资企业的股权变现，由股权形态转化为资本形态，以实现资本增值，或及时避免和降低财产损失。

正常的项目退出主要有三种方式：股份上市转让或挂牌转让退出、股权转让退出、清算退出。我们将在后续章节详细介绍。

四、风险投资的尽职调查

（一）尽职调查的概念

尽职调查，是指风险投资家在与目标企业达成初步合作意向后，经协商一致，对目标企业的一切与本次投资相关的事项进行现场调查、资料分析的一系列活动。尽职调查的目的有三方面：价值发现、风险发现和投资可行性分析。价值发现除了验证过去财务业绩的真实性外，更重要的在于预测企业未来的业务和财务数据，并在此基础上对企业进行估值。风险发现在于全面识别投资风险，评估风险大小并提出风险应对的方案。投资可行性分析在于帮助交易各方了解投资的可操作性，并帮助各方确定交易的时间表。

（二）尽职调查的范围

尽职调查主要可以分为业务、财务和法律三大部分。业务尽职调查涵盖了企业商业运作中涉及的各种事项，包括市场分析、竞争地位、客户关系、定价能力、供应链、环保和监管等问题。财务尽职调查涵盖企业的历史经营业绩、未来盈利预测、现金流、营运资金、融资结构、资本性开支以及财务风险敏感度分析等内容。与一般财务审计以验证企业财务报表真实性为目的不同，财务尽职调查的主要目的是评估企业存在的财务风险以及投资价值。因此，财务尽职调查更多使用趋势分析、结构分析等分析工具。法律尽职调查一般是律师基于企业所提供的法律文件完成的，其内容一般涵盖股权结构、公司治理状况、土地和房屋产权、税收待遇、资产抵押或担保、诉讼、商业合同、知识产权、员工雇佣情况、社会保险以及关联交易事项。法律尽职调查的作用是帮助基金管理人全面地评估企业资产和业务的合规性以及潜在的法律风险。

（三）尽职调查的方法

尽职调查的操作流程一般包括制订调查计划、调查及收集资料、起草尽职调查报告与风险控制报告、进行内部复核、设计投资方案等几个阶段。仅就尽职调查本身而言，其中最为重要的部分为资料收集与分析。收集资料的渠道主要包括审阅文件、外部信息、访谈、现场调查、内部沟通。收集资料之后，尽职调查团队还要验证其可信程度，评估其重要性，最终形成尽职调查报告与风险控制报告，供投资决策委员会决策参考。

第二节　其他融资方式

一、银行信贷

（一）银行信贷的概念及种类

信贷业务（Lending）是商业银行最重要的资产业务，银行通过放出贷款、收回本金和利息、扣除成本获得利润。银行信贷业务产品丰富，可提供给创业企业多样化选择。

1. 按贷款偿还期分为活期贷款和定期贷款。活期贷款也称通知贷款，是指在贷款时不确定偿还期限，可以随时由银行发出通知收回，客户也可以随时归还的贷款，定期贷款是指具有固定偿还期限的贷款，按照偿还期限的长短，又可分为短期贷款、中

期贷款和长期贷款。

2. 按贷款的保障程度分为信用贷款和担保贷款。信用贷款是指还款仅凭借款人的信用，不需要任何担保或保证人担保的贷款，这类贷款风险较大，银行要收取较高的利息，一般适用于经营情况良好、经济实力雄厚、业务往来时间较长且信誉度较高的企业。担保贷款是由借款人或第三方依法提供担保而发放的贷款，如果借款人不履行债务，银行有权处理用作担保的担保品。担保贷款包括保证贷款、抵押贷款、质押贷款。

3. 按贷款的偿还方式分为一次性偿还贷款和分期偿还贷款。一次性偿还贷款是指借款人在贷款到期日一次性还清本息的贷款，一般来说，临时性、周转性贷款都采取一次性偿还方式。分期偿还贷款是指借款人按规定的期限分次偿还本金和支付利息，到还款期结束时，刚好还清全部款项的贷款。这种贷款适用于借款金额较大、借款期限长的贷款项目。

4. 按贷款的数量分为批发贷款和零售贷款。批发贷款是指数额较大，对工商企业、金融机构等发放的贷款，借款者的目的是经营获利。批发贷款可以是抵押贷款也可以是信用贷款，借款期限可以是短期的、中期的或长期的。零售贷款主要是指对个人发放的贷款，包括个人经营性贷款、个人住房抵押贷款等。

5. 根据贷款的期限不同，企业贷款通常可以分为短期贷款和中长期贷款。银行对企业发放的短期贷款通常是临时性、季节性贷款，也可称为流动资金贷款，具有自动清偿的性质。企业用借入的现金购买原材料、半成品或产成品等，然后进行生产和销售，再用收取的现金偿还银行贷款。银行贷款的期限即从企业购买存货开始到产品销售完成为止，通常会持续几个星期或几个月。中长期贷款是指对企业发放的、期限在1年以上的贷款，主要用于企业因生产经营，技术、工艺、设备的更新改造，基本建设投资和科技新产品的研发推广等产生的资金需求。贷款期限为1~5年的称为中期贷款，5年以上的称为长期贷款。由于期限较长，所以该类贷款的风险要比短期贷款大。

（二）银行信贷业务的一般流程

银行信贷业务的流程一般如下：

第一步，寻找目标贷款客户。个人贷款通常是顾客找到银行的信贷员填写贷款申请书，而企业贷款则通常是信贷员在其管辖区域内向企业推销贷款。信贷员在拜访目标企业的经营场所后，一般会填写一张客户联系报告，并在每次拜访之后更新，为以后的信贷工作提供信息。

第二步，评估目标客户的品格。客户提出贷款申请后，信贷员通常会尽快与客户进行一次面谈，客户借此机会详细叙述贷款需要。信贷员在面谈中对客户的品格和借款诚意进行评估，考察其还款意愿，衡量是否批准贷款申请。

第三步，评估目标客户的财务状况和信用记录。银行会要求客户提供相关财务文件，用来进一步评估贷款申请。文件收集齐全后，银行的信贷审查部门就开始对申请人的财务报表进行全面分析，以确定客户是否有充足的现金流量来偿还贷款。银行还会查询客户以往的还款记录，了解其诚信情况。

第四步，签署借款合同和发放贷款。所有贷款应当由贷款人与借款人签订借款合同，明确所有需要约定的事项。签订借款合同之后，银行需按合同规定按期发放贷款。

第五步，监管贷款协议的履行。贷款发放之后，银行必须不间断地监控贷款协议的履行，保证条款会被遵守且应付本息都如期偿还。信贷员将每个新客户的信息输入计算机文档中，形成客户档案，记录客户目前所使用的服务，并包含监控客户业务进展和客户金融服务需求等信息。

（三）借款企业信用风险评估

信用风险评估是指商业银行为保障贷款的安全与盈利，在发放贷款前对借款人的资信状况进行调查和评估，以预测贷款可能面临的风险，为贷款决策提供科学依据。影响企业未来还款能力的因素主要有财务状况、现金流量、信用支持以及非财务因素，企业的财务状况和现金流量构成企业的第一还款来源，而信用支持为第二还款来源，非财务因素虽然不构成直接还款来源，但会影响企业的还款能力。5C 分析法是金融机构对客户做信用分析时所采用的传统方法之一，主要集中对借款人的道德品质（Character）、还款能力（Capacity）、资本实力（Capital）、担保（Collateral）和经营环境条件（Condition）五个方面进行全面的定性分析，以判别借款人的还款意愿和还款能力。道德品质是指客户努力履行其偿债义务的可能性，是评估顾客信用品质的首要指标，道德品质是贷款回收速度和回收数额的决定因素。还款能力是指客户按时偿还贷款的能力，即客户流动资产的数量和质量及与流动负债的比例。资本实力是指客户的财务实力和财务状况，表明客户可能偿还债务的背景，如负债比率、流动比率、速动比率、有形资产净值等财务指标。担保是指客户拒付款项或无力支付款项时被用作抵押的资产，一旦收到不这些顾客的款项，便以担保品抵补，这对于首次交易或信用状况有争议的顾客尤为重要。经营环境条件是指可能影响客户付款能力的经济环境，如客户在经济不景气情况下还款的可能性会下降。

 专栏 10 – 2
微众银行马智涛：科技可推动小微企业和个人融资破题

"中国金融发展不断深入和普及，但小微企业和个人在融资方面仍面临困难，较为依赖非正规的金融机构。"2019 年 6 月 10 日，微众银行副行长兼首席信息官马智涛在财新峰会香港场指出，科技在上述两个领域可帮助破题，推动金融机构覆盖更广的客户群。

微众银行总部位于深圳，于 2014 年 12 月开业，由腾讯持股 30%，是第一大股东。马智涛介绍，微众银行旗下有面向个人消费者的微利贷，以及面向小微企业的企业贷。"微粒贷所服务群体绝大部分都是学历相比较低、非白领的群体。"马智涛称，微粒贷笔均贷款约为 8100 元，"53% 贷款都发生在传统银行不营业的时间点，72% 的贷款利息不到 100 元"。

"企业贷发放贷款的对象中，有68%此前没有贷款记录，38%的企业主没有个人贷款记录。"马智涛还透露，这些客户的资金需求难以在传统金融机构中得到满足。在微众银行所服务的企业客户中，有46%集中于制造行业，38%是批发零售行业，"都是非常小微的企业"。

马智涛还表示，金融科技在普惠金融中将扮演极为重要的作用，诸如人工智能、区块链技术和大数据等都可以协助金融机构做好"三升两降"，即效率提升、体验提升、规模提升、成本下降以及风险降低。

资料来源：彭岩锋. 微众银行马智涛：科技可推动小微企业和个人融资破题［EB/OL］. ［2019 - 06 - 10］. http：//topics. caixin. com/2019 - 06 - 10/101425000. html.

二、企业债券

（一）双创债券的概念与种类

债券（Bond）是债务人为筹集债务资本而发行的，约定在一定期限内向债权人还本付息的有价证券。发行债券是企业筹集债务资本的重要方式。我国非公司企业发行的债券称为企业债券。按照《公司法》和国际惯例，股份有限公司和有限责任公司发行的债券称为公司债券，有时简称公司债。公司发行债券通常是为其大型投资项目一次性筹集大笔长期资本。

为了拓宽创新创业企业融资途径，缓解创新创业企业融资难问题，我国推出了双创孵化专项债、双创公司债（含可转债）、双创专项债务融资工具三种创新创业类企业债券融资支持工具，以市场化方式支持创新创业企业债券融资。

双创孵化专项债券是由国家发展改革委审批，主要的发行方是提供"双创孵化"服务的产业类企业或园区经营公司，募集资金用于涉及双创孵化服务的新建基础设施、扩容改造、系统提升、建立分园、收购现有设施并改造等，包括但不限于纳入中央预算内资金引导范围的"双创"示范基地、国家级孵化园区、省级孵化园区以及经国务院科技和教育行政管理部门认定的大学科技园中的项目建设。

双创公司债是由中国证监会审核，由符合条件的创新创业公司、创业投资公司，依照《公司法》《证券法》《公司债券发行与交易管理办法》和其他法律法规及部门规章发行的公司债券。可发行双创公司债的创新创业公司，是指从事高新技术产品研发、生产和服务，或者具有创新业态、创新商业模式的中小型公司，创新创业公司的认定标准参考国家战略性新兴产业相关发展规划、《国务院关于印发〈中国制造2025〉的通知》（国发〔2015〕28号）及相关政策文件、国务院及相关部委出台的大众创业万众创新政策文件、国家及地方高新技术企业认定标准、其他创新创业相关政策文件等文件的要求。可发行双创公司债的创业投资公司，是指符合《私募投资基金监督管理暂行办法》《创业投资企业管理暂行办法》等有关规定，向创新创业企业进行股权投资的公司制创业投资基金和创业投资基金管理机构。发行创新创业公司债募集的资金应专项投资于种子期、起步期、成长期的创新创业公司的股权。非公开发行的创新创业公司债,可以附可转换成股份的条款。

双创专项债务融资工具是由中国银行间市场交易商协会主管,以创业创新资源集聚区域内的园区经营企业为依托,募集资金通过投债联动的模式用于支持创新型企业发展的债务融资工具。创新型企业是指在国家重点支持的高新技术领域内,持续进行研究开发与技术成果转化,并以此为基础开展经营活动的企业。

(二)不同债券工具的比较

上述三类双创债券在发行制度、发行主体、资金用途、产品设计、偿债保障等方面的监管要求既有相同点又有不同点。

在发行制度上,双创孵化专项债实行核准制,而且国家发展改革委明确将比照"加快和简化审核类"债券审核程序对其进行审核;双创公司债的发行制度仍遵循已有制度框架,大公募实行核准制,小公募实行简化的核准制,非公开发行则可先由交易场所确认,发行完成后再向中国证券业协会备案,同时证监会明确将对其实行"专人对接、专项审核";双创专项债务融资工具实行注册制,目前并未特别设置绿色通道,参考《非金融企业债务融资工具注册发行规则(2016版)》《非金融企业债务融资工具公开发行注册工作规程(2016版)》等的规定执行即可。

在发行主体上,三类债券所适用的范围有所不同,双创孵化专项债的发行主体范围较宽,囊括了提供"双创孵化"服务的产业类企业或园区经营公司、创业投资企业、股权投资企业、双创孵化投资基金及其股东或有限合伙人等;双创公司债券的发行主体范围相对较窄,仅包括创新创业公司、创业投资公司两类;双创专项债务融资工具的发行主体范围主要是有双创服务经验的园区经营企业和具备高新技术企业证书的一般双创企业。

在资金用途上,对于不同的发行主体,三类债券的募集资金使用要求也有所差别。双创孵化专项债规定,园区经营公司可将募集资金用于涉及双创孵化服务的新建基础设施、扩容改造、系统提升、建立分园、收购现有设施并改造等,同时还可以在偿债保障较完善的情况下使用不超过50%的募集资金偿还银行贷款和补充营运资金;创业投资企业、股权投资企业、双创孵化投资基金则应将募集资金专项用于投资双创孵化项目。双创公司债规定,创新创业公司可较为灵活地使用募集资金,用于偿还有息债务、补充营运资金等都是被允许的;创业投资公司则必须将募集资金专项投资于种子期、起步期、成长期的双创公司股权。双创专项债务融资工具募集资金用途未从监管层面予以限定,从投行的实践经验来看既可用于园区基础设施建设,也可用于偿还有息债务、补充营运资金,还可通过委托贷款、股权投资等形式直接或间接地用于支持双创企业的发展。

在产品设计上,双创孵化专项债的发行人拥有较大的灵活设计空间,比如对具有稳定偿债资金来源的双创孵化项目,可发行项目收益债券;对投资回收期较长的项目,可发行可续期或超长期债券。双创公司债的发行人可以选择发行大公募公司债、小公募公司债、非公开发行公司债等多个品种,同时还可以在符合监管规定的前提下选择非公开发行附可转换成股份条款的双创公司债券（债券持有人行使转股权后，发行人股东人数不得超过 200 人）。从投行的实践经验来看，双创专项债务融资工具的发行人应优先选择中期票据、定向工具这两个品种，债券期限可设计为 3 年及以上。

在偿债保障上，三类债券均未就包括增信在内的偿债保障措施作强制性要求。不过，为了强化双创债券的偿债保障，监管部门也提出了一些富有创新性的思路。比如，国家发展改革委鼓励双创孵化项目采取"债贷组合"的形式，由商业银行对发行人进行债券和贷款的统筹管理，进而降低偿付风险；证监会鼓励券商研究以发行人合法拥有的依法可以转让的股权或注册商标专用权、专利权、著作权等知识产权等作为抵质押资产为双创公司债提供增信；中国银行间市场交易商协会则积极推动"投债联动"模式，将债券信用锁定在大型园区经营企业上，从而起到强化偿债保障的作用。

（三）企业债券信用评级

债券的信用等级（Credit Rating）表示债券质量的优劣，反映债券还本付息能力的强弱和债券投资风险的高低。债券在发行前必须由评级机构评定债券的信用等级。

企业债券评级的核心是揭示企业债券的违约风险。评级方法包括主体评级和债项评级两部分。主体评级是对受评主体自身信用风险的评价，是对其偿债能力和偿债意愿的综合评估，所评定的是受评主体的长期信用水平。债项评级是对受评主体发行的特定债务融资工具的评级，所评定的是该债务融资工具违约可能性的大小。债项评级是在主体评级基础上，结合债券条款设置和债券偿还保障措施等因素，对债务融资工具违约风险大小的最终评价。

主体评级方面，评级机构对受评主体业务发展状况和财务风险状况进行分析，得出受评主体基础信用等级。对受评主体的业务发展状况进行评估时，重点考虑的因素包括外部运营环境、公司治理和管理、经营竞争力、公司背景和外部支持等方面；财务风险状况的评估，则主要从公司规模、营运能力、盈利能力、偿债能力和成长能力等五个方面进行考察。

在此基础上，评级机构综合考虑对受评主体信用品质或偿债能力产生重大不利影响或有利影响的事项（统称为"调整事项"），对其基础信用等级进行调整得出受评主体信用等级。

最后，在主体评级基础上，进一步分析债券条款设置和债券偿还保障措施等因素，得出债券信用等级。

对于发行的企业而言，债券的信用等级影响着债券发行的效果。信用等级较高的债券，能以较低的利率发行，借以降低债券融资的成本；信用等级较低的债券，表示风险较大，需以较高的利率发行。

对于债券投资者而言，债券的信用等级便于债券投资者进行债券投资的选择。信用等级较高的债券，较易得到债券投资者的信任；信用等级较低的债券，表示风险较大，投资者一般会谨慎选择投资。

 **专栏 10 – 3**

"双创"融资添保护绳

2019 年 3 月 7 日，东吴证券在上海证券交易所（下称上交所）完成国内首批创新创业公司债信用保护合约业务，参考实体分别为昆山龙腾光电有限公司（下称龙腾光电）和江苏京源环保股份有限公司（下称京源环保），均为创新创业实体企业，参考债务为"19 龙腾 01"和"19 京源 01"。这两家公司均为创新创业企业，由于两家公司本身无评级，通过提供信用保护合约可以为公司发行的债券起到较好的增信效果，增强债券投资者的信心。

东吴证券相关负责人介绍，这两单信用保护合约保护费均采取前端一次性支付的方式。如果参考实体支付违约，会触发信用保护合约的信用事件，合约卖方需向买方赔付对应参考债务的本金，买方向卖方交付标的债券，由卖方进行债券的后续处置。因此，信用保护合约的卖方存在赔付债券本金的风险。卖方可以通过对参考实体、参考债务的充分尽职调查降低风险。

在业内看来，此单业务落地，标志着创新创业公司债券融资又增添了一项保驾护航的工具。

资料来源：黄思瑜 . "双创"融资添保护绳：首批创新创业公司债信用保护合约落地［EB/OL］.［2019 – 03 – 08］. https：//www. yicai. com/news/100134333. html.

三、商业保理

（一）商业保理的概念与优势

保理（Factoring）是保付代理的简称，又称托收保付，是指卖方将其现在或将来的基于其与买方订立的货物销售或服务合同所产生的应收账款转让给保理商（提供保理服务的金融机构），由保理商向其提供资金融通、买方资信评估、销售账户管理、信用风险担保、账款催收等一系列服务的综合金融服务方式。

商业保理是保理业务的一个分支，是与银行保理相对应的概念。二者的区别主要体现在主体和适用对象条件两方面。在商业保理中，保理活动并非以银行为主体，而是以经批准设立的商业保理公司为主体来实施；适用对象上，银行保理要求很高，操作方式类似于发放贷款，需要对申请主体的征信以及财产状况做严格审查，并往往以提供担保为条件，而保理公司的要求相对灵活得多，更契合创业企业的需要。商业保理的优点有：

1. 弥补企业现金流缺口。供应链中，上游供应商的产品资金被下游企业大量占用，限制了其生产、周转能力。上游供应商当然希望缩短应收账款的账期，而作为买方的下游企业当然希望延长应付账款的账期。叙做保理业务之后，无论站在哪一方的角度来看，都是对企业现金流缺口的弥补。因此，商业保理无论对于卖方或买方，都具有融资的功能。

2. 促进销售，减少库存，降低成本，盘活资产。产品库存时间过长，企业成本将会增加，同时企业资产的价值将会降低。商业保理的介入，使得赊销成为企业销售更为倚重的一种手段，从而促进销售的增长，缓解商品库存的压力，降低企业成本；同时还会扩大市场的占有份额，盘活企业资产。

3. 改善财务报表，降低企业现金流压力。企业可以通过叙做保理业务，将应收账款的坏账风险转移给保理商，并减少财务在催收账款方面的投入。尤其是在无追索权的商业保理模式下，财务报表及时体现了应收账款回收的情况，可以很好地美化企业财务报表，改善财务形象。

4. 依托核心企业信用，降低融资门槛。我国创业企业普遍存在融资难问题。主要是因为企业可被市场接受的抵押担保物极为匮乏，通常达不到银行的融资标准，无形当中提高了创业企业融资的门槛，增加了融资的难度。商业保理更看重应收账款质量、买家信誉、货物质量。商业保理可以作为融资增信的手段，依托供应链核心企业信用，提供更有针对性的服务，比较容易做到无抵押和坏账风险的完全转移，切实解决中小企业融资难问题，并有助于中小企业建立信用体系。

5. 稳定供应链，提高竞争力。企业供应链管理是企业流动资金管理的重要一环。供应链中的买方希望寻求更长的付款期限，卖方则希望寻求即时付款的交易。因此，应收账款问题就成为买方和卖方之间最容易产生冲突的矛盾焦点。商业保理基于应收账款所提供的融资服务可以很好地解决这一矛盾，使得卖方可以提前回收资金投入再生产，同时使买方享受更长的账期，解决资金缺口的压力；贸易各方的资金周转效率均得到提高，从而实现更大的经济效益，并增强了企业之间贸易的稳定性。供应链通过叙做保理，使得核心企业与其供应商可以更加紧密地捆绑在一起，增强综合竞争力。

（二）商业保理的客户选择

商业保理公司大多采用基于供应链的，以核心企业信用为依托，为上下游企业提供资金融通服务的模式。

供应链金融中的核心企业是商业保理融资的关键因素，它的作用主要体现在信用提供、风险控制、供应链财务优化几个方面。首先，核心企业利用自身的资信，为上下游企业融资提供风险担保，商业保理公司才有信心为企业提供融资服务。其次，由于在融资中核心企业承担了小企业的违约风险，在动机上，核心企业会加强对融资企业的监督并控制资金的使用，督促业务的进展和贷款的偿还。另外，财务信息的交流改善了供应链企业间的信息状况，核心企业通过授信额度的控制，可以更有效地控制供应链，提高供应链效率。

商业保理是一个高风险的行业，它的融资条件相对较低，但融资成本相对较高。所以，保理公司的客户必须要有较强的资金需求，同时，又能满足保理公司的授信条件，且能承受较高的融资成本。创业企业如果有较强的融资需求，可以寻求成本相对较高的商业保理融资。

（三）商业保理的基本业务流程

商业保理基本业务流程如下：

第一步，销售商提出叙做保理业务的申请后，业务部门根据核查买卖双方的贸易合同、财务报表、银行贷款卡、结算发票、银行结算单和实地走访企业情况，确认合作贸易的真实性、买卖双方的企业信用、付款节点确认的方式等问题，编写详细调查分析报告，制定切实可行的业务操作方案，按规定权限报批。

第二步，经评审委员会审核通过后，融资部与销售商签订保理合同，并在人民银行应收账款抵押转让登记系统登记转让的应收账款登记信息。

第三步，融资部对资料和手续进行合规审核确认。

第四步，财务部根据约定预付比率发放融资款项。

第五步，销售商或保理商按应收账款约定在收款日前向购货商催收应收账款。

第六步，购货商按应收账款约定付款。

第七步，保理商收妥货款，扣除融资本息及有关费用后，将保理余款支付给销售商。如购货商在宽延期后仍未付清全额货款，销售商对保理额度内未收回的应收账款进行等额回购。

第八步，业务部负责客户的后期信息风险管理和与客户保持沟通。

四、融资租赁

(一) 融资租赁的概念与优势

融资租赁（Financing Lease）又称设备租赁或现代租赁，是指实质上转移与资产所有权有关的全部或绝大部分风险和报酬的租赁。出租人根据承租人所要求的规格、型号、性能等条件购入设备租赁给承租人，合同期内设备所有权属于出租人，承租人只拥有使用权，合同期满付清租金后，承租人有权按残值购入设备，以拥有设备的所有权。

融通资金是融资租赁的主要功能，融资租赁可以为承租人提供中长期资金来源，发挥与银行借贷等中长期融资手段相同的作用。同时，与银行贷款、发行债券、股票等融资方式相比，融资租赁具有显而易见的优势，具体表现如下：

1. 融资租赁手续简便快捷，而且对于那些新建的中小企业来说，融资租赁是获得融资支持的重要方式。

2. 承租人可以获得税收上的好处。国家为鼓励投资，专门为融资租赁提供了税收优惠，有些国家在融资租赁发展初期，采取了特定领域投资的税收减免政策，承租人通过融资租赁可以直接获得或分享出租人在特定领域进行租赁投资获得的投资税收减免。

3. 承租人可达到分期付款的目的。对创业企业而言，保持较高的资金流动性是财务管理追求的重要目标之一，并不是每个企业都能有充足的现金和流动资产，而且融资能力也受到多方面因素的限制，因而提高企业流动能力的途径会受到企业的欢迎。融资租赁由于其分期付款的特点解决了企业的投资需要，在不占用过多资金的前提下使其流动能力得到提高。

4. 有利于承租人改善资产负债结构。一些租赁交易获得的资产不计入资产负债表，简化了财务手续，减少了管理费用支出，同时有利于保持合理的资产负债比例。

（二）融资租赁的业务类型

融资租赁按其业务特点，可划分为如下几种类型：

1. 直接租赁。直接租赁是由承租人直接向出租人提出申请，出租人按照其要求来购买资产，然后出租给承租人使用，这种租赁形式的主要特征为出租者既是租赁设备的购买者，又是设备的出租者。

2. 售后租回。售后租回是指公司先按照协议将资产卖给出租人，再作为承租人将所售资产租回使用，并按期支付租金。在这种租赁形式下，承租企业因出售资产而获得了一笔现金收入，使固定资产流动化，增强了企业资金运用的灵活性，同时因将资产租回而又保留了资产的使用权，另外，企业支付的租金又可以抵销部分所得税。但是，承租人要为此定期支付租金，并失去了资产的所有权。

3. 杠杆租赁。杠杆租赁是被广泛采用的一种租赁形式。与前两种形式只涉及两方当事人的情况不同，杠杆租赁一般要涉及承租人、出租人和贷款人三方当事人，出租人一般只支付相当于租赁资产的20%～40%的资金，其余60%～80%的资金则以该资产为担保向贷款人借资支付。从承租人的角度来看，与其他融资租赁形式并无区别。而出租方既是承租人又是债务人，既要收取租金又要支付债务。

4. 转租赁。即租赁公司兼备出租人和承租人两种身份的一种租赁形式。当承租人向租赁公司提出租赁申请时，租赁公司由于资金或设备等方面的原因无法满足承租人要求，可先作为承租人向其他租赁公司或制造商租进所需的设备，再转租给承租人使用。

（三）融资租赁的租金构成

在融资租赁方式下，租金主要包括以下几个构成要素：

1. 设备价款及预计残值。设备价款及预计残值包括设备买价、运输费、安装调试费、保险费等，以及设备租赁期满后出售可得的收入。

2. 利息费用。利息费用包括出租人为购买设备所筹资金的利息和相应的风险报酬。这是因为，出租人在签订租赁合同以后的几个月或间隔更长的时间才对外支付货款，出租人要承担签约至付款期内市场利率上升的风险，因此出租人要求对其所承担的风险予以补偿，即在其融资成本上加一定的风险补偿报酬。

3. 手续费用。手续费用是指出租人在租赁项目实施过程中花费的全部必要支出以及盈利，包括办公费、差旅费、工资、邮电费用以及必要的利润。

除了上述要素外，租赁期限、付租间隔期、租金支付方式以及保证金的支付数额和结算方式因素也将会对租金总额产生影响。

五、政府支持

近年来，国家的资金支持是创业企业资金来源的一个重要组成部分。创业企业在创业发展初期争取到国家拨款或投资是一种最佳融资方式，因为无论是国家拨款还是投资，其目的只有一个，就是扶持创业企业的发展。

（一）政府引导基金

政府引导基金是由政府财政出资设立并按市场化方式运作的、在投资方向上具有一定导向性的政策性基金，通常通过投资于风险投资基金，引导社会资金进入早期创业投资领域。政府引导基金本身不直接从事股权投资业务。

政府引导基金的宗旨是发挥财政资金的杠杆放大效应，增加风险投资的资本供给，克服单纯通过市场配置风险投资资本的市场失灵问题。特别是通过鼓励风险投资基金投资处于种子期、起步期等创业早期的企业，弥补一般风险投资基金主要投资于快速增长期、成熟初期企业的不足。

目前较为主流的政府引导基金为"母基金＋子基金"模式。由于很多地方的政府引导基金要求禁止财政资金作为劣后级，母基金层面采用平行投资的架构，吸引社会资本作为有限合伙人（LP）参与，放大杠杆优势，从而政府资金与社会资本共同成立子基金。为了较好地发挥财政资金的杠杆作用，政府资金在子基金中的出资比例一般在15%～30%之间，25%～30%的最多。母基金采用基金的基金（FOF）形式运作，优选普通合伙人（GP）作为子基金的管理人，发挥管理人的专业特长，筛选出真正高质量的标的企业。根据投中研究院的调研报告，政府引导基金一般会对子基金管理团队的工作经验、合作年限、关键人物等提出要求。

政府引导基金由于承担了引导社会资本投向、优化一级市场资源配置、推动产业转型升级的任务，对子基金的投资设定了一定的框架和约束，包括但不限于投资区域、投资产业、投资阶段。

绝大部分政府引导基金在设立之初就对其退出方式作出了规定，主要通过两种机制实现退出。第一种是向子基金内其他有限合伙人（LP）转让。该情形下的转让价格和持有年限有关。政府引导基金会设定一条分界线，一般为三年或四年，在分界年限内转让的，对方只需额外支付市场利息，超过分界年限的，双方以市场化方式协商转让价格。第二种是子基金项目通过IPO或并购退出。

专栏 10-4

马蔚华委员：政府引导基金一哄而上应避免

在中央鼓励创业创新的背景下，国内政府引导基金经历了井喷式增长，但一些制约性问题也得以暴露。全国政协委员、国家科技成果转化引导基金理事长马蔚华在全国"两会"提案中指出，政府引导基金井喷式发展的背后，有一些制约性问题亟待解决。

其一是管理分散，缺少统筹和协同。由于缺乏系统全面的顶层设计，各政府部门竞相设立引导基金，大有一哄而上之势。而且，不同政府引导基金政策目标交叉重叠，导致基金重复设立、数量过多、资金使用分散等问题，无法形成"拳头"效应。

其二是规模偏小，资金来源缺少持续性。国内政府引导基金主要来自各级政府财政资金，规模普遍偏小，据投中研究院统计，截至 2014 年底，国内 209 只政府引导基金平均规模仅有 6 亿元左右。

其三是存在决策审批程序烦琐、行政干预等非市场化行为。政府引导基金的投资决策具有一定专业性和复杂性，本应委托专业机构进行管理，聘请专业人员组成评审委员会，确保专业化、市场化。但在实践中，有些政府引导基金的主管部门，设置了烦琐的行政决策审批程序，一定程度上影响了基金运行效率及决策科学准确性，同时令决策带有较强行政干预色彩，难以与子基金层面的市场化运作相衔接。

针对前述三项问题，马蔚华建议：首先，应当完善协同机制，克服当前政府引导基金多而散，支持对象重叠，未能形成政策合力的局面。

其次，要加强政府引导基金的顶层设计。中央和各级地方政府相关部门要加强顶层设计和统筹规划，适时调整和明确不同政府引导基金的作用领域，不得在同一领域重复设立基金，同时要合理扩大政府引导基金规模，制定长期规划，确保财政资金支持的持续性。

最后，要建立健全政府引导基金的市场化运行机制。政府引导基金的主管部门，应当确保子基金的市场化运作。在子基金的审批决策过程中，应简化审批流程，提高审批效率，着重发挥市场化专业机构以及同行专家的作用，减少对子基金的干预。

资料来源：林金冰．马蔚华委员：政府引导基金一哄而上应避免［EB/OL］．［2016 - 03 - 06］. http：//topics. caixin. com/2016 - 03 - 06/100916808. html.

（二）政府性融资担保机构

融资担保，是指担保人为被担保人借款、发行债券等债务融资提供担保的行为。政府性融资担保机构，是以政府出资为主、依法设立、经营融资担保业务的有限责任公司或者股份有限公司，包括国家融资担保基金、省级再担保机构、辖内融资担保机构三层组织体系。

政府性融资担保机构经营的融资担保业务，包括借款类担保业务、发行债券担保业务和其他融资担保业务。借款类担保，是指担保人为被担保人贷款、互联网借贷、融资租赁、商业保理、票据承兑、信用证等债务融资提供担保的行为。发行债券担保，是指担保人为被担保人发行债券等债务融资提供担保的行为。其他融资担保，是指担保人为被担保人发行基金产品、信托产品、资产管理计划、资产支持证券等提供担保的行为。此外，政府性融资担保机构还可以经营投标担保、工程履约担保、诉讼保全担保等非融资担保业务以及与担保业务有关的咨询等服务业务。

政府性融资担保机构具有准公共定位，主要弥补市场不足，降低担保服务门槛，着力缓解小微企业、"三农"等普惠领域融资难、融资贵，支持发展战略性新兴产业，促进大众创业、万众创新。其主要服务对象是小微企业、个体工商户、农户、新型农业经营主体等小微企业和"三农"主体，以及符合条件的战略性新兴产业企业。重点支持单户担保金额 500 万元及以下的小微企业和"三农"主体，优先为贷款信用记录和有效抵质押品不足但产品有市场、项目有前景、技术有竞争力的小微企业和"三农"主体融资提供担保增信。政府性融资担保、再担保机构不以盈利为目的，在可持续经营的前提下，保持较低费率水平，切实有效降低小微企业和"三农"主体综合融资成本。

本章要点

1. 风险投资是由专业投资者投入到新兴的、迅速发展的、有巨大竞争潜力的企业中的一种权益资本。风险投资运作的四个阶段是募集与设立、投资、投资后管理和项目退出。

2. 根据组织形式，可将风险投资（基金）分为公司型基金、合伙型基金和契约型基金。根据资本来源可分为独立风险投资和公司风险投资。

3. 风险投资的募集与设立，是指风险投资家或者受其委托的募集服务机构向投资者募集资金，依照相关的设立条件进行风险投资基金的设立与备案过程。

4. 风险投资的投资流程通常包括项目收集、项目初审、项目立项、签署投资备忘录、尽职调查、投资决策、签署投资协议七个主要阶段。

5. 投资后管理是指风险投资与被投资企业签署正式投资协议之后，风险投资家积极参与被投资创业企业的重大经营决策，为被投资企业实施风险监控，并提供各项增值服务等一系列活动。

6. 项目退出，是指风险投资选择合适的时机，将其在被投资企业的股权变现，由股权形态转化为资本形态，以实现资本增值，或及时避免和降低财产损失。

7. 尽职调查，是指风险投资家在与目标企业达成初步合作意向后，经协商一致，对目标企业的一切与本次投资相关的事项进行现场调查、资料分析的一系列活动。

8. 信贷业务是商业银行最重要的资产业务，银行通过放出贷款、收回本金和利息、扣除成本获得利润。5C 分析法是金融机构对客户作信用分析时所采用的传统方法之一。

9. 债券是债务人为筹集债务资本而发行的，约定在一定期限内向债权人还本付息的有价证券。债券在发行前必须由评级机构评定债券的信用等级。

10. 保理是保付代理的简称，又称托收保付，是指卖方将其现在或将来的基于其与买方订立的货物销售或服务合同所产生的应收账款转让给保理商（提供保理服务的金融机构），由保理商向其提供资金融通、买方资信评估、销售账户管理、信用风险担保、账款催收等一系列服务的综合金融服务方式。

11. 融资租赁又称设备租赁或现代租赁，是指实质上转移与资产所有权有关的全部或绝大部分风险和报酬的租赁。

12. 政府引导基金是由政府财政出资设立并按市场化方式运作的、在投资方向上具有一定导向性的政策性基金，通常通过投资于风险投资基金，引导社会资金进入早期创业投资领域。

13. 政府性融资担保机构，是以政府出资为主、依法设立、经营融资担保业务的有限责任公司或者股份有限公司，包括国家融资担保基金、省级再担保机构、辖内融资担保机构三层组织体系。

关键术语

风险投资　公司型基金　合伙型基金　契约型基金　独立风险投资
公司风险投资　尽职调查　银行信贷　信用风险评估　5C　债券
信用评级　商业保理　融资租赁　直接租赁　售后租回　杠杆租赁
转租赁　政府引导基金　政府性融资担保机构

进阶阅读

1. 刘曼红，Levensohn，刘小兵．风险投资学［M］．北京：对外经济贸易大学出版社，2018.

2. 中国证券投资基金业协会．股权投资基金［M］．北京：中国金融出版社，2017.

3. ［美］谢尔曼．从创业筹资到IPO——企业融资全流程实战解析（第三版）［M］．王鑫，译．北京：人民邮电出版社，2015.

复习思考题

1. 简述创业企业发展中后期的主要融资模式。
2. 简述风险投资的运作流程。
3. 试述借款企业信用风险评估的方法。
4. 试述企业债券信用评级的方法。
5. 简述商业保理具有哪些优势。
6. 融资租赁有哪些业务类型，融资租赁的租金由哪些要素构成？
7. 试述政策引导基金和政府性融资担保机构的主要作用。

案例分析

瑞幸咖啡融资之路

瑞幸咖啡由原神州优车集团COO钱治亚创建，主要通过旗舰店、悠享店、快取店和外卖厨房店的差异化门店布局，以及线上线下、堂食、自提和外送相结合的新零售模式，在国内咖啡市场掀起巨浪。

自2017年10月第一家试运营门店落地开始，瑞幸咖啡就开始了融资之路。2018年7月，瑞幸宣布完成A轮2亿美元融资，投后估值10亿美元，大钲资本、愉悦资本、新加坡政府投资公司（GIC）和君联资本参与了A轮融资；同年12月宣布获得了

2 亿美元 B 轮融资，大钲资本、愉悦资本、GIC、中金公司等均参与了融资，投后估值 22 亿美元。2019 年 4 月初，瑞幸通过设备融资租赁手段，将咖啡机等物品抵押借债 4500 万元；同月，瑞幸获得 1.5 亿美元 B + 轮融资，由贝莱德集团领投，投后估值 29 亿美元。瑞幸咖啡招股书披露，2018 年公司净收入 8.4 亿元，净亏损 16.2 亿元；截至 2019 年 3 月 31 日第一季度净收入为 4.8 亿元，净亏损 5.5 亿元。

瑞幸咖啡董事长为神州优车董事长陆正耀，钱治亚为 CEO，黎辉、刘二海为董事。IPO 前，陆正耀持股 30.53%，为大股东；钱治亚持股 19.68%；Mayer Investments Fund L. P. 持股 12.4%；大钲资本持股 11.9%；愉悦资本持股 6.75%。IPO 后，陆正耀持股 26.06%，投票权为 30.02%；钱治亚持股 16.80%，投票权为 19.35%。上市首日，瑞幸咖啡盘中一度大涨 50%，不过随后涨幅回落，收盘报 20.38 美元，较发行价 17 美元/股上涨 19.88%，市值为 47.4 亿美元（约 328 亿元人民币）。

讨论题

1. 为什么瑞幸这样快速成长的年轻公司会向风险投资寻求资金支持，而不是从银行获得资金？

2. 与一次性投资相比，风险投资分阶段投资瑞幸这样的年轻公司有什么好处？

3. 如何根据信用分析方法来评估瑞幸的信用风险？

4. 试比较设备融资租赁与银行信贷。

第十一章　创业退出

学习目标

1. 理解创业退出的概念、意义和主要方式；
2. 理解公开发行上市的概念、主要市场；
3. 了解创业板、科创板上市的要求与流程；
4. 理解并购退出、股权内部转让退出的类型与方法；
5. 理解解散清算的方式与流程。

开篇案例

华兴源创成科创板第一股

2019 年 7 月 1 日，华兴源创作为科创板第一股，首次公开发行股票并在科创板上市，网下初步配售结果及网上中签结果出炉。华兴源创以 24.26 元/股价格发行新股 4010 万股，发行市盈率为 41.08 倍，高于行业最近一个月平均静态市盈率。网上、网下投资者以及战略投资者共认购 4009.32 万股，认购率为 99.98%。此次募集资金投资项目主要为三项：一是平板显示生产基地建设项目，二是半导体事业部建设项目，三是补充流动资金。

华兴源创由陈文源、张茜夫妇于 2005 年 6 月 15 日成立，初始注册资本 100 万元人民币，企业类型为有限责任公司。随后经历了增资和股份公司设立，至科创板上市前，注册资本达 36090 万元，公司的股东为源华创兴、陈文源、苏州源奋、苏州源客和张茜，实际控制人为陈文源、张茜夫妇。

华兴源创主营业务为从事平板显示及集成电路的检测设备研发、生产和销售，主要产品应用于 LCD 与 OLED 平板显示、集成电路、汽车电子等行业。目前公司有超过 40% 的员工为研发人员，2018 年度经审计研发费用占营业收入的 13.78%。

经过多年自主研发，华兴源创已在信号和图像算法领域积累了多项技术，截至 2019 年 6 月 12 日已取得了 20 项发明专利、50 项实用新型专利及 2 项外观设计专利等知识产权成果，10 种产品被江苏省科技厅认定为高新技术产品。2016 年至 2018 年公司营业收入分别为 5.1 亿元、13.6 亿元及 10.0 亿元，净利润分别为 1.8 亿元、2.09

亿元及 2.4 亿元。

科创板推出前，华兴源创原本是完全按主板要求进行申报的。在科创板推出后，华兴源创结合自身条件以及科创板的市场定位，认为科创板上市更加符合公司的价值诉求。因此，华兴源创选择了科创板上市。

2019 年 7 月 22 日，科创板正式开市，首批 25 家企业上市交易，首日行情平均涨幅约 140%。华兴源创开盘价 55.40 元，最高达到 72.02 元，最低为 39.59 元，报收 55.50 元，涨幅为 128.77%，成交额 15.07 亿元。按照收盘价，陈文源、张茜夫妇持有的股份市值超 208 亿元，成为科创板首富。

资料来源：作者整理。

创业退出是实现创业价值的途径。在本章，我们将学习创业退出。在第一节，我们要学习创业退出的概念、意义和主要方式。在第二节，我们要学习公开上市退出的主要市场、基本要求与流程。在第三节和第四节，我们分析并购退出、股权内部转让退出的类型与方法。在第五节，我们讨论解散清算的方式与流程。

第一节 创业退出概述

一、创业退出的概念

创业退出（Exiting），也称为创业收获（Harvesting），是指创业企业的创始人或创业团队、股东选择合适的时机，不同程度上从公司所有权和决策架构中退出，从而收获创业价值的过程。

该概念具体可以从以下两方面阐释：在分析层次上，关注创始人、创业团队、股东而不是企业层次；在企业类型上，关注私营企业而不是公开上市公司，因为私营企业的创业者持有更高的公司所有权并且对公司拥有集中的控制权，可以自主决定退出。

创业退出首先需要选择适当的退出时机，评估公开上市、股权转让等不同退出路径的收益，进而设计退出方案；然后，进行退出启动前的准备；再次，启动退出程序后，监控整个项目退出过程；最后，进行交易结算并进行退出后的评估与评价。

二、创业退出的意义

创业过程包含从企业创建到收获创业价值的各个阶段，创建新企业的大部分付出能否得到回报，关键取决于未来某个时间点收获企业价值的能力，创业退出正是收获这一价值的重要时刻。创业退出的意义在于：

1. 实现创业价值，控制风险。创业活动与一般投资活动相比，投资周期长、投入成本高、投资风险较大。创业活动的特殊性，决定了其更注重风险的控制，以及对创业价值增值的更高要求。

创业者创业的目的大多是通过创业企业的价值增长而获取高额收益。创业企业价值增长一方面来自股息和红利，但更多地体现在创业企业经过良好的管理与运作后企业股权价值的增加，创业者得以在适当的时机退出，实现创业价值。而当无法获取预期收益甚至存在亏损的可能性时，及时进行创业退出可适度规避创业风险。

2. 评价创业活动，体现创业价值。创业企业通常为未公开上市的企业，一般具有较好发展前景。创业企业可能会遇到一定的市场风险和竞争风险，通过股价以及财务核算难以评价其投资价值，通过创业退出实现的收益可以衡量创业价值，从而有效地对创业活动进行价值发现、核算和评价。

三、创业退出策略的选择

现有创业退出策略（Exit Strategy）和路径主要有五种：公开上市、并购、家族继任、员工收购、解散清算。其中，根据风险收益性、退出复杂性、创业者退出后参与公司可能性的三个标准，DeTienne 和 Cardon（2012）对创业退出策略做了初步分析。并购和公开上市都是高风险性、高复杂性同时可能带来高回报性的策略。首次公开上市可以视为一种募集资金发展企业的手段，创业者通常保留一定控制权但要求限期稀释股权。并购则是更为完整的退出策略，因为相伴发生的企业重组往往导致创业者的彻底退出。家族继任可以传承家族的特有知识，提高企业的价值，不过也存在风险。通过家族继任的策略，退出的创业者可以继续获取企业经济价值并参与企业事务。员工收购通常涉及所有权的逐步转让和创业者的渐进退出，如此在较长时期内创业者仍能继续参与企业经营。解散清算也是一种低风险和操作简易的策略，创业者只需解散企业和清算资产。在此基础上，DeTienne 等（2015）进一步构建了创业退出策略的整合框架，具体包括：价值收获型策略，如公开上市和并购，能使创业者获得的经济价值大幅增加；管家型策略，如家族继任、员工收购，允许创业者在长期内对企业生存和发展产生影响；主动终止型策略，如清算和关闭，使创业者在新创企业既定目标达成后放弃企业。

专栏 11 −1

新经济搅动资本市场"一汪春水"私募寻求多样化退出渠道

"新经济"是指由信息技术革命驱动、以高新科技产业为龙头的经济体系。港交所董事总经理兼市场发展科项目管理部主管许正宇在香港举行的"第十七届中国私募投资高峰会"（以下简称"私募投资会"）上表示，2018 年港交所的新政瞄准"新经济"，瞄准未盈利的生物科技公司、满足一定条件的新经济公司并允许同股不同权架构以及境外上市的大中华区企业选择香港作为第二上市地。相关人士透露，在新上市制度之后，已经有一定数量新经济企业申请赴港上市，新制度能够吸引投资者对生物科技和"同股不同权"（WVR）类型的公司的兴趣。瑞信亚太区投资银行及资本市场部联席主管洪长福表示，近几年新经济上市数量明显增加，上市必然是企业对自身公司情况、当时的市场状况综合考量后的结果，企业在某个时间点上市，不论是打造品牌、进行融资，还是对于员工持股的流动性考量、激励人才等都有正面作用。

尽管港交所等交易所的新政的确对部分企业 IPO 起到了刺激作用，但上市并不是私募退出的唯一渠道，其他退出渠道也逐渐增多。私募在选择上市的渠道退出外，通过并购、出售（Trade Sale）的途径退出的数量也在增多。摩根士丹利亚太并购业务主管谭楚翘在私募投资会上表示，大概十年前，很多 PE 还在做风险投资，在选择退出机制的时候会选择让企业上市。但是在 5~7 年前，像协议控制等开始出现，包括出售等途径使得私募的 IRR、退出的时间点更容易掌控。谭楚翘指出，私募基金的客户越来越多地会选择 M&A、出售等形式退出。

资料来源：周智宇. 新经济搅动资本市场"一汪春水"，私募寻求多样化退出渠道 [EB/OL]. [2018-06-12]. http：//www. 21jingji. com/2018/6-12/3OMDEzNzlfMTQzNTc3OQ. html.

第二节　公开上市退出

股份公开上市（Going Public）是创业者实现创业价值首选的退出方式。

首次公开发行上市（Initial Public Offering，IPO）一般是在创业企业经营达到理想状态时进行的，创业者通过企业上市将其拥有的不可流通的股份转变成可以在公开市场上流通的股份，通过股票在公开市场转让实现创业退出和资本增值。公开上市退出包括两个环节：一是公开上市环节，二是股权变现（转让）环节。上市环节是公开市场退出的前提，通过这一环节，创业者的股权具有了市场价格和变现的基础。如果说没有挂牌上市前的创业企业的股权增值是潜在的，而这种潜在性还具有"隐性"特征，我们称之为"隐性"的潜在价值；一旦上市成功，创业企业的股权隐性的价值显性化，因此，上市环节只是实现了创业企业潜在价值的"显性化"，属于价值发现过程，还必须通过出售进行价值实现。创业者持有的股权的出售，必须符合政府有关法律，必须考虑政府对股权转让的有关限制问题。例如，一些国家的证券交易法规涉及对发起人股东、大股东、内部人员等所持公众公司股份的转让的限制性规定。

一、公开上市退出的主要市场

创业企业 IPO 主要包括国内 A 股 IPO 和海外 IPO。

国内 A 股市场包括主板市场、中小板市场、创业板市场和科创板市场。主板市场是国内规模最大、交易最活跃的市场，也是多层次资本市场中最具代表性的市场。主板市场对发行人的营业期限、股本大小、盈利水平、最低市值等方面的要求标准较高，上市企业多为大型成熟企业，具有较大的资本规模以及稳定的盈利能力。

中小板市场是深圳证券交易所为落实分步推进创业板市场建设要求的具体安排，基于当时的市场条件的改革措施建立的，拟发行上市企业中流通股本规模相对较小的公司在该板块上市。中小企业板块在主板市场的制度框架下运行，同时又是主板市场中相对独立的板块。其总体设计，可以概括为"两个不变"和"四个独立"，即与主板上市法律法规不变、发行上市标准不变，运行独立、监察独立、代码独立、指数独立。

创业板市场是为了适应创业和创新的需要而设立。与主板市场只接纳成熟的、已形成足够规模的企业上市不同，创业板以成长型创业企业为服务对象，重点支持具有自主创新能力的企业上市，具有上市门槛相对较低、信息披露监管严格等特点，它的市场风险要高于主板。在创业板上市的企业大多处于成长期，规模较小，经营稳定性相对较低，总体上投资风险较主板大，因此适合于那些具有成熟的投资理念、有较强的风险承受能力和市场分析能力的投资者。

 专栏 11-2

创业板服务"双创"成绩单

2018 年 10 月 30 日，创业板迎来开板 9 周年。如何解决民营企业与科创企业融资难题，经过 9 年发展，创业板已建立了一套行之有效的融资服务体系。

创业板 9 周年"成绩单"数据显示，截至 10 月末，734 家创业板上市公司累计 IPO 融资 3820 亿元，平均每家 5.2 亿元，股权再融资累计达 2753 亿元。在债券融资方面，共有 101 家次公司发行了公司债或可转债，融资总额超过 500 亿元。

股权融资对公司负债状况起到明显改善作用。以 2017 年以前在创业板上市的 710 家公司为例，上市前一年平均资产负债率为 37.4%，上市当年平均仅 20%，降幅明显。根据中报数据，创业板上市公司整体资产负债率为 41.28%，远低于全市场平均水平。

10 月 26 日，深圳一家券商投行人士表示，"创新企业由于普遍具备轻资产、高风险的特点，一直面临融资难题，上市有助于降低企业杠杆率，可以改善科创企业资本结构、降低财务成本。"

除获得股票融资以外，上市公司间接融资能力也得到增强。多家创业板上市公司人士受访表示，上市前，由于信用评级低，很多企业属于轻资产公司，难以满足银行抵押担保条件，很难取得贷款，即使获批也要经过复杂漫长的审批程序和相对较高的成本。上市公司信息披露要求规范化，财务信息透明化，更容易获得银行青睐，因此企业间接融资能力得到改善。据统计，企业上市后一年获得银行贷款同比增加 42%。

资料来源：谭楚丹. 创业板服务"双创"成绩单：9 年股融逾 6573 亿元，并购孕育新兴产业 [EB/OL]. http://www.21jingji.com/2018/10-30/3OMDEzNzhfMTQ1NTI3OA.html.

科创板市场是独立于现有资本市场的新设板块，并在该板块内进行注册制试点。科创板作为全面深化资本市场改革的重要突破口，主要承担着两项重要使命：一是支持有发展潜力、市场认可度高的科创企业发展壮大。通过改革增强资本市场对科创企业的包容性，允许未盈利企业、同股不同权企业、红筹企业发行上市，进一步畅通科技、资本和实体经济的循环机制，加速科技成果向现实生产力转化，引领经济发展向创新驱动转型。二是发挥改革试验田的作用。从中国的国情和发展阶段出发，借鉴成熟市场经验，在发行上市、保荐承销、市场化定价、交易、退市等方面进行制度改革的先试先行，并及时总结评估，形成可复制可推广的经验。发行人申请首次公开发行股票并在科创板上市，应当符合科创板定位，面向世界科技前沿、面向经济主战场、面向国家重大需求。优先支持符合国家战略，拥有关键核心技术，科技创新能力突出，主要依靠核心技术开展生产经营，具有稳定的商业模式，市场认可度高，社会形象良好，具有较强成长性的企业。

对我国企业来说，海外 IPO 市场主要以香港主板、香港创业板、美国纳斯达克证券交易所（NASDAQ）、纽约证券交易所（NYSE）等市场为主。

二、境内创业板与科创板上市基本要求

（一）创业板上市基本要求

在上市主体资格上，创业板上市企业必须符合以下要求：

1. 依法设立且持续经营 3 年以上的股份有限公司。有限责任公司按原账面净资产值折股整体变更为股份有限公司的，持续经营时间可以从有限责任公司成立之日起计算；

2. 发行人应当主要经营一种业务，生产经营活动符合法律、行政法规和公司章程的规定，符合产业政策及环保政策；

3. 发行人最近两年内主营业务和董事、高级管理人员均没有发生重大变化，实际控制人没有发生变更。

在规范运作上，必须符合以下要求：

1. 股权清晰，控股股东和受控股股东、实际控制人支配的股东所持发行人的股份不存在重大权属纠纷；

2. 依法建立健全股东大会、董事会、监事会以及独立董事、董事会秘书、审计委员会制度、股东投票计票制度；

3. 内部控制制度健全；

4. 发行人及其控股股东、实际控制人最近三年内不存在损害投资者合法权益和社会公共利益的重大违法行为。

在财务和会计上，必须符合以下要求：

1. 最近两年连续盈利，最近两年净利润累计不少于 1000 万元；或者最近一年盈利，最近一年营业收入不少于 5000 万元，净利润以扣除非经常性损益前后孰低者为计算依据；

2. 最近一期末净资产不少于 2000 万元，且不存在未弥补亏损；

3. 发行后股本总额不少于 3000 万元；

4. 会计基础工作规范，内部控制制度健全有效，财务会计报告无虚假记载。

在信息披露上，必须符合以下要求：

1. 分析并完整披露对其持续盈利能力产生重大不利影响的所有因素；

2. 披露已达到发行监管对公司独立性的基本要求；

3. 凡是对投资者作出投资决策有重大影响的信息，均应当予以披露。

（二）科创板上市基本要求

在上市主体资格上，科创板上市企业必须符合以下要求：

1. 符合中国证监会规定的发行条件；

2. 依法设立且持续经营 3 年以上的股份有限公司（有限责任公司按原账面净资产值折股整体变更为股份有限公司的，持续经营时间可以从有限责任公司成立之日起计算），具备健全且运行良好组织机构，相关机构和人员能够依法履行职责；

3. 发行后股本总额不低于人民币 3000 万元；

4. 公开发行的股份达到公司股份总数的 25% 以上；公司股本总额超过人民币 4 亿元的，公开发行股份的比例为 10% 以上；

5. 上海证券交易所规定的其他上市条件。

在财务和会计上，必须符合以下要求：

1. 预计市值不低于人民币 10 亿元，最近两年净利润均为正且累计净利润不低于人民币 5000 万元，或者预计市值不低于人民币 10 亿元，最近一年净利润为正且营业收入不低于人民币 1 亿元。

2. 预计市值不低于人民币 15 亿元，最近一年营业收入不低于人民币 2 亿元，且最近三年累计研发投入占最近三年累计营业收入的比例不低于 15%。

3. 预计市值不低于人民币 20 亿元，最近一年营业收入不低于人民币 3 亿元，且最近三年经营活动产生的现金流量净额累计不低于人民币 1 亿元。

4. 预计市值不低于人民币 30 亿元，且最近一年营业收入不低于人民币 3 亿元。

5. 预计市值不低于人民币 40 亿元，主要业务或产品需经国家有关部门批准，市场空间大，目前已取得阶段性成果。医药行业企业需至少有一项核心产品获准开展二期临床试验，其他符合科创板定位的企业需具备明显的技术优势并满足相应条件。

如果是符合《国务院办公厅转发证监会关于开展创新企业境内发行股票或存托凭证试点若干意见的通知》（国办发〔2018〕21 号）相关规定的红筹企业，可以申请发行股票或存托凭证在科创板上市。

营业收入快速增长，拥有自主研发、国际领先技术，同行业竞争中处于相对优势地位的尚未在境外上市的红筹企业，申请在科创板上市的，市值及财务指标应当至少符合下列标准之一：

1. 预计市值不低于人民币 100 亿元；

2. 预计市值不低于人民币 50 亿元，且最近一年营业收入不低于人民币 5 亿元。

三、境内上市流程

（一）创业板上市流程

首次公开发行股票并在创业板上市，应当符合发行条件、上市条件以及相关信息披露要求，依法经中国证监会创业板发行审核委员会审核核准后方可发行。创业板上市流程如下：

1. 股东大会决议阶段。拟上市公司董事会就本次股票发行的具体方案、募集资金使用的可行性及其他必须明确的事项作出决议，并提请股东大会批准。

2. 提请申请文件阶段。发行人应当按照按照中国证监会有关规定制作申请文件，由保荐人保荐并向中国证监会申报。保荐人应当对发行人的成长性进行尽职调查和审慎判断并出具专项意见。发行人为自主创新企业的，还应当在专项意见中说明发行人的自主创新能力。

3. 中国证监会受理阶段。中国证监会收到申请文件后，在 5 个工作日内作出是否受理的决定。中国证监会受理申请文件后，由相关职能部门对发行人的申请文件进行初审，由创业板发行审核委员会审核，并建立健全对保荐人、证券服务机构工作底稿的检查制度。

4. 中国证监会审核阶段（3 个月）。中国证监会自申请文件受理之日起 3 个月内，依法对发行人的发行申请作出予以核准、中止审核、终止审核、不予核准的决定，并出具相关文件。发行人根据要求补充、修改发行申请文件的时间不计算在内。

5. 挂牌上市阶段。发行人应当自中国证监会核准之日起 12 个月内发行股票，发行时点由发行人自主选择；超过 12 个月未发行的，核准文件失效，须重新经中国证监会核准后方可发行。

（二）科创板上市流程

首次公开发行股票并在科创板上市，应当符合发行条件、上市条件以及相关信息披露要求，依法经上海证券交易所（以下简称上交所）发行上市审核并报经中国证监会履行发行注册程序。科创板上市流程如下：

1. 股东大会决议阶段。拟上市公司董事会就本次股票发行的具体方案、募集资金使用的可行性及其他必须明确的事项作出决议，并提请股东大会批准。

2. 提请注册文件阶段。发行人委托保荐人通过上交所发行上市审核业务系统报送发行上市申请文件。

3. 上交所受理阶段。上交所收到发行上市申请文件后 5 个工作日内，对文件进行核对，作出是否受理的决定，上交所受理发行上市申请文件当日，发行人在上交所预先披露招股说明书。上交所受理发行上市申请文件后 10 个工作日内，保荐人应以电子文档形式报送保荐工作底稿。

4. 上交所审核问询阶段（6 个月）。交易所按照规定的条件和程序，3 个月内作出同意或者不同意发行人股票公开发行上市的审核意见，根据需要，交易所还向交易所科技创新咨询委员会进行行业问题咨询、约见问询与调阅资料、现场检查等，在这个过程中，企业回复交易所审核时间总计不超 3 个月。

5. 证监会履行发行注册程序。证监会在 20 个工作日内对发行人的注册申请作出同意注册或者不予注册的决定。主要关注交易所发行审核内容有无遗漏，审核程序是否符合规定，以及发行人在发行条件和信息披露要求的重大方面是否符合相关规定。证监会可以要求交易所进一步问询。

6. 挂牌上市阶段。证监会同意注册的决定自作出之日起 1 年内有效，发行人应当在注册决定有效期内发行股票，发行时点由发行人自主选择。股票上市交易未通过交易所或证监会审核的，自决定作出之日起 6 个月后可再次提出上市申请。

 专栏 11-3

2018 年中国独角兽上市分析

2018 年中国独角兽上市频繁，中国香港和美国是主要选择地。据统计，2018 年全年，中国共 19 家独角兽实现上市，上市前估值从 10 亿美元到 460 亿美元不等，上市地点包括港交所、纽交所、纳斯达克和深交所，数量分别为 8 家、5 家、5 家、1 家，总数达历史新高。尽管如此，已上市独角兽真的万事无忧了吗？对比上市前后数据来看，现实并非如此。

第一，四成企业遭遇破发。从上市首日情况来看，因发行价格过高、市场对其前景不看好、未有突破创新、盈利模式存疑等因素，共有 7 家企业首日破发，破发程度最高为哔哩哔哩达 14.8%。此外，除上述原因外，由于国外投资人和资本市场对国内企业文化、运营模式等存在理解差距，对比 10 家在美国上市的企业，破发企业数量达 4 家占比 40%，占破发总数 57.1%。

第二，市值堪忧，仅 5 家实现预期三连跳。从市值来看，五成以上企业发行市值高于预计估值，其中涨幅最高为电子商务行业的拼多多，主打三四线用户群体，挖掘人口红利，发行市值为事前估值 12 倍。但结合目前市场来看（2018 年 12 月 31 日），仅 5 家企业实现市值连续增长；一半以上企业市值缩水，其中触宝科技遭遇估值三连降，从预计估值 15 亿美元降至目前 5.3 亿美元，降低幅度高达 64.7%。

资料来源：恒大研究院研究报告. 中国独角兽报告：2019，2019-03-07.

四、上市后的股权转让退出

创业企业上市并非创业退出过程的结束，只有当所持有的股份在锁定期（限售期）届满或符合约定条件通过二级市场减持完毕之后，才标志着创业退出的完结。

锁定期（限售期）的设置，通常是为了保护中小投资者的利益，防止公司实际控制人、控股股东、董事、监事、高管等"内部人"利用信息优势获得不当利益，或者利用资本市场实现快速套现。锁定期分为强制锁定和自愿锁定两种，强制锁定是指法律法规或交易所规则规定的关于股份锁定的规则。例如，我国《公司法》规定，公司公开发行股份前已经发行的股份，自公司股票在证券交易所上市交易之日起一年内不得转让。自愿锁定是指在强制锁定的基础上，为了提升投资者信心，公司实际控制人、控股股东、董事、监事或高管自愿承诺在一定时间内不对外转让其持有的上市公司股份。锁定期结束后，股份上市转让还需要遵循交易所的交易机制和规则。

第三节　并购退出

一、并购的定义

企业并购（Merger and Acquisition，M & A）包括兼并和收购两种方式，兼并是指两家或更多的独立的企业合并组成一家企业，通常由一家占优势的企业吸收一家或更多的企业；收购则是指一家企业用现金、股票或者债券等支付方式购买另一家企业的股票或者资产，以获得该企业控制权的行为。与一般的股权转让交易相比，并购交易通常涉及企业控制权的转移。本节介绍的并购退出，不同于股票公开发行上市后的转让，而是特指未上市企业股权的非公开协议转让。

二、并购的类型

按照并购双方所处行业性质不同，可以分为横向并购、纵向并购和混合并购。横向并购是指两个或两个以上同行业公司之间的并购。例如，滴滴公司和快的公司之间的合并。横向并购的双方公司生产同类产品或者经营同类业务，在并购之前双方是竞争对手，通过横向并购可以消除竞争，扩大市场份额。纵向并购是指企业与其供应商或客户之间的并购。混合并购是指与企业生产经营活动无直接关系的企业之间的并购。

按照并购的出资方式不同，可分为出资购买资产式并购和以股票换取资产式并购。出资购买资产式并购是指收购公司使用现金购买被收购公司的全部资产，被收购公司成为收购公司的一部分，被收购公司并入收购公司后其原有法人资格取消。以股票换取资产式并购是指收购公司向被收购公司发行本公司的股票来交换被收购公司资产，被收购公司将收到的收购公司股票分配给其原有股东。

三、并购退出的流程

从创业者出售创业企业的角度来看，并购的流程主要包括以下几个步骤：

1. 前期准备阶段。当创业者有意向以并购方式出售所创业企业股权时，首先需要寻找潜在的收购方，在与潜在收购方接触之前，创业者和企业需要做以下准备工作。

首先是选择并购顾问。该项工作主要是选择合适的会计师、律师和投资银行。其次是准备营销材料。营销材料主要包括出售方的执行概要和信息备忘录。执行概要需重点说明企业的战略优势，尤其是适合收购方整合的优势，以吸引潜在的收购者。信息备忘录是为了规范出售方的信息披露，提高信息披露的质量。最后是实施市场营销行为。在这个阶段，投资银行将联系有针对性的潜在买家。

2. 尽职调查阶段。买卖双方之间存在信息不对称，尽职调查可以减少这种信息的不对称，尽可能地降低买方的收购风险。因此，有意向的买家将对创业企业进行尽职调查。

3. 价值评估阶段。尽职调查之后收购方和出售方商谈的核心内容是估值问题。资产评估一般委托独立的资产评估机构完成。价值评估的目的之一在于估算出创业者并购退出的价值份额。最终的评估结果将由双方在评估的基础上协商得到。

4. 协商履约阶段。谈判主要涉及支付方式与期限、交接时间与方式、有关手续的办理与配合等问题。双方协商达成一致意见后开始签订正式协议书，明确双方的权利和义务。协议签订后，应办理相关的交接手续。

 专栏 11 - 4

美团收购摩拜

2018 年 4 月 4 日，美团与摩拜联合宣布，已经正式签署美团全资收购摩拜的协议。美团 CEO 王兴表示，摩拜将继续保持独立品牌、独立运营，摩拜的管理团队将保持不变，王晓峰将继续担任 CEO，胡玮炜将继续担任总裁，夏一平将继续担任 CTO，王兴将出任摩拜董事长。此前，摩拜董事长为李斌。

王兴在给美团员工的站内信中表示，此次摩拜的加入，不仅基于双方团队对创造美好生活的共同理念，也源于双方投资人对摩拜和美团生态融合的巨大潜力的信心。摩拜将是美团生态的重要组成部分。

摩拜方面表示，摩拜所面对的竞争正变得愈发激烈。未来将通过整合摩拜和美团各自优势，在技术、运营、营销、客户服务等层面实现资源优化和共享。

据悉，摩拜目前拥有超过 2 亿用户、每天提供超过 3000 万次骑行。美团方面表示，加入美团后，摩拜将成为美团到店、到家、旅行各场景的最佳连接，为用户提供更加完整的闭环消费体验；美团丰富的吃喝玩乐消费场景，也将为摩拜用户带来更为丰富、便捷的服务。

资料来源：第一财经综合报道，https：//www.yicai.com/news/5412648.html.

第四节　股权内部转让退出

一、股权内部转让的定义

股权的内部转让（Internal Transfer）是指企业股东通过法定方式转让其全部出资或部分出资给企业内部人士的过程。此处的内部人士，是指公司股东、创业者家族成员、员工等与创业企业相关的人员。在部分转让的情况下，公司股东的股权结构会发生变化，但股东人数不会因该转让而改变；在全部转让的情况下，股东人数会相应减少，受让股东的股权比例则会增加。由于股权的内部转让不会改变公司的信用基础，且股权在股东间转让不会对公司产生实质性影响，因而大多数国家公司法对此都没作出很严格的限制。

二、家族继任

家族继任（Intra – Family Business Succession）通常是指创业企业的领导权从某个家族成员向另一家族成员的传递，领导权可细分为所有权和控制权两个维度。Churchill 和 Hatten（1987）认为家族企业所有权和控制权的传递是被一种纯粹的自然生物力量所驱动，而不是由市场来驱动。基于父子两代的生命周期，他们将家族企业的传承过程划分为四个不同的阶段：

1. 所有者管理阶段。这个阶段包括创始人创业到某个家族成员进入企业。其间，创始人是直接参与企业运营的唯一家族成员。

2. 子女的培养和发展阶段。在这个阶段，子女不断学习企业运营知识，并开始到企业做兼职员工或假期工。

3. 父子合伙阶段。这时子女已经具备了足够的企业管理能力，开始承担企业的管理责任，并参与企业的部分决策。

4. 权力传递阶段。该阶段始于父子合伙阶段的后期，创始人的退休进程和运营角色的淡化将对其产生重要的促进作用，该阶段可能还会伴随着所有权的传递。

专栏 11 – 5

周成建为何还"垂帘听政"？

2016 年 11 月 21 日，美邦服饰发布公告称，公司收到创始人、董事长、总裁周成建提交的辞职报告，公司董事会选举周成建之女胡佳佳出任美邦服饰的董事长。

据说周成建虽然已经交班给第二代了，但还在"垂帘听政"。周成建表示，他很推崇李嘉诚的"中体西用"式传承。在他看来，最重要的传承是无形的，不是有形的。"我们怎么样帮助下一代有经营能力，这是一个非常关键的问题。人家说坐吃山空，你再多的财富，如果他自己没有这个能力的话，其实从某个角度来说是害了他。如果他自己有创造能力，他可能比我们更牛，我们相信二代一定比我们强。"

因此，他认为，一代企业家更应该帮助二代，给予一些无形的空间和机会，让他去锻炼，去经历，让他有更多的挫败，可能才有机会、能力去应对未来的挑战。

资料来源：李玉敏．周成建、李菁共话家族企业传承与创新 两代转型群体性焦虑：一代忙交班，二代忙创业［EB/OL］．http：//www.21jingji.com/2019/4 – 18/xNMDEzODBfMTQ4MTgxNw.html.

三、员工收购

员工收购（Employee Buyout）通常是指由创业企业管理层或员工出资购买创业者所持有的创业企业股份，从而使创业者实现退出的行为。员工收购的流程如下：

1. 发起阶段。发起人既可以是创业者，也可以是创业企业员工、管理层。发起人选择时机提出收购要约。

2. 协商。股权收购协商的过程，是股权投资各主体利益博弈的过程。在整个过程中，围绕股权价格的争论无疑是重中之重，股价的定位既要符合市场的基本行情，又要满足各利益主体的基本要求。

3. 执行。根据协商形成的股权收购协议，收购双方进行交割。收购方按约定的进度向创业者支付议定的收购金额。

4. 变更登记。股权收购完毕后，企业股东发生变化，应当及时根据《公司登记管理条例》的相关规定在工商行政管理部门办理变更登记。变更登记事项涉及修改公司章程的，应当向公司登记机关提交修改后的公司章程或者公司章程修正案。

 专栏 11 – 6

微软在线的管理层收购（MBO）

2016 年 8 月 29 日，当月成立的西窗科技（北京）有限公司（下称西窗科技）宣布收购微软在线网络通讯技术（上海）有限公司（下称微软在线）。西窗科技与微软公司达成的这项管理层收购协议（MBO）已于 8 月 10 日正式生效，原微软在线总经理刘振宇出任西窗科技的首席执行官。

微软中国通过官方博客证实了这一消息，称"西窗科技同微软正在密切合作，对现有公司重点的互联网搜索广告业务的运营模式进行优化，以确保其核心业务和合作伙伴的延续性"，并表示，微软将继续专注于创造更个性化的计算，中国仍将是微软最具战略性的市场之一，未来公司仍将长期投入于中国市场。

资料来源：经济观察网，http：//www.eeo.com.cn/2016/0829/291425.shtml.

四、股权内部转让时其他股东购买权的保护

公司法在股东向股东外的第三人转让股权时，规定了其他股东的优先购买权。股权在股东内部转让时，两个以上股东主张行使优先购买权的，协商确定各自的购买比例；协商不成的，按照转让时各自的出资比例行使优先购买权。

其实，在股东内部转让股权的问题上，公司章程可以预先对此作出较为详细的规定，以防止股东矛盾的纷起和激化。

第五节 解散与清算

一、企业解散

企业解散（Dissolution）是企业因发生法律规定的解散事由而停止业务活动，并进入清算程序的过程。

根据《个人独资企业法》的规定，个人独资企业有下列情形之一时，应当解散：（1）投资人决定解散；（2）投资人死亡或者被宣告死亡，无继承人或者继承人决定放弃继承；（3）被依法吊销营业执照；（4）法律、行政法规规定的其他情形。

根据《合伙企业法》的规定，合伙企业有下列情形之一的，应当解散：（1）合伙期限届满，合伙人决定不再经营；（2）合伙协议约定的解散事由出现；（3）全体合伙人决定解散；（4）合伙人已不具备法定人数满三十天；（5）合伙协议约定的合伙目的已经实现或者无法实现；（6）依法被吊销营业执照、责令关闭或者被撤销；（7）法律、行政法规规定的其他原因。

根据《公司法》的规定，公司因下列原因，应当解散：（1）公司章程规定的营业期限届满或者公司章程规定的其他解散事由出现；（2）股东会或者股东大会决议解散；（3）因公司合并或者分立需要解散；（4）依法被吊销营业执照、责令关闭或者被撤销；（5）人民法院依照《公司法》第一百八十二条的规定予以解散。

《公司法》第一百八十二条规定，公司经营管理发生严重困难，继续存续会使股东利益受到重大损失，通过其他途径不能解决的，持有公司全部股东表决权百分之十以上的股东，可以请求人民法院解散公司。

二、企业解散清算

企业清算（Liquidation）是企业在终止过程中，为终结现存的各种经济关系，对企业的财产进行清查、估价和变现，清理债权和债务，分配剩余财产的行为。任何企业不论出于何种原因终止，都应当进行清算工作。清算是企业终止阶段的主要工作，企业的经济法律关系只有通过清算才能予以了结。

企业清算退出主要有两种方式：破产清算与解散清算。解散清算即企业股东自主启动清算程序来解散被投资企业。破产清算，即公司因不能清偿到期债务，被依法宣告破产的，由法院依照有关法律规定组织清算组对公司进行清算。破产清算将在第十三章介绍。

（一）个人独资企业解散清算

根据《个人独资企业法》的规定，个人独资企业解散，由投资人自行清算或者由债权人申请人民法院指定清算人进行清算。

投资人自行清算的，应当在清算前十五日内书面通知债权人，无法通知的，应当予以公告。债权人应当在接到通知之日起三十日内，未接到通知的应当在公告之日起六十日内，向投资人申报其债权。

个人独资企业解散后，原投资人对个人独资企业存续期间的债务仍应承担偿还责任，但债权人在五年内未向债务人提出偿债请求的，该责任消灭。

个人独资企业解散的，财产应当按照下列顺序清偿：（1）所欠职工工资和社会保险费用；（2）所欠税款；（3）其他债务。

清算期间，个人独资企业不得开展与清算目的无关的经营活动。在按规定清偿债务前，投资人不得转移、隐匿财产。个人独资企业财产不足以清偿债务的，投资人应当以其个人的其他财产予以清偿。

个人独资企业清算结束后，投资人或者人民法院指定的清算人应当编制清算报告，并于十五日内到登记机关办理注销登记。

（二）合伙企业解散清算

根据《合伙企业法》的规定，合伙企业解散，应当由清算人进行清算。清算人由全体合伙人担任；经全体合伙人过半数同意，可以自合伙企业解散事由出现后十五日内指定一个或者数个合伙人，或者委托第三人，担任清算人。自合伙企业解散事由出现之日起十五日内未确定清算人的，合伙人或者其他利害关系人可以申请人民法院指定清算人。

清算人在清算期间执行下列事务：（1）清理合伙企业财产，分别编制资产负债表和财产清单；（2）处理与清算有关的合伙企业未了结事务；（3）清缴所欠税款；（4）清理债权、债务；（5）处理合伙企业清偿债务后的剩余财产；（6）代表合伙企业参加诉讼或者仲裁活动。

清算人自被确定之日起十日内将合伙企业解散事项通知债权人，并于六十日内在报纸上公告。债权人应当自接到通知书之日起三十日内，未接到通知书的自公告之日起四十五日内，向清算人申报债权。债权人申报债权，应当说明债权的有关事项，并提供证明材料。清算人应当对债权进行登记。清算期间，合伙企业存续，但不得开展与清算无关的经营活动。

合伙企业财产在支付清算费用和职工工资、社会保险费用、法定补偿金以及缴纳所欠税款、清偿债务后的剩余财产，如有合伙协议，按合伙协议的约定办理；合伙协议未约定或约定不明确的，由合伙人协商决定；协商不成的，由合伙人按照实缴出资比例分配、分担；无法确定出资比例的，由合伙人平均分配、分担。

清算结束，清算人应当编制清算报告，经全体合伙人签名、盖章后，在十五日内向企业登记机关报送清算报告，申请办理合伙企业注销登记。合伙企业注销后，原普通合伙人对合伙企业存续期间的债务仍应承担无限连带责任。合伙企业不能清偿到期债务的，债权人可以依法向人民法院提出破产清算申请，也可以要求普通合伙人清偿。

（三）公司解散清算

根据《公司法》的规定，公司除因合并或分立需要解散的，应当在解散事由出现之日起十五日内成立清算组，开始清算。有限责任公司的清算组由股东组成，股份有限公司的清算组由董事或者股东大会确定的人员组成。逾期不成立清算组进行清算的，债权人可以申请人民法院指定有关人员组成清算组进行清算。人民法院应当受理该申请，并及时组织清算组进行清算。

清算组在清算期间行使下列职权：（1）清理公司财产，分别编制资产负债表和财产清单；（2）通知、公告债权人；（3）处理与清算有关的公司未了结的业务；（4）清缴所欠税款以及清算过程中产生的税款；（5）清理债权、债务；（6）处理公司清偿债务后的剩余财产；（7）代表公司参与民事诉讼活动。

清算组应当自成立之日起十日内通知债权人，并于六十日内在报纸上公告。债权人应当自接到通知书之日起三十日内，未接到通知书的自公告之日起四十五日内，向清算组申报其债权。债权人申报债权，应当说明债权的有关事项，并提供证明材料。清算组应当对债权进行登记。在申报债权期间，清算组不得对债权人进行清偿。

清算组在清理公司财产、编制资产负债表和财产清单后，应当制订清算方案，并报股东会、股东大会或者人民法院确认。公司财产在分别支付清算费用、职工的工资、社会保险费用和法定补偿金，缴纳所欠税款，清偿公司债务后的剩余财产，有限责任公司按照股东的出资比例分配，股份有限公司按照股东持有的股份比例分配。清算期间，公司存续，但不得开展与清算无关的经营活动。公司财产在未依照前款规定清偿前，不得分配给股东。

清算组在清理公司财产、编制资产负债表和财产清单后，发现公司财产不足清偿债务的，应当依法向人民法院申请宣告破产。公司经人民法院裁定宣告破产后，清算组应当将清算事务移交给人民法院。

公司清算结束后，清算组应当制作清算报告，报股东会、股东大会或者人民法院确认，并报送公司登记机关，申请注销公司登记，公告公司终止。

清算组成员应当忠于职守，依法履行清算义务。清算组成员不得利用职权收受贿赂或者其他非法收入，不得侵占公司财产。清算组成员因故意或者重大过失给公司或者债权人造成损失的，应当承担赔偿责任。

本章要点

1. 创业退出，也称为创业收获，是指创业企业的创始人或创业团队、股东选择合适的时机，不同程度上从公司所有权和决策架构中退出，从而收获创业价值的过程。

2. 创业退出首先需要选择适当的退出时机，评估公开上市、股权转让等不同退出路径的收益，进而设计退出方案；其次，进行退出启动前的准备；再次，启动退出程序后，监控整个项目退出过程；最后，进行交易结算并进行退出后的评估与评价。

3. 现有创业退出策略和路径主要有五种：公开上市、并购、家族继任、员工收购、解散清算。

4. 首次公开发行上市一般是在创业企业经营达到理想状态时进行的，企业者通过企业上市将其拥有的不可流通的股份转变成可以在公开市场上流通的股份，通过股票在公开市场转让实现投资退出和资本增值。

5. 创业企业 IPO 主要包括国内 A 股 IPO 和海外 IPO。

6. 科创板市场是独立于现有资本市场的新设板块，并在该板块内进行注册制试点。

7. 企业并购包括兼并和收购两种方式，兼并是指两家或更多的独立的企业合并组成一家企业，通常由一家占优势的企业吸收一家或更多的企业；收购则是指一家企业用现金、股票或者债券等支付方式购买另一家企业的股票或者资产，以获得该企业控制权的行为。

8. 家族继任通常是指创业企业的领导权从某个家族成员向另一家族成员的传递，领导权可细分为所有权和控制权两个维度。

9. 员工收购通常是指由创业企业管理层或员工出资购买创业者所持有的创业企业股份，从而使创业者实现退出的行为。

10. 企业解散是企业因发生法律规定的解散事由而停止业务活动，并进入清算程序的过程。

11. 企业清算是企业在终止过程中，为终结现存的各种经济关系，对企业的财产进行清查、估价和变现，清理债权和债务，分配剩余财产的行为。解散清算即企业股东自主启动清算程序来解散被投资企业。

关键术语

创业退出　IPO　主板市场　中小板市场　创业板市场　科创板市场　企业并购
横向并购　纵向并购　股权内部转让　员工收购　企业解散　解散清算

进阶阅读

1. 中国注册会计师协会 . 财务成本管理［M］. 北京：中国财政经济出版社，2019.

2. 中国证券投资基金业协会 . 股权投资基金［M］. 北京：中国金融出版社，2017.

复习思考题

1. 试述创业退出的概念与流程。
2. 试述创业退出策略，创业企业应如何选择退出策略。
3. 试述创业企业 IPO 的主要市场。
4. 试述企业并购的类型与流程。
5. 试述股权内部转让的方式。
6. 试区分企业解散与清算的概念。

案例分析

Lazada：东南亚的"阿里门徒"

2012 年，德国的一家孵化器公司 Rocket Internet 希望把亚马逊模式复制到东南亚，于是组建创业团队，募集了近 10 亿美元资金成立了 Lazada。在创业早期，它更像京东，使用采销模式，把产品从仓库发给用户。Lazada 的业务遍及印度尼西亚、马来西亚、菲律宾、泰国、越南和新加坡 6 个国家，这片区域拥有 5.6 亿人口，看似潜力很大，但这些人群分布在上千个岛屿，仅涉及的语言类型就在 10 种以上，使用着 5 种不同的货币。更糟糕的是，90% 的人没有信用卡，更别提支付宝、微信这样的移动支付工具了。且当时东南亚电商市场教育匮乏，用户尚未养成网购习惯，加上电商基础设施极差，整体服务体验并不好。

　　Rocket Internet 公布的财务数据显示，从 2013 财年到 2015 财年，虽然 Lazada 的净收入一路高歌猛进，分别为 7550 万美元、1.54 亿美元、2.75 亿美元，但其营业利润却持续亏损，分别为 6790 万美元、1.5 亿美元、3.29 亿美元。如果没有外部资金及时输血，Lazada 很可能会因资金链断裂而走向破产。

　　2016 年 4 月，阿里决定斥资 10 亿美元控股 Lazada，希望通过投资帮助东南亚当地商家、阿里平台品牌及分销商进入东南亚的区域消费市场。当时，阿里在东南亚市场看似有很多投资对象，包括 Lazada 的竞争对手 Shopee、Redmart、Zalora、Qoo10、Tokopedia、Tarad、11 street、EZBuy 等，但具有足够市场规模、融资额能上千万美元的公司少之又少。某种程度上，阿里与 Lazada 在一起是一种相互选择的结果。2018 年 3 月，阿里又追加 20 亿美元投资，持股比例达到 83%，同时宣布蚂蚁金服集团董事长彭蕾出任 Lazada CEO，原 CEO Maximilian Bittner 走下具体管理岗位，出任高级顾问职务。两年之后，Bittner 选择了退出。

　　阿里基本保留了 Lazada 大部分本地化团队，带来了人才、技术和资金，不仅杭州有 300 多个技术人员为 Lazada 提供技术支持，Lazada 还迅速与中国品牌展开对接——华为手机、森马服饰、骆驼服饰、QCY 蓝牙耳机、小狗电器以及 Bluedio 蓝弦等品牌入驻 Lazada。在阿里文化的熏陶下，Lazada 越来越具有阿里特色，而东南亚市场也充分汲取中国电商市场的丰富经验，疾驰在高速发展的道路上。

讨论题

1. 试评价 Rocket Internet 这种"克隆创业"。
2. Lazada 为什么会选择出售股权给阿里？
3. 阿里为什么会选择收购 Lazada？
4. 试分析跨国并购可能会面临哪些困难？并购完成后如何实现被并购企业的快速发展？

第十二章　创业企业风险管理

学习目标

1. 理解风险的概念与分类；
2. 掌握风险管理的基础知识；
3. 掌握创业企业金融风险的概念、分类与管理。

开篇案例

滴滴顺风车下线整改

滴滴公司于 2012 年在北京创立，成立伊始推出滴滴打车 APP 为用户提供出租车在线叫车服务。2013 年，滴滴打车获得了腾讯战略投资。2014 年 1 月，滴滴和快的掀起轰动全国的补贴大战，移动出行由此开始普及。同年 8 月推出滴滴专车业务。2015 年 2 月，滴滴打车与快的打车进行战略合并；同年 6 月，滴滴顺风车上线，滴滴公司将其定义为 "C2C 拼车平台"，有合乘意愿的司机与乘客发布各自的行程，由平台进行匹配，司机选择接单，并向乘客收取一定的费用。同时，滴滴收取一定额度的信息服务费。因顺风车利用大数据撮合交易等互联网平台技术，以合乘方式实现车辆出行共享，理论上似乎最能实现减少资源闲置、提升节能环保、缓解交通拥堵等社会公共效应。令人意外的是，以 "公益性" 与 "共享经济" 为名的顺风车，不仅为滴滴贡献了可观的单量，更以其低成本的运营，成为滴滴最早实现盈利的部门。同时，顺风车和快车之间可自由转换，成为滴滴在快车等运营类车辆遭遇监管时的 "避风港"。顺风车上线助力滴滴 2015 年完成 14.3 亿订单，成为仅次于淘宝的全球第二大在线交易平台。2016 年 3 月，滴滴全平台日完成订单突破 1000 万，8 月滴滴收购优步中国，成为当时网约车市场的王者。

但是随着 2018 年两起滴滴顺风车恶性事件的发生，其安全性备受争议。滴滴于 2018 年 8 月 27 日下线了顺风车业务。

2018 年 8 月 28 日，滴滴创始人、CEO 程维和总裁柳青发表公开道歉信，将一系列管理失控的危机，归咎于激进的业务策略及资本挟持中的一路狂奔，"归根结底是我们的好胜心盖过了初心"。

从 2012 年创办至今，滴滴共完成近 20 轮融资，累计融资额超过 300 亿美元，估值在 2018 年逼近 600 亿美元。每一轮估值都在合并消灭竞争对手后跃升，投资者竞逐给出"垄断溢价"，它们甚至一度预期，滴滴如启动首次公开发行股份（IPO），估值或达到 700 亿～800 亿美元。

在上市压力下，滴滴一方面巩固主营业务，另一方面积极拓展新业务。2018 年以来，陆续在共享单车、消费贷、外卖和汽车后市场等业务上开拓市场。

滴滴内部并非没有安全指标，但确实权重不高。公司的主要中心是研究如何达到增长目标，去拆解目标，找到突破；安全指标则是关于亿公里伤亡数、车内冲突等。成为行业老大的滴滴，忽视了它应承担的责任。

程维、柳青在道歉信中提到，"滴滴不再以规模和增长作为公司发展的衡量尺度，而是以安全作为核心的考核指标，组织和资源全力向安全和客服体系倾斜"。

滴滴能负起应承担的责任吗？

资料来源：作者整理。

创业企业面临较高的风险。在本章，我们将学习创业企业风险管理。在第一节，我们要讨论风险的概念、类型与风险管理的流程。在第二节，我们讨论创业企业面临的金融风险及其管理。

第一节　创业风险管理基础

一、风险的概念

"风险"（Risk）一词最早来源于早期的航海贸易，在 14 世纪的意大利文献中，风险被理解为客观的危险，表现为自然现象或者航海遇到礁石、风暴等事件。随着时间的推移，风险的内涵逐步扩展。尤其是近一个世纪以来，风险作为一个常用而宽泛的词汇，频繁出现在经济、政府、社会等领域，涉及了自然科学、社会科学中的诸多学科。这些学科都从各自的角度对"风险"进行了定义。对于创业企业而言，风险（Risk）为未来不确定性对创业企业实现其经营目标的影响。

风险具有如下特性：

1. 客观性。风险是不以企业意志为转移，独立于企业意志之外的客观存在。企业只能采取风险管理办法降低风险发生的频率和损失幅度，而不能彻底消除风险。

2. 普遍性。在现代社会，个体或企业面临着各式各样的风险，随着科学技术的发展和生产力水平的提高，还会不断产生新的风险，且风险事故造成的损失也越来越大。

3. 损失性。只要风险存在，就一定有发生损失的可能。风险的存在，不仅会造成人员伤亡，而且会造成生产力的破坏、社会财富的损失和经济价值的减少，因此个体或企业都应积极寻求应对风险的方法。

4. 可变性。它是指在一定条件下风险可转化的特性。世界上任何事物都是相互联系、相互依存、相互制约的，而任何事物都处于变化之中，这些变化必然会引起风险的变化。

5. 可管理性。风险虽然有很大的危害，但风险管理理论的发展、风险管理工具的完善、数据的积累和定量技术的进步，都有助于我们提高风险管理能力，创业企业风险可以得到有效的度量和控制。

风险不同于损失。损失是事后概念，风险是明确的事前概念，两者描述的是不能同时并存的事物发展的两种状态。

二、创业企业风险的分类

（一）战略风险、业务风险和金融风险

创业企业经营中一般会面临三类风险，即战略风险、业务风险和金融风险。战略风险是指由于经济、政治环境等基础因素发生变动而给企业经营带来的风险。业务风险是指与企业所处的特定行业及经营的业务和产品直接相关的风险，这些风险一般来自企业的相关产品市场，如产品技术革新、产品设计、市场营销、经营杠杆等因素。有效管理业务风险是所有企业经营的"核心竞争力"。金融风险也可称为财务风险，是指企业未来收益直接与金融市场的波动性相关的不确定性。一般而言，收益的不确定性可分为盈利的不确定性和损失的不确定性两种情形，而现实中人们更关注的是损失的可能性。本章中的金融风险是指金融市场因素发生变化，对企业现金流产生了负面影响，导致企业的资产价值或收益发生损失并最终引起企业价值下降的可能性。例如利率、汇率或者商品价格的波动，以及由于债务人财务状况恶化而导致违约的可能性等都会给企业的资产价值和收益带来风险。

（二）纯粹风险和投机风险

纯粹风险是指由风险因素所导致的，只有损失可能而没有获利可能的风险，也就是说，纯粹风险只有"损失"一种结果。投机风险是指既有损失可能，又有获利机会的风险，具有危险与机会并存性、机会的诱导性、危险的制约性、风险与收益的对称性等特点，是决策活动中面临的主要风险。大多数自然风险属于纯粹风险，但并非所有的纯粹风险都是由于自然风险所致。例如，火灾是一种自然风险，但生产抢险器材的企业却可能在这种风险中获利。失窃是一种人为操作风险，但失窃同时又是纯粹风险。

（三）可保风险和非可保风险

可保风险是指可以通过支付保险费向保险公司进行转嫁的风险，如建筑物的火灾保险，交通车辆的第三者责任险，职工的养老保险、工伤保险、失业保险等。这些可保风险是建立在大数法则与统计规律的基础上的，当具有众多同类的标的处于相同的危险之中时，保险公司就通过收取保险费的方式使风险在众多标的之间进行分摊，当某一个保险对象发生危险事故，就可从保险公司得到补偿，以减少风险事故的损失。

不可保风险指的是由于风险的性质不确定，即风险发生的概率不确定，或处于相

同危险中的标的数量不够多，而不能使其风险在众多风险单位间进行分摊。

这种风险的分类方法为创业企业提供了一种基本的风险管理方法：对于可保风险，创业企业应向保险公司进行转嫁。对于不可保风险，创业企业应采用避免、自留、预防、抑制等方法减轻风险事故发生的危害。

 专栏 12 - 1

美国新上市科技公司面临"集体风险"

据国外媒体报道，虽然最近科技初创企业相继上市，表明该行业正在蓬勃发展，但几乎所有的新上市科技公司都笼罩着一层阴影。在过去 18 个月，融资规模超过 1 亿美元的 22 家新上市科技公司中，17 家公司将亚马逊或谷歌列为竞争对手，或是声称两家公司带来经营风险。

许多新上市公司，比如网络安全软件开发商 Tenable 控股公司，在运营上都依赖于亚马逊的云计算服务。其他一些公司，如照片收藏社交网站 Pinterest 则直接与其中一家巨头竞争，即谷歌旗下的图片搜索业务。

有批评人士说，大型科技公司设立了一个"死亡地带"，千方百计阻止初创公司在不被收购或被淘汰的情况下发展到一定的规模。但新上市科技初创公司提交的文件显示，一种更为微妙的局面正在浮现：公司可以逃离"死亡区"，但如果它们真的这么做了，它们可能会在其他方面对科技巨头又产生依赖。

比如美国网约车公司 Lyft，这家公司需要让人们下载它的应用软件，因此它求助于世界上最大的网络广告服务商谷歌。仅在 2018 年，Lyft 在谷歌的网络广告上就花费了 9000 多万美元。当 Lyft 的用户打开应用软件时，他们看到的内部地图是由谷歌技术驱动的，Lyft 也为此向谷歌付费。Lyft 的大部分系统都运行在亚马逊的云计算平台上，到 2021 年相关支出将达到 3 亿美元。此外，谷歌通过其资本投资子公司拥有 Lyft 超过 5% 的股份，甚至拥有一个董事会席位。

Lyft 在一份文件中表示："我们的一些竞争对手或技术合作伙伴可能采取行动，破坏我们平台与他们自己的产品或服务的互操作性。我们预计竞争的类型和水平将会增加。"

的确，大型科技公司帮助创造了当前的创业浪潮。像亚马逊公司这样的云计算提供商使企业无须建立自己的服务器机房就可以快速增长。谷歌和脸书的广告服务则能够让企业能够瞄准目标客户和潜在客户。

但随着科技巨头不断扩张和进入新的市场，它们对原本可能帮助培育的小型企业的干扰越来越大。

资料来源：腾讯科技. 美国新上市科技公司面临集体风险：对亚马逊谷歌又竞争又依赖，2019 - 07 - 02.

三、风险管理的概念与流程

风险管理（Risk Management）是指经济主体为了最大限度减少风险可能带来的不

利影响，运用适当的方法、政策和措施，对风险进行识别、度量、控制、监测与报告的行为过程。

对于创业企业而言，风险具有二重性，风险总是与机遇并存。创业企业风险管理实质是在机遇和风险中寻求平衡点，以实现企业价值最大化的目标。因此，我们还需要理解风险偏好（Risk Preference）和风险容忍度（Risk Tolerance）两个概念。风险偏好是创业企业在追求实现战略目标的过程中，愿意且能够承受的风险范围，分析企业风险偏好实质是回答企业希望承担什么风险和承担多少风险这一问题。风险管理在很大程度上取决于创业者的主观意愿和偏好，通常情况下，如果创业者不愿意承担较高的风险，那就会采取一些较为稳健甚至保守的风险管理策略；反之，如果愿意承担较高的风险，则会采取更加激进的风险管理策略。风险容忍度为"与要实现的目标偏差的可接受程度"，也就是说，如果创业企业的实际经营结果与最初设定的预期目标之间存在差异，那么创业企业可以接受的最大差异就是其风险容忍度。风险容忍度可作为企业采取行动的预警指标。明确了企业的风险偏好和风险容忍度，就能够把握企业如何在风险和收益之间作出选择。

创业企业风险管理流程包括风险识别、风险度量、风险控制、风险监测与报告四个步骤（见图 12 – 1）。

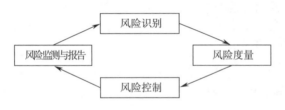

图 12 – 1　风险管理流程

1. 风险识别。风险识别是查找企业各业务单元、各项重要经营活动及其重要业务流程中有无风险、有哪些风险。存在于创业企业周围的风险多种多样，这些风险在一定时期和某一特定条件下是否客观存在，存在的条件是什么，以及损害发生的可能性等都是风险识别阶段应该回答的问题。风险识别的主要方法有专家分析法、故障树分析法、情景分析法、模糊分析法等。

2. 风险度量。风险度量是对创业企业面临风险水平的分析和估量。它是风险管理过程中最重要的一个环节，包括衡量各种风险导致损失的可能性的大小以及损失发生的范围和程度，从而使风险分析定量化，为管理者进行风险决策、选择最佳风险管理技术提供可靠的科学依据。创业企业风险度量主要有两类方法，即定性评估和定量评估。定量评估通常借助于数理分析技术，运用建模的方法对风险的大小进行数量化的描述。随着数理技术的发展，这种方法在风险管理中得到了越来越广泛的应用。然而，当定量评估需要的数据实际上无法获得或分析这些数据的成本太高时，定性方法往往发挥着关键性的作用。

3. 风险控制。风险控制是对经过度量的风险采取承担、规避、转移、对冲和补偿等措施，进行有效管理和控制的过程，使风险水平控制在可承受的范围之内。对不同的风险，可以根据其各自的风险性质、特征和风险水平采用不同的控制方法。对同一种风险也可以在多种控制方法中进行选择或将多种方法进行组合配置。控制方法的选择要立足于整体，要充分考虑风险偏好、成本与收益比较、潜在的机会。通常的控制方法有：

（1）风险承担。风险承担是指企业对所面临的风险采取接受的态度，从而承担风险带来的后果。创业企业选择这一方法来处置风险并不一定意味着它无力来管理风险而只能被动地承担，事实上，这也是创业企业在对未来的损失和机会成本等变动因素进行综合考虑后，出于经济可行目的而主动承担风险的一种策略。

（2）风险规避。风险规避是一项有意识地避免某种特定风险的事前控制，是当决策者考虑到风险的存在时，主动放弃或拒绝承担该风险的行为。这是一种较为保守的方法，通过规避风险可以完全杜绝损失的发生，但与此同时，也放弃了获取收益的机会。

（3）风险转移。风险转移是指通过合同或采取其他合法的经济措施将风险转移给其他经济主体的一种风险管理办法。风险转移不会降低风险可能的严重程度，只是从一方移除后转移到另一方。

（4）风险对冲。风险对冲是指通过投资或购买与已承担风险负相关的合同，来冲销所面临的风险。风险对冲是管理财务风险非常有效的方法。在风险管理实践中，还可以根据创业企业的风险偏好，通过对冲比率的调节将风险降低到预期水平。

（5）风险补偿。风险补偿是指企业对风险可能造成的损失采取适当的措施进行补偿。风险补偿表现为企业主动承担风险，并采取措施以补偿可能的损失。

（6）内部控制。内部控制是指控制风险事件发生的动因、环境、条件等，来达到减轻风险事件发生时的损失或降低风险事件发生概率的目的。

4. 风险监测与报告。风险监测与报告是指监测各种风险指标以及不可量化的风险因素的变化和发展趋势，并定期报告，以确保风险变化能得到密切关注，以利于创业企业作出相应的决定。

第二节　创业企业金融风险管理

创业企业面临的金融风险主要有利率风险、汇率风险和信用风险，本节就这三类风险的定义、类型和管理方法进行介绍。

一、利率风险与管理

（一）利率风险基础

利率风险（Interest Risk）是指市场利率变动的不确定性给企业带来的风险，具体而言是指市场利率波动造成企业利息支出增加或价值损失的风险。利率风险的产生取决于两个条件：一是市场利率发生波动，二是企业的资产负债结构。利率变化通过融资成本影响借款人，它对资本密集型行业影响尤其明显。

具体来说，创业企业面临的利率风险主要包括以下两种类型：

1. 利率水平变化风险。利率水平变化主要是指利率发生方向性变动（利率上升，或利率下降）给企业所带来的风险。从借款人角度，利率上升可能会提高项目成本，或改变融资方案。从投资人角度，利率下降可能会降低投资回报。

2. 收益率曲线形状变化风险。收益率曲线是将各种期限债券的收益率连接起来而得到的一条曲线，随着金融市场的变化，收益率曲线会呈现出不同的形状，并由此产生了收益率曲线风险。

（二）利率风险管理

利率风险管理可使用远期利率协议、利率互换等方法进行管理。

1. 远期利率协议。远期利率协议就是指企业与银行双方约定在未来的某一个日期，交换协议期间内一定名义本金基础上分别以合同利率和参考利率计算利息的金融合约。企业可以提前签订利率远期协议，以约定的利率进行融资，锁定融资成本。远期利率协议的优点就在于在远期利率协议存续期间内，能够保护借款人免受利率出现不利变动的影响，因为双方已根据协议商定好利率。远期利率协议的缺点在于通常只面向大额贷款，而且一年以上的远期利率协议很难达成。远期利率协议是一种场外交易形式，因此它的交易金额、交割日期等都不受限制，没有保证金，无须本金交割，且利率实行差额结算。企业采用买入远期利率协议，预先锁定未来某一时期内的借款利率，以对冲未来利率上升的风险；企业还可以通过卖出远期利率协议，预先锁定未来某一时间内的投资利率，从而对冲未来利率下降的风险。企业能否通过远期利率协议来规避利率波动的风险，很大程度上依赖于企业现金管理者能否对利率波动作出正确的判断。

2. 利率互换。利率互换交易始于 20 世纪 80 年代初期，是指双方同意在未来的一定期限内，根据同种货币、同样的名义本金以不同利率计算的利息进行现金流的交换。在利率互换中，初期或到期日都没有实际本金的交换，交易双方只是按照事先商定的本金交换利息的支付。从理论上讲，利率互换是交易双方所达成的一系列的远期利率合约。因此，它使企业可以防范长期的风险。依赖期货或远期合约进行这种长期保值交易时需要对合约进行展期，而互换交易则减少了这种需要。利率互换的类型主要有六种：普通利率互换、远期利率互换、可赎回利率互换、可退卖利率互换、可延期利率互换、零息互换。本节仅介绍最常用的普通利率互换。普通利率互换指固定利率与浮动利率支付之间的定期互换。在互换交易中，互换的买方同意在结算日定期向互换的卖方支付固定利率。反过来，互换的卖方同意在相同的结算日定期向互换的买方支付浮动利率。支付固定利率的一方（按惯例，即互换的买方）一般在固定利率付款方面拥有比较优势；支付浮动利率的一方（按惯例，即互换的卖方）一般在浮动利率付款方面拥有比较优势。在这项交易中，支付固定利率的企业是为了将自己的浮动利率负债转变成固定利率负债，以便更好地与自己的固定利率资产相匹配。与此同时，支付浮动利率的企业是想将自己的固定利率负债转变为浮动利率负债，以便更好地与自己的浮动利率资产相匹配。

 专栏 12 -2

"远期共赢利息"业务模式

2015 年初，中国人民银行开始在上海地区试点支持小微型科技企业的"远期共赢利息"新业务模式，这是央行倡导商业银行试点"科技金融利息定价方式创新"的具体实践。上海银行在业内较快推出了"远期共赢利息"业务模式，为服务科技型小微企业探索出一条新路。

上海秀品信息科技有限公司是一家创办不久的小企业，开发自然图像识别和人工智能技术，主要用于室内定位导航的移动应用产品。公司有专利技术，市场前景也看好，但距实现盈利尚有时日，自有资金所剩无几。

就在此时，年初刚刚设立的上海银行浦东科技支行伸出了援手。在企业提出贷款需求后，授信申请很快审批通过，公司获得了 200 万元贷款，且贷款利息还低于当时行业水平。这笔贷款不仅解了企业燃眉之急，还延缓了公司引进风险投资的节奏，为进一步做大规模、提升公司估值，避免创始人股权被过早稀释争取了宝贵时间。

很多起步期企业都面临融资难、融资贵问题，这固然有银企信息不对称的问题，更重要的在于商业银行信贷有成本考虑和风控要求，面对初创企业"高风险"需要匹配高利率。对此，上海银行着眼科技企业的全生命周期，拉长风险与收益匹配时间，推出了"远期共赢利息"业务。该业务模式的基本思路是针对科技型企业特点，根据信贷资金的实际使用效率，在信贷周期结束时最终确定贷款的实际使用利息。

具体操作上，由上海银行在贷款发放时先行收取相对较低的前期利息，待企业基于贷款支持得到发展，并满足借款合同中双方约定的触发条件后，再收取延期支付的远期利息，远期利息金额也由双方遵循平等自愿原则协商约定。

资料来源：沈则瑾. "远期共赢利息"解小微燃眉之急［N］. 经济日报，2015 - 10 - 30.

二、汇率风险与管理

（一）汇率风险基础

汇率风险（Exchange Rate Risk）是指由于汇率变化而给企业的收入或价值带来的风险。例如，企业所持有的某种特定的外币债务，在未来某个时间与本币或其他外币兑换时，因为汇率波动而发生损失的可能性。

具体来说，创业企业面临的汇率风险主要包括以下三种类型：

1. 交易风险。交易风险也称为交易结算风险，是指在运用外币计价的交易中，由于外币和本币之间以及外币和外币之间汇率的变动，使交易者蒙受损失的可能性。例如在商品或劳务进出口业务中，从合同签订到货款结算这一期间外汇汇率变化所产生的风险。

2. 经营风险。经营风险是指由意料之外的汇率波动引起公司或企业未来一段时期的收益或现金流量变化的一种潜在风险。经营风险侧重于企业全局，从企业整体来预测将来一定时期内所发生的现金流变化对企业价值的影响。

3. 折算风险。折算风险是指由于汇率变化而引起外币资产和负债价值变化的风险。跨国经营企业，统一编制财务报表时，需要将一种或几种货币计价的资产和负债合并到一种基本货币上，在这一过程中，资金并不发生转移，但汇率变化会导致企业价值发生变化。

（二）汇率风险管理

汇率风险管理可使用选择货币法、匹配收入法和衍生金融工具管理等方法进行管理。

1. 选择货币法。汇率风险的大小在选择合同计价货币时就已基本确定，使用不同的计价货币，意味着经济主体将承担不同的汇率风险，所以经济主体在签订交易合同时，可通过选择有利的计价结算货币来消除或转化外汇风险。最常用的方法有：

（1）争取使用本国货币作为合同货币。在国际贸易结算中，争取使用本国货币作为合同货币，将可能出现的风险转嫁给交易对手承受，消除外汇风险的来源。当然，合同是当事人之间协商达成的平等协议，使用哪一种货币还要看交易对手是否同意。

（2）收硬货币付软货币。在未来引起外汇收入的交易中，尽可能使用在外汇市场上汇率呈上升趋势的硬货币；在引起未来外汇支出的交易中，尽可能争取使用在外汇市场上汇率呈下降趋势的软货币。选用硬货币作为收汇货币、软货币作为付汇货币，可使经济免遭汇率风险冲击，将汇率变动带来的损失转嫁给交易对手，而且有可能从汇率变动中获取额外收益。要尽可能做到软硬货币的合理搭配，利用软硬货币的负相关性，使汇率风险发生的损失和收益可以互补，从而使交易各方都尽可能避免或减少外汇风险。

（3）配合收付使用的货币成交。即用未来收到的货币支付未来要支出的货币，或是根据未来的某一货币支出来安排未来收入的货币种类和收入时间。

（4）加列货币保值条款。选择某种与合同货币不一致的、价值稳定的货币，将合同金额转换为由所选货币表示，在结算或清偿时，按所选货币表示金额以合同货币来完成收付。经常采用的货币保值条款主要是"一揽子"货币保值条款。即以多种货币加权确定币值的账面货币，由于它由多种货币加权组成，汇率的变动影响可以相互抵消，所以币值相对较稳定，以其作为计价货币可以避免外汇风险。

2. 匹配收支法。企业每笔交易的应收应付货币完全平衡是不可能的，比较可行的做法是将现有的单一进出口贸易与加工贸易、易货贸易和转口贸易等多种贸易方式结合起来，尽量做到应收应付货款的基本平衡。这样，无论货币升值或贬值，企业都可以通过收支相抵基本消除汇率风险。

3. 衍生金融工具管理法。目前，各商业银行都推出了多种汇率风险管理产品，如远期外汇交易、远期结售汇、货币互换、外汇期权等，企业可以根据自己的实际情况选择使用避险方案。

专栏 12 – 3

汇率波动与企业对冲操作

作为一家出口主导企业的管理层，看上去信心十足的何文（化名），却又不无纠结。

让何文充满信心的，是公司销售、利润的前景。他所在的公司是一家日用纺织品企业，产品主要销往海外市场。2018 年 5 月以来，随着人民币贬值，外汇汇兑产生的收益已经开始对公司利润带来改善，订单也有所增长，估计第三季度的利润还会增加。

"在业务方面，现在肯定想多拿订单，把规模、利润都做上去。"何文说，对出口型企业来说，人民币贬值肯定是有利的。由于海外销售全部以美元结算，第一季度的人民币升值带来不小的利润损失。而人民币贬值后，仅汇兑产生的收益就会带来利润增长。

但让他感到纠结的是，要不要通过金融工具对冲汇中远期率波动风险。在他看来，中长期的汇率走势企业很难预测，对冲难度很大。而短期的对冲操作虽然能规避近期风险，但不足以有效对风险完全覆盖，而且还会产生成本。

这样的彷徨心态，可能并非个案。

"从我们平台服务的中小企业来看，买远期外汇合约的比较少，有波动就靠过去的经验估。"深圳一达通企业服务有限公司称，出现这种情况，一个重要的原因，在于企业层面尤其是中小企业层面，对中远期的汇率走势"看不懂"，确实存在一定的判断难度。此外，目前金融机构的套期保值产品适合中小企业的产品较少，而金融机构的外汇对冲产品门槛通常比较高，中小企业难以符合要求，也会影响企业进行对冲操作。

资料来源：杨佼. "看不懂"汇率走势，企业锁汇成本高［EB/OL］. https：//www. yicai. com/news/100017907. html.

三、信用风险与管理

（一）信用风险基础

信用风险（Credit Risk）是指由于借款人或交易对手不能或不愿履行合约而给另一方带来损失的可能性，以及由于借款人的信用评级变动或履约能力变化导致其债务市场价值变动而引发损失的可能性。

信用风险主要取决于交易对手的财务状况与风险状况。从狭义的角度看，信用风险主要是指授信过程中由于各种不确定性使借款人不能按时偿还贷款而造成另一方本息损失的可能性。从广义的角度看，参与经济活动的各方根据需要签订经济合约以后，由于一方当事人不履约而给对方带来的风险皆可视为信用风险。

具体来说，创业企业面临的信用风险主要包括以下三种类型：

1. 违约风险与信用等级降级风险。违约风险是指借款人或交易对手违约给创业企业带来的风险。信用等级降级风险是指借款人并不违约，但由于信用等级变动，违约概率的变化造成债务市场价值变化的风险。

2. 表内风险与表外风险。源于企业资产负债表内的类授信业务的信用风险称为表内风险，如应收应付款项；而源于表外业务的类授信业务风险称为表外风险，如企业对外担保可能导致的风险。

3. 本金风险与重置风险。本金风险是指当交易对手不按约足额交付资产或价款时，企业资产或价款有可能面临损失的可能性。重置风险是当交易对手违约造成交易不能实现时，未违约方需要再次交易，这时将有可能遭受因市场价格不利变化而带来损失的可能性。

（二）信用风险管理

信用风险管理可使用信用风险限额管理、信用风险缓释和信用风险转移等方法。

1. 信用风险限额管理。限额是指对某一客户（单一法人或集团法人）或某一国家与区域内的客户或者是资产组合所确定的、在一定时期内企业能够接受的最大信用风险暴露。它与产品和其他维度信用风险暴露的具体状况、公司的风险偏好以及资本配置等因素有关。当公司认为某一客户的信用风险暴露超过既定限额时，信用政策中应建立特殊的程序（如更严的准入审批、更高层次的审批等）来处理特殊情况。限额管理对控制公司各种业务活动的风险是很有必要的，其目的是确保所发生的风险总能被事先设定的风险资本加以覆盖。当限额被超越时，必须采取相关有效措施来降低风险，如降低风险暴露水平或使用衍生品、资产证券化等金融工具。

2. 信用风险缓释。信用风险缓释是指企业运用合格的抵质押品、净额结算、保证等方式转移或降低信用风险。

抵押是指借款人或第三人在不转移财产占有权的情况下，将财产作为债务的担保。质押是指借款人或者第三人将其动产或权利移交债权人占有，将该动产或权利作为债务的担保。当借款人不履行债务时，债权人有权将抵（质）押品出售来收回贷款，或者以拍卖、变卖该动产或权利的价款优先受偿。常使用的抵质押品分为金融质押品、应收账款、商用/居住用房地产以及其他抵质押品。

净额结算是指企业使用交易对象的债权对该交易对象的债务做扣减，即以结算参与人为单位，以借贷双方交易或余额的轧差净额进行交收的制度。利用净额结算，企业可以很好地降低信用风险。

保证是由保证人以自身财产提供的一种可选择的还款来源，并且只有当保证人有能力和意愿代替借款人偿还贷款时，债务保证才是可靠的。

3. 信用风险转移。信用风险转移是指企业通过使用各种金融工具把信用风险转移到其他机构。信用风险转移市场的参与机构主要是企业和各种金融机构，包括商业银行、保险公司、各种机构投资者和证券公司。那些把信用风险转移出去的企业称为信用风险转出者（或称保险购买者、风险出售者或被保险者），那些接受信用风险的机构称为信用风险接受者（或称保险出售者、风险购买者或保险人），银行、商业保理公司和保险公司是最主要的信用风险接受者。在信用风险转移市场，主要的信用风险转移工具包括贷款销售、银行保理、商业保理、保险、资产证券化以及近年来发展迅速的信用衍生产品。

 专栏 12-4

中国建成全球规模最大的征信系统

"我们建立了全球规模最大的征信系统，在防范金融风险、维护金融稳定、促进金融业发展等方面发挥了不可替代的重要作用，在改善营商环境方面赢得了国内外的广泛认可。"中国人民银行副行长朱鹤新 6 月 14 日在国务院新闻办公室举行的吹风会上表示。

数据显示，截至目前，征信系统累计收录 9.9 亿自然人、2591 万户企业和其他组织的有关信息，个人和企业信用报告日均查询量分别达 550 万次和 30 万次。

朱鹤新表示，征信系统在缓解小微企业融资难方面发挥主力作用，中国人民银行征信中心建立的企业征信系统纳入了 1370 万户小微企业，占全部建档企业的 53%。目前纳入征信系统中的企业有将近 2600 万户，一半多是小微企业，其中有 371 万户的小微企业获得了信贷支持，贷款余额为 33 万亿元。

此外，中国人民银行征信中心建立了动产融资登记系统和应收账款融资服务平台。朱鹤新称，截至 2018 年底，动产融资登记系统发生小微企业、个体工商户初始登记 176 万笔，占全部登记量的 47%。应收账款融资服务平台已注册小微企业 7.6 万户，发生应收账款融资 7 万笔，金额为 3.1 万亿元，占平台融资总额的 37%。

朱鹤新还表示，部分市场化征信机构也在创新小微企业征信服务模式，利用替代数据解决银企信息不对称，帮助小微企业获得免抵押、免担保贷款。

资料来源：陈洪杰. 中国建成全球规模最大的征信系统，5 年内逾期记录清晰可查［EB/OL］. https：//www. yicai. com/news/100224645. html.

本章要点

1. 对于创业企业而言，风险为未来不确定性对创业企业实现其经营目标的影响。

2. 风险具有客观性、普遍性、损失性、可变性和可管理性。

3. 创业企业经营中一般会面临三类风险，即战略风险、业务风险和金融风险。

4. 风险管理是指经济主体为了最大限度减少由于风险可能带来的不利影响，运用适当的方法、政策和措施，对风险进行识别、度量、控制与报告的行为过程。

5. 创业企业风险管理流程包括风险识别、风险度量、风险控制、风险监测与报告四个步骤。

6. 利率风险是指由于市场利率变动的不确定性给企业带来的风险，具体而言是指由于市场利率波动造成企业利息支出增加或价值损失的风险。利率风险管理可使用远期利率协议、利率互换等方法进行管理。

7. 汇率风险是指由于汇率变化而给企业的收入或价值带来的风险。汇率风险管理可使用选择货币法、匹配收支法和衍生金融工具管理等方法进行管理。

8. 信用风险是指由于借款人或交易对手不能或不愿履行合约而给另一方带来损失的可能性，以及由于借款人的信用评级变动或履约能力变化导致其债务市场价值变动而引发损失的可能性。信用风险管理可使用信用风险限额管理、信用风险缓释和信用风险转移等方法。

关键术语

风险　战略风险　业务风险　金融风险　纯粹风险　投机风险　可保风险
非可保风险　风险管理　风险偏好　风险容忍度　风险识别　风险度量
风险控制　风险监测与报告　利率风险　汇率风险　信用风险

进阶阅读

1. 刘湘云，陈又星. 初创企业风险管理［M］. 上海：上海财经大学出版社，2016.

2. Allan S. Benjamin, Enterprise Risk and Opportunity Management, John Wiley & Sons, Inc. 2017.

复习思考题

1. 试分析创业企业面临的风险。
2. 试叙述创业企业风险管理的过程。
3. 试分析利率风险对创业企业的影响，以及创业企业应如何管理利率风险。
4. 试分析汇率风险对创业企业的影响，以及创业企业应如何管理汇率风险。
5. 试分析信用风险对创业企业的影响，以及创业企业应如何管理信用风险。

案例分析

科创板拟上市企业风险分析

在第二章的案例分析中，你已经选择了一个感兴趣的科创板拟上市企业，并根据该企业的财务报表对其进行了财务分析。在本章中，请根据该企业的招股意向书，继续对该企业面临的风险进行分析。

讨论题

1. 试分析该公司面临的风险类型。
2. 试分析风险对该公司可能的影响。
3. 你建议该公司应如何管理面临的金融风险？

第十三章 财务困境、重组与破产

学习目标

1. 理解财务困境的概念、企业陷入财务困境的原因和财务预警的基本方法；
2. 掌握创业企业重组的基本方法；
3. 了解企业破产的程序。

开篇案例

ofo：盛极而衰转瞬间

2019 年春节将近，ofo 退押金的进展也一直未公布，而诉讼、债务缠身之下，ofo 目前只能挣扎求生。

北京法院裁判信息网近日发布裁定书显示，法院已强制执行扣划 ofo 运营主体东峡大通拖欠上海凤凰自行车有限公司 6825 万元货款中的 2806 万元，随后上海凤凰自行车有限公司向法院申请撤回强制执行，尚未履行的货款将分期履行。

虽然 ofo 与主要供应商之一上海凤凰自行车有限公司达成和解，然而新增追债仍在增加。据财新记者根据中国执行公开网信息数据统计，截至 2019 年 1 月 10 日，ofo 被列为被执行人的案件 34 条，执行标的总额达到 8713 万元，其中 2019 年新增执行信息 16 起，执行标的 4565 万元。

此外，执行信息显示，除了 ofo 实际控制人戴威，ofo 法定代表人陈正江也在 2018 年 11 月 4 日被列为限制消费人员。因有能力而未偿还一笔 15 万元欠款，东峡大通公司本身也于当年 12 月 18 日被列为失信被执行人。

雪上加霜的是，2018 年 12 月初，ofo 总部出现百米长队"挤兑"押金，线上退押排队人数超千万，以需偿还每人 99 元的押金数额计算，ofo 尚未结清的押金金额超过 2 亿元。

一名了解 ofo 财务情况的人士曾向财新记者提供了截至 2018 年 5 月中旬的 ofo 财务数据：ofo 对供应商欠款 12 亿元左右，城市运维欠款近 3 亿元，合计欠款 15 亿元。

而仅仅一年前，ofo 还是一个"多轮融资过亿、日订单过 3200 万、用户规模逾 2 亿"的共享单车行业巨头。从 2014 年成立到资本疯狂涌入，ofo 经历了三年多的黄金运作期。直至 2018 年下半年，融资冷却后，ofo 的命运急转直下。

ofo 的结局尚未可知，戴威表示，"不逃避，勇敢活下去，为我们欠着的每一分钱负责，为每一个支持过我们的用户负责。"

但问题是，没钱了，拿什么负责？

资料来源：孙茜 . ofo：盛极而衰转瞬间 ［EB/OL］. 财新网， ［2019 - 02 - 05］. http：//datanews. caixin. com/2019 - 02 - 05/101377387. html.

创业企业有较大概率会陷入财务困境。在本章，我们将学习财务困境及其应对。在第一节，我们要讨论财务困境的定义、企业陷入财务困境的原因和财务预警的方法。在第二节，我们要学习创业企业重组的各种方法。在第三节，我们介绍企业破产的定义与程序。

第一节 创业企业财务困境

一、财务困境的定义

财务困境（Financial Distress），也可称为财务危机或财务失败，是指一个企业由于现金流量不足，无法偿还现有到期债务（如银行信贷或利息），而被迫采取非常措施的境况。当一家企业的现金流量不足以抵偿现有到期债务时，将出现"现金流量破产"。当其净资产为负值，即资产价值少于负债价值时，就会发生"资产负债表破产"。

企业发生财务困境的主要标志就是现金流量短缺并呈持续状态，无力履行偿还到期债务，不得不采取在现金流量正常情况下不可能采取的非常措施，如变现重要的经营性资产、高息借贷、债务重组、申请破产等。

企业的财务困境实质上是一种渐进式的积累过程，表现为不同的轻重程度，企业的违约、无偿付能力、亏损等都可视为财务困境的一种前期表现，破产只是财务困境的终极结果。

二、财务困境的原因

财务困境对创业企业具有重大的不利影响。1976 年，Argenti 在《公司困境：原因与症状》一书中总结了导致企业陷入财务困境的八项原因。

这八项原因是：

1. 企业管理结构存在缺陷。企业高级管理层存在结构缺陷，会导致企业重大决策失误，从而可能给企业带来重大损失。Argenti 认为企业管理结构缺陷主要表现在：首席执行官独裁，一人拥有很大的权力，其他董事不作为；高管团队知识结构不平衡；财务职能弱化，缺乏管理深度等。

2. 会计信息系统存在缺陷。可靠的会计信息可以帮助管理层及时发现问题，为其作出正确决策提供依据。但是，失败的企业会计信息系统常常是不健全的，主要表现在：缺乏预算控制系统，或预算控制系统不健全；缺乏对现金流量的预测；没有成本核算系统；对资产价值的估价不当。不健全的会计信息掩盖了问题，使财务风险不断积累，直到陷入困境。

3. 面对经营环境的变化，企业不能及时采取恰当的应对措施。经营环境的变化可分为五大类：第一，市场竞争环境的变化，如出现了新的竞争对手、竞争对手开发出新的产品等；第二，经济环境的变化，如国家经济政策的调整、经济周期的变化、利息率的变化、通货膨胀、汇率变化等；第三，政治环境的变化，国家政治环境的重大变化必然会影响经济资源的配置，从而对企业经营活动产生影响；第四，社会环境的变化，如人们生活方式的变化、消费习惯的变化、社会人口年龄结构的变化、社会对污染或消费者保护态度的变化等；第五，技术变化，如技术的更新变革。当市场竞争环境、经济环境、政治环境、社会环境和技术条件等因素发生重大变化时，失败的企业往往反应迟钝，不能采取恰当的应对措施，从而在市场竞争中失败。

4. 制约企业对环境变化作出反应的因素。来自政府或社会的一些限制因素可能会制约企业对环境变化的反应，降低企业的自由度，导致企业付出较高的成本。如政府要求企业承担过多的社会责任，可能会占用企业大量的资源，使企业经营效率低下。

5. 过度经营。企业过度经营有许多表现形式，例如，过度筹资降低了资金利用效率，以牺牲利润率的方式追求销售额的增长等。

6. 盲目开发大项目。管理层过于乐观，盲目开发大项目，高估项目的收入或低估项目的成本，导致企业现金流量紧张。企业经常开发的大项目主要包括并购、多元化经营、开发新产品、项目扩张等。如果管理层对大项目判断错误，就可能导致项目失败，给企业造成重大损失。

7. 高财务杠杆。在经济环境不景气、企业经营业绩下降的情况下，较高的资产负债率会加大财务风险，导致企业发生亏损和现金流量紧张。

8. 常见的经营风险。任何企业都会面临一些常见的经营风险，这些经营风险一般不会导致企业经营失败，但是对于实力弱小、管理水平较低的企业来说，常见的经营风险也可能使企业陷入财务危机之中。

三、财务困境的预警

财务困境的预警，简称财务预警（Financial Early Warning），是指根据企业经营状况和财务指标等因素的变化对企业经营活动中存在的财务风险进行监测、诊断和报警的方法。作为一种诊断工具，财务预警对企业的财务风险进行预测和诊断，避免潜在的财务风险演变成财务困境。

创业企业财务预警的方法主要有专家意见法和财务报表分析法。

专家意见法是指组织各领域的专家运用专业知识和经验，根据创业企业的内外环境，通过直观的归纳，对创业企业过去和现在的状况、变化发展过程进行综合分析研究，找出创业企业财务状况运动、变化、发展的规律，从而对创业企业未来的财务风险作出判断。

财务报表分析法主要利用财务报表所提供的数据来计算财务指标，分析创业企业财务状况并作出估计和评价。财务分析又可分为单个财务比率分析与多个财务比率综合分析两种。单个财务比率分析是根据某一财务比率（如流动比率、利息保障倍数等）数值变化趋势对企业财务风险进行判定与预测。多个财务比率综合分析则使用了多个财务比率和综合分析的方法对企业财务风险进行判定与预测。

第二节　创业企业重组

当企业陷入财务困境后，可以使用企业重组和企业破产两种处理方式。企业重组（Corporate Restructuring）是指对陷入财务困境但仍有转机和重建价值的企业，根据一定的程序和方法进行重新整顿，使企业得以维持和复兴，重新创造价值。创业企业重组的方法有业务重组、资产重组和债务重组以及三者的组合。

一、业务重组

业务重组（Business Restructuring），是指在创业企业出现财务困境的情况下，创业企业通过业务层面的变化，增加收入和削减成本，提升运营效率的行为。业务重组的方式主要包括高管更换、战略重组、运营重组以及上述三种方式的组合。

1. 高管更换。企业家或管理团队其他成员的决策失误可能是造成财务困境的原因之一，因此，财务困境企业最常见的业务重组手段就是更换管理层。当企业陷入财务困境时，企业选择更加合适的继任者更换现任高管，从而起到激励和改善的作用。对现任高管来说，高管更换也是一个潜在的威胁，因为如果他们业绩表现不好，则有可能面临着被强制更换的可能，从而对现任高管也起到激励和改善作用。

2. 战略重组。企业战略是企业为实现自己的使命和战略目标而制定的整体行动规划，它对企业的发展有着长远的、全局性的影响，企业战略的核心在于保证企业形成竞争中的比较优势。战略重组是对创业企业的发展规划和经营业务等战略要素进行重新评估，根据企业的实际情况和面临的内外部环境进行战略调整，作出科学合理的战略规划。战略重组包括发展战略的重组、业务战略的重组和品牌战略的重组。重组后企业与重组前相比，将发生重大变化，如何整合原有业务，开发新的业务，并制定详细的业务战略规划，是企业战略重组的重要内容。

3. 运营重组。运营重组是从收入和成本的角度对创业企业的业务流程进行重新评估，以实现收入的提升和成本的下降。其基本方法是延续既有盈利模式，消除多余的成本支出，扩大盈利模式的覆盖范围，使之成熟和更加完善。具体实施可分两种情况：一是创业企业的盈利模式已经初步成型但还没有达到成熟程度，因此盈利水平具备进一步提高的空间。这在多数情况下不仅需要对现有盈利模式的坚持，而且需要进行更大的投入支持。二是创业企业盈利模式已经成熟，但由于各种原因所产生的盈利被消耗了，则应消除多余的成本支出，提升盈利能力。

 **专栏 13-1**

长城资产成中民投"白衣骑士"

近期，因一期非公开定向债务融资工具（PPN）到期后未能及时兑付，暴露出中国民生投资股份有限公司（以下简称中民投）的流动性压力。在以 121 亿元出售董家渡地块相关股权及债权后，中民投的流动性危机得以暂时缓解。但 2019 年中民投仍有巨额债务到期，牵动着各债权方的心。

为此，中民投抛出了一份拟出售资产清单计划，包含六大板块，涉及航空融资租赁、健康融资租赁、地产开发、装配式建筑、环保、医院等领域，涉及多家已上市公司。2019 年 2 月 25 日中民投在上海召开债权人会议，成立债委会，由中国进出口银行担任债委会主席。

2 月 28 日，四大国有金融资产管理公司之一的中国长城资产管理股份有限公司（以下简称中国长城资产）与中民投签订全面业务合作协议，在资产处置、债务重组、流动性管理、产业投资等方面展开合作。基于中国长城资产的专业背景及实力，其有望为中民投的各方债权人吃下"定心丸"。此前，中民投方面介绍，与国内、国外意向战略投资者的沟通正在推进中，近期将取得重要进展。

中民投总裁吕本献曾表示，很多负债是因为并购产生，属于被动负债。随着相关资产的处置和退出，其负债也会剥离。更重要的是，中民投的净资产规模达 800 亿元，完全能覆盖债务和利息。中民投正从"投资+控股+经营"向"投资"战略转型，会持续提升、出售成熟企业，撤并低效企业，并由过去的扩张模式转变为现在的买卖结合、以退为主的模式。

资料来源：王晓. 中民投牵手长城资产服下"定心丸"，下一步开启"瘦身"转型［EB/OL］.［2019-03-01］. http：//www. 21jingji. com/2019/3-1/1MMDEzODBfMTQ3Mzc1MQ. html.

二、资产重组

资产重组（Asset Restructuring）是对企业的各种生产要素和资产重新进行配置和组合，以提高资源要素的利用效率，实现资产最大限度增值的行为。资产重组包括内部重组和外部重组。内部重组主要是对企业资产结构进行重新调整和配置，常用公司分立的方式。外部重组则通过企业间的资产剥离、收购、交换等形式，实现重新的优化组合，提升企业效益。创业企业也可将内部重组和外部重组组合起来。

1. 公司分立。公司分立是指一个公司依法分成两个或两个以上公司的经济行为，分立成立的公司股份仍由母公司的股东持有。公司分立有两种形式，即新设分立和派生分立。新设分立是指将一个公司分割成两个或两个以上的具有法人资格的公司，原公司解散。新设公司应当依法向工商行政管理部门办理登记手续，原公司消亡，应办理注销手续。派生分立是指一个公司将原公司的一部分资产和业务分离出去另设一个新的公司，原公司存续。派生的新公司应当依法向工商行政管理部门办理登记手续，并可取得法人资格，原公司因派生新公司而减少了注册资本的，应当办理变更注册资本的手续。

2. 资产剥离。资产剥离是指公司将其拥有的某些子公司、部门或固定资产等出售给其他经济主体，以获得现金或有价证券的经济活动。由于出售这些部门或资产可以取得现金收入，因此资产出售并未减小资产的规模，而只是资产形式的转化，即从实物资产转化为货币资产。但是从公司的经营业务角度来看，则实现了经营规模的缩减。最为常见的资产剥离形式是母公司将一个子公司或者部门出售给另一个公司。在这个交易过程中，对于出售方而言实现了经营业务的收缩，对于购买方而言则实现了经营业务的扩张。

专栏 13 - 2

ofo 出售印度业务

近日，据印度媒体 YourStory 消息称，印度在线摩托车租赁服务 Bounce 宣布收购 ofo 在印度的资产，ofo 印度高管团队部分成员也将加入 Bounce。不过，Bounce 并未披露这笔交易的细节。

Bounce 创立于 2014 年，此前名为 Metro Bikes，其主要业务是在印度提供无桩式踏板车、助动车和摩托车共享服务，依靠分时租赁来收取费用。目前，其服务已经涵盖班加罗尔、迈索尔、斋浦尔、马尼帕尔等城市，同时，其海外业务已经拓展到了新西兰市场。

2018 年 8 月，Bounce 完成 8.36 亿卢比（约合 1220 万美元）的 A 轮融资，联合领投方为红杉资本和 Accel Partners。该公司联合创始人 Vivekananda H R 在解释收购 ofo 资产的决定时表示，Bounce 并不限定于某一种出行方式，而是根据适合的条件推出相应的服务。

2017 年 12 月初，ofo 宣布在印度泰米尔邦首府金奈投放首批共享单车，正式进军印度市场。这也是其开拓的第 19 个海外市场。2018 年 4 月 19 日，ofo 宣布，2018 年第一季度 ofo 印度市场订单量超过 110 万单。

出售其在印度市场的资产依然和 ofo 资金链有关。ofo 的一位前高管表示，ofo 在印度的增长是惊人的，月均增长率接近两位数。问题是 ofo 正面临现金紧缩。为了缩减运营成本，进入 2018 年下半年，ofo 全方位从多个海外市场大撤退，据不完全统计，截至目前，ofo 在以色列、中东、澳大利亚、德国、美国、西班牙、韩国、日本等多个国家和地区的业务业已中止或暂停。

资料来源：界面新闻，https://baijiahao.baidu.com/s? id = 1618558004815393549&wfr = spider&for = pc，2018 - 11 - 30.

三、债务重组

债务重组（Debt Restructuring），是指在创业企业出现财务困境的情况下，债权人按照其与创业企业达成的协议或者法院的裁定，作出债务和解等让步的事项。这里所说的债务重组不包括创业企业不存在财务困境情况下的债务重组，以及虽因创业企业处于财务困境而修改了债务条件，但实质上债权人并没有作出让步的重组事项。也就是说，创业企业发生财务困难和债权人作出让步是本节所讨论的债务重组的基本特征。债权人作出让步，是指债权人同意出现财务困境的创业企业现在或者将来以低于重组债务账面价值的金额或者价值偿还债务。债权人作出让步的情形主要包括债权人减免创业企业部分债务本金或者利息、降低债务人应付债务的利率等。债务重组的方式主要包括以资产清偿债务、将债务转为资本、修改其他债务偿还条件以及上述三种方式的组合。

1. 以资产清偿债务。以资产清偿债务，是指债务人转让其资产给债权人以清偿债务的债务重组方式。债务人用于清偿债务的资产包括现金资产和非现金资产，主要有现金、存货、各种投资（包括交易性金融资产、债权投资、其他债权投资和长期股权投资等）、固定资产、无形资产等。

2. 将债务转为资本。将债务转为资本，是指债务人将债务转为资本，同时债权人将债权转为股权的债务重组方式。相应地，债务人因此会增加股本（或实收资本），债权人因此增加长期股权投资。将债务转为资本用于清偿债务的这种方式，法律上有一定的限制，必须按照《公司法》的规定，在符合法律法规程序的前提下进行债务重组活动。债务人根据转换协议将可转换公司债券转为资本，属于正常情况下的转换，不能作为债务重组处理。

3. 修改其他债务偿还条件。修改其他债务偿还条件是指除上述两种方式以外的以修改其他债务偿还条件进行的债务重组方式，如减少债务本金、减少或免去债务利息、延长债务偿还期限、延长债务偿还期限并加收利息、延长债务偿还期限并减少债务本金或债务利息等。

 专栏 13 – 3

中国铁物债务重组方案落地

2017 年 1 月 19 日，中国铁路物资（集团）总公司与银行债权人和私募债持有人正式签署债务重组框架协议，标志着中国铁物银行债和私募债债务重组方案落地实施，其中私募债重组协议的达成是国内私募债重组的首例。

据了解，此次的债务重组方案以确保债权人本金安全为前提，按照"同债同权"原则，达成了"本金安全 + 部分还债 + 留债展期 + 利率优惠 + 转股选择权"的一揽子债务重组方案。

根据该方案，中国铁物对于 178 亿元的银行债务，在两年内偿还约 30% 的本金，剩余债务展期 5 年；对于 100 亿元私募债，2017 年偿还 15% 的本金，部分展期 2 年，剩余到期后一次性偿还；综合利率下浮 70%；银行债及私募债均预留了"债转股"选择权。

中国铁物在 2009 年至 2013 年，盲目追求规模扩张，违规开展大量钢材、铁矿石、煤炭等大宗商品融资性贸易，企业内部控制系统性缺失，风险应对处置不力，造成巨额损失，以致债务风险暴露，偿付能力严重不足。

国资委对中国铁物债务危机高度重视，多次调整企业领导班子。2016 年 4 月，国资委决定由中国诚通控股集团有限公司对中国铁物实施托管措施，成立中国铁物管理委员会，督促管委会同步推进内部业务改革和外部债务重组，指导企业通过加快风险资产处置、盘活存量资产等措施，完成年内到期 68 亿元债券兑付，妥善化解了兑付违约风险。

资料来源：王希. 中国铁物债务重组方案落地［EB/OL］. 新华社，［2017 - 01 - 20］. http：// www. nbd. com. cn/articles/2017 - 01 - 20/1071742. html.

第三节　创业企业破产

一、破产的概念

破产（Bankruptcy）是指由于企业法人不能清偿到期债务，并且资产不足以清偿全部债务或者明显缺乏清偿能力的，依法规定清理债务，终止企业寿命的行为。企业破产分为两种方式，一种是公司因到期不能清偿债务而被依法宣告破产；另一种是公司在解散清算中，清算组在清理财产时发现公司财产不足以清偿债务，向相关法庭申请宣告的破产。

二、企业破产的程序

根据我国《破产法》的规定，企业破产的基本程序如下：

1. 提出破产申请。我国《破产法》规定，破产申请可由债务人向法院提出，即自愿破产，也可由债权人向法院提出，即非自愿破产。企业法人已解散但未清算或者未清算完毕，资产不足以清偿债务的，依法负有清算责任的人应当向人民法院申请破产清算。向法院提出破产申请，应当提交破产申请书和有关证据。

2. 法院受理破产申请。法院接到破产申请后应进行受理与否的审查，法院裁定受理破产申请的，应当同时指定管理人。管理人可以由有关部门、机构的人员组成的清算组或者依法设立的律师事务所、会计师事务所、破产清算事务所等社会中介机构担任。

3. 债权人申报债权。法院受理破产申请后，应当确定债权人申报债权的期限。债权人应当在法院确定的债权申报期限内向管理人申报债权。债权人申报债权时，应当书面说明债权的数额和有无财产担保，并提交有关证据。申报的债权是连带债权的，应当说明。管理人收到债权申报材料后，应当登记造册，对申报的债权进行审查，并编制债权表。

4. 召开债权人会议，选举债权人委员会。债权人会议是由依法申报债权的所有债权人组成的，决定债务人在破产期间的重大事项。第一次债权人会议由法院召集，自债权申报期限届满之日起15日内召开。债权人会议可以决定设立债权人委员会。债权人委员会由债权人会议选任的债权人代表和一名债务人的职工代表或者工会代表组成。

5. 法院宣告债务人破产。法院对债务人的破产申请进行审理，对符合破产条件的企业下发破产宣告裁定书，正式宣告债务人破产，法院宣告债务人破产后，应当自裁定作出之日起5日内送达债务人和管理人，自裁定作出之日起10日内通知已知债权人，并予以公告。债务人被宣告破产后，债务人称为破产人，债务人财产称为破产财产，法院受理破产申请时对债务人享有的债权称为破产债权。

6. 处置破产财产。管理人负责处置破产企业的财产，管理人在法院宣告债务人破产后，应当接管破产企业，开展清产核资、资产评估等工作，对破产财产和破产债权进行认定，清理、回收、管理、处分破产企业财产，代表破产企业参加诉讼和仲裁活动。在必要的情况下，管理人可以组织破产企业继续进行生产经营活动。管理人应当及时拟订破产财产变价方案，提交债权人会议表决。破产财产变价方案经债权人会议表决通过或者法院裁定后，管理人应当适时变价出售破产财产。

7. 分配破产财产，破产财产变价处置后，管理人应当及时拟定破产财产分配方案，并提交债权人会议表决。债权人会议通过破产财产分配方案后，由管理人将该方案提请法院裁定认可后，由管理人执行。

8. 终结破产程序。管理人完成最后的破产财产分配后，应当及时向法院提交破产财产分配报告，并提请法院裁定终结破产程序。法院应当自收到管理人终结破产程序的请求之日起15日内作出是否终结破产程序的裁定。裁定终结的，应当予以公告。管理人应当自破产程序终结之日起10日内，持法院终结破产程序的裁定，向破产人的原登记机关办理注销登记。

 专栏 13 – 4

全国首例共享单车破产案

广州悦骑信息科技有限公司（以下简称小鸣单车）成立于2016年7月29日，主要经营业务是通过开发手机APP向用户提供共享单车服务。其间，小鸣单车累计注册用户400多万，先后在广州、上海等全国10多个城市投放共享单车超过43万辆，收取用户押金总额高达8亿元。

在2017年底，小鸣单车开始出现大规模用户押金不能及时退还的问题，引发部分用户向广州中院提出对悦骑公司进行破产清算的申请。广州中院经审查认为，悦骑公司不能清偿到期债务，明显缺乏清偿能力的事实清楚，符合破产受理条件，在2018年3月27日作出受理裁定。至此，小鸣单车正式进入破产程序。

据广州中院介绍，全国首例共享单车破产案——小鸣单车破产案主要呈现以下三方面特点：

一是涉及债权人众多，且涉及面广。悦骑公司的债权人包括用户、供应商、员工三大类，这些债权人散布在全国十几个大中城市，极为分散。截至 2018 年 6 月 27 日，小鸣单车用户有效申报的债权共计 118738 笔，供应商申报的债权共计 28 笔，另外还有由管理人核实的职工债权共计 115 笔。

二是用户债权的发生是以网络数据为载体。由于广大用户是通过手机 APP 注册，并通过微信、支付宝等非传统的方式向悦骑公司交纳押金。虽然单个用户申报的债权金额不高，但这些用户数据全部存储在云端服务器。针对用户申报的债权，需要找到云端服务器的原始数据予以核对。

三是悦骑公司名下的财产分散，处置困难。经过管理人前期摸查，悦骑公司账户上已没有多少现金，目前管理人仅接管到 35 万余元。悦骑公司的主要财产是散落于各个城市街头的共享单车，因过于分散而造成回收成本高，处置难度大。

2018 年 7 月 24 日发布的公告显示，破产案件管理人拟委托中国再生资源开发有限公司对小鸣单车进行回收处置。中国再生资源开发有限公司在扣除回收、运输及电子垃圾处理等费用后，同意按每辆车 12 元进行回收。

资料来源：作者根据相关资料整理，https://www.yicai.com/news/5438248.html.

本章要点

1. 财务困境，也可称为财务危机或财务失败，是指一个企业由于现金流量不足，无法偿还现有到期债务（如银行信贷或利息），而被迫采取非常措施的境况。当企业陷入财务困境后，可以使用企业重组和企业破产两种处理方式。

2. 财务预警，是指根据企业经营状况和财务指标等因素的变化对企业经营活动中存在的财务风险进行监测、诊断和报警的方法。

3. 企业重组是指对陷入财务困境但仍有转机和重建价值的企业，根据一定的程序和方法进行重新整顿，使企业得以维持和复兴，重新创造价值。创业企业重组的方法有业务重组、资产重组和债务重组以及三者的组合。

4. 业务重组是指在创业企业出现财务困境的情况下，创业企业通过业务层面的变化，增加收入和削减成本，提升运营效率的行为。业务重组的方式主要包括高管更换、战略重组、运营重组以及上述三种方式的组合。

5. 资产重组是对企业的各种生产要素和资产进行重新的配置和组合，以提高资源要素的利用效率，实现资产最大限度增值的行为。资产重组包括内部重组和外部重组。

6. 债务重组，是指在创业企业出现财务困境的情况下，债权人按照其与创业企业达成的协议或者法院的裁定，作出债务和解等让步的事项。债务重组的方式主要包括以资产清偿债务、将债务转为资本、修改其他债务偿还条件以及上述三种方式的组合。

7. 破产是指由于企业法人不能清偿到期债务，并且资产不足以清偿全部债务或者明显缺乏清偿能力的，依法规定清理债务，终止企业寿命的行为。

关键术语

财务困境　业务重组　战略重组　资产重组　公司分立　资产剥离　债务重组
破产

进阶阅读

1. 荆新，王化成，刘俊彦．财务管理学（第8版）［M］．北京：中国人民大学出版社，2018.

2. 耿建新，戴德明．高级会计学（第8版）［M］．北京：中国人民大学出版社，2019.

3. ［美］德帕姆菲利斯．收购、兼并和重组：过程、工具、案例与解决方案［M］.郑磊，译．北京：机械工业出版社，2015.

4. Leach，Melicher，Entrepreneurial Finance，Cengage Learning，2018.

复习思考题

1. 什么是财务困境？联系创业企业的情况，分析企业陷入财务困境的动因。

2. 创业企业陷入财务困境之前可能会存在哪些征兆？

3. 试述企业重组的方法。

案例分析

浪花照明是一家小型的灯饰生产企业，致力于LED家居照明产品的设计、研发、生产和销售。其创始人孙伟在灯具行业创业多年，具有丰富的LED照明灯具研发、生产经验。浪花照明生产的产品主要通过淘宝和大型灯饰销售企业销售，淘宝的销售额占整体销售额的30%，某大型灯饰销售企业销售额占整体销售额的70%。浪花照明与该大型灯饰销售企业合作已经超过8年，从来没有遇到过应收账款无法收回的情况。最近，孙伟有些担心，市场上有传言该大型灯饰销售企业经营不善，出现了严重的财务问题，有可能破产清算。浪花照明尚有80万元的应收账款没有收回。孙伟所担心的是，如果该大型灯饰销售企业破产，他的公司是否能收回应收账款，如果账款无法收回，浪花照明将形成重大损失。但孙伟对于如果企业遇到财务困境应该如何应对一无所知，如果你是他的财务管理人员，你应该如何帮他面对这一问题？

讨论题

1. 企业出现财务困境的主要原因是什么？大企业和小企业哪种更容易陷入财务困境，为什么？

2. 管理者在财务困境中必须面对哪些关键性的问题？

3. 财务困境中的公司有哪些补救措施？

4. 如果该大型灯饰销售企业确实失败了，企业被清算，孙伟从清算分配中获得什么？

参考文献

[1] 荆新，王化成，刘俊彦．财务管理学（第 8 版）[M]．北京：中国人民大学出版社，2018.

[2] 耿建新，戴德明．高级会计学（第 8 版）[M]．北京：中国人民大学出版社，2019.

[3] [美] 巴林杰，爱尔兰．创业管理——成功创建新企业（原书第 5 版）[M]．薛红志，张帆，等译．北京：机械工业出版社，2017.

[4] [美] 达莫达兰．估值：难点、解决方案及相关案例 [M]．李必龙，李羿，郭海，等译．北京：机械工业出版社，2015.

[5] [美] 德帕姆菲利斯．收购、兼并和重组：过程、工具、案例与解决方案 [M]．郑磊，译．北京：机械工业出版社，2015.

[6] [美] 罗斯，等．公司理财（原书第 11 版）[M]．吴世农，等译．北京：机械工业出版社，2017.

[7] [美] 马丁·弗里德森，费尔南多·阿尔瓦雷斯．财务报表分析（第四版）[M]．刘婷，译．北京：中国人民大学出版社，2016.

[8] [美] 谢尔曼．从创业筹资到 IPO——企业融资全流程实战解析（第三版）[M]．王鑫，译．北京：人民邮电出版社，2015.

[9] 贾圣林，陈雪如，等．创业金融实践 [M]．北京：清华大学出版社，2017.

[10] 陈国欣．创业财务管理 [M]．天津：南开大学出版社，2016.

[11] 陈伟森，谢耀权．金融与保险精算数学 [M]．庄新田，苑莹，译．北京：机械工业出版社，2009.

[12] 国家发展和改革委员会．2017 年中国大众创业万众创新发展报告 [R]．北京：人民出版社，2018.

[13] 李健．金融学（第三版）[M]．北京：高等教育出版社，2018.

[14] 李永梅，张艳红，韦德洪．财务预测学 [M]．北京：国防工业出版社，2009.

[15] 刘曼红，Levensohn，刘小兵．风险投资学 [M]．北京：对外经济贸易大学出版社，2018.

[16] 刘湘云，陈又星，初创企业风险管理 [M]．上海：上海财经大学出版社，2016.

[17] 罗国锋，张超卓，吴兴海．创新创业融资：天使、风投与众筹 [M]．北京：经济管理出版社，2016.

[18] 孙进军，陈辉，程华强．公司理财 [M]．北京：中国金融出版社，2014.

[19] 孙茂竹，支晓强，戴璐．管理会计学（第 8 版）[M]．北京：中国人民大学出版社，2018.

[20] 王化成，支晓强，王建英．财务报表分析（第 2 版）[M]．北京：中国人民大学出版社，2018.

[21] 张玉利，薛红志，陈寒松，李华晶．创业管理（第 4 版）[M]．北京：机械工业出版社，2018.

［22］郑荣年. 金融机构风险管理［M］. 北京：中国金融出版社，2015.

［23］中国证券投资基金业协会. 股权投资基金［M］. 北京：中国金融出版社，2017.

［24］中国注册会计师协会. 财务成本管理［M］. 北京：中国财政经济出版社，2019.

［25］Allan S. Benjamin，Enterprise Risk and Opportunity Management，John Wiley & Sons，Inc，2017.

［26］Frank J. Fabozzi，Entrepreneurial Finance and Accounting for High – Tech Companies，The MIT Press，2016.

［27］J. Chris Leach，Ronald W. Melicher，Entrepreneurial Finance，Cengage Learning，2016.

［28］Jeffrey R. Cornwall，David O. Vang，Jean M. Hartman，Entrepreneurial Financial Management – An Applied Approach，Routledge，2016.

［29］Luisa Alemany，Job J. Andreoli，Entrepreneurial Finance – The Art and Science of Growing Ventures，Cambridge University Press，2018.

［30］M. J. Alhabeeb，Entrepreneurial Finance – Fundamentals of Financial Planning and Management for Small Business，John Wiley & Sons，Inc，2015.

［31］Philip J. Adelman，Alan M. Marks，Entrepreneurial Finance，Pearson Education，2012.